第二〇冊 目録

上諭	著林則徐等遴員妥為經理湘鄉硫磺嚴防偷漏滋弊	道光十七年十二月十七日 一八三八年一月十二日	一
湖廣總督林則徐等奏摺	湖北各屬編查保甲綏靖地方情形	道光十七年十二月十九日 一八三八年一月十四日	三
湖廣總督林則徐等奏片	委令龐大奎署理施南府知府	道光十七年十二月十九日 一八三八年一月十四日 *	七
上諭	著照林則徐所請京山知縣宋其沅與來鳳知縣梁芸滋對調	道光十七年十二月二十日 一八三八年一月十五日	八
大學士管理兵部事務阮元等奏摺	林則徐奏候補守備洪明臺弓馬生疎請循例革職仍留世職	道光十七年十二月二十四日 一八三八年一月十九日	九

上諭	著照林則徐所奏宜昌鎮總兵珠爾杭阿勒令休致	道光十七年十二月二十六日 一八三八年一月二十一日	一四
上諭	著照林則徐所請漢陽城守營遊擊趙青雲與撫標右營遊擊安德淳對調	道光十七年十二月二十六日 一八三八年一月二十一日	一五
上諭	著照林則徐所奏施南府知府阿爾琫阿開缺引見遺缺以明峻補授	道光十七年十二月二十六日 一八三八年一月二十一日	一六
上諭	林則徐等奏安陸府捐修城垣工竣出力各員著予優叙	道光十七年十二月二十七日 一八三八年一月二十二日	一七
上諭	著照林則徐所請鍾祥縣修砌壩磯款准於息銀內動支	道光十七年十二月二十七日 一八三八年一月二十二日	一八
上諭	著照林則徐所請潛江縣修築護城土隄准於生息銀內動支	道光十七年十二月二十七日 一八三八年一月二十二日	一九
湖廣總督林則徐奏片	張岳崧辦事耐勞程銓刑名諳練審案無誤並隨時察看兩省學政	道光十七年 一八三七年 *	二〇
湖廣總督林則徐奏片	密陳遵查學政蔡錦泉考試並無劣蹟	道光十七年 一八三七年 *	二三
湖廣總督林則徐清單	湖北湖南兩省提鎮各員密考清單	道光十七年 一八三七年 *	二七
湖廣總督林則徐奏片	體察鎮筸鎮營伍情形	道光十七年 一八三七年 *	三一

湖廣總督林則徐奏片	密陳周之琦合宜湖北巡撫	道光十七年 一八三七年 *	四一
湖廣總督林則徐等奏摺	勒休知縣蔣烔虧缺庫項請旨革職	道光十八年正月初十日 一八三八年二月四日	四四
湖廣總督林則徐等奏片	楚省骫法縱私員弁請處分定擬研訊根究	道光十八年正月初十日 一八三八年二月四日 *	四八
湖廣總督林則徐等奏片	查明湖北省現無私鑄及行使小錢	道光十八年正月初十日 一八三八年二月四日 *	五二
湖廣總督林則徐奏摺	動項修理荊州水師營戰巡船隻	道光十八年正月初十日 一八三八年二月四日	五五
湖廣總督林則徐清單	荊州水師營大修戰巡船估需工料銀數	道光十八年正月初十日 一八三八年二月四日	五九
湖廣總督林則徐奏摺	遵旨審明隨州民婦吳殷氏京控案分別定擬	道光十八年正月初十日 一八三八年二月四日	六三
湖廣總督林則徐奏摺	遵旨審明駐防婦女逃走案請議處全順等員	道光十八年正月初十日 一八三八年二月四日	七四
湖廣總督林則徐奏片	補開藍正樽案内失察習教職名	道光十八年正月初十日 一八三八年二月四日 *	八四
上諭	祥福到任尚需時日著林則徐遴員接署鎮筸鎮總兵	道光十八年正月十七日 一八三八年二月十一日	八五

湖廣總督林則徐等奏摺	請以翟誥陞署鳳凰直隸廳同知	道光十八年正月十九日 一八三八年二月十三日	八六
湖廣總督林則徐等奏摺	清查苗疆屯防事宜酌議條款	道光十八年正月十九日 一八三八年二月十三日	九〇
上諭	著林則徐提訊湖北緝私舞弊各員弁研鞫根究	道光十八年正月二十六日 一八三八年二月二十日	一一一
上諭	著林則徐嚴審張啓仕所告案定擬具奏	道光十八年二月初一日 一八三八年二月二十四日	一一二
湖廣總督林則徐奏摺	委令尚安署理鎮筸鎮總兵	道光十八年二月初四日 一八三八年二月二十七日	一一三
湖廣總督林則徐奏摺	湖北湖南道光十七年行銷淮鹽引數	道光十八年二月初四日 一八三八年二月二十七日	一一七
湖廣總督林則徐奏片	查獲船户夾帶私鹽請將運銅委員嚴廷珏交部議處	道光十八年二月初四日 一八三八年二月二十七日 *	一二二
上諭	著照林則徐所請以翟誥陞署鳳凰直隸廳同知	道光十八年二月初十日 一八三八年三月五日	一二七
湖廣總督林則徐等奏片	遵旨飭委查勘采運湖南湘鄉縣硫磺	道光十八年二月初十日 一八三八年三月五日 ※	一二八
湖廣總督林則徐等奏摺	但明倫試用期滿堪勝知府請遇缺題補	道光十八年二月十三日 一八三八年三月八日	一三一

湖廣總督林則徐等奏摺	湖北站船礙難裁汰請循舊存留應差	道光十八年二月十三日 一八三八年三月八日	一三六
湖廣總督林則徐等奏摺	署均州事試用知縣傅敦孝審案錯謬請旨革職	道光十八年二月十三日 一八三八年三月八日	一四二
大學士管理兵部事務阮元等奏摺	林則徐審明駐防婦女逃走案請將佐領全順等分別降級罰俸	道光十八年二月十四日 一八三八年三月九日	一四八
上諭	林則徐奏運銅委員嚴廷珏失察船户夾帶私鹽著交部察議	道光十八年二月十八日 一八三八年三月十三日	一五四
上諭	著林則徐嚴審定擬具奏並抱告龔輝等解往備質	道光十八年二月十九日 一八三八年三月十四日	一五五
湖廣總督林則徐等奏摺	衡州府通判黃柏齡未稔鹽務請與岳州府通判賈亨晉對調	道光十八年二月二十二日 一八三八年三月十七日	一五六
湖廣總督林則徐奏摺	守備姚正剛與乾州協副將徐捷衙門爭毆請分別革職解任	道光十八年二月二十二日 一八三八年三月十七日	一六〇
湖廣總督林則徐等奏摺	請動商捐生息銀修築黃梅縣隄塍	道光十八年二月二十二日 一八三八年三月十七日	一六六
湖廣總督林則徐等奏摺	署蘄州知州愛祿不能彈壓州試文童爭鬭請先行解任	道光十八年二月二十二日 一八三八年三月十七日	一七三
湖廣總督林則徐題本	題請周玉富調補保靖營守備易聯甲調補綏靖營守備羅文彪留任	道光十八年二月二十三日 一八三八年三月十八日	一七八

湖廣總督林則徐題本	請以烏林太補授湖南宜章營參將	道光十八年二月二十三日 一八三八年三月十八日	一八四
湖廣總督林則徐等奏摺	請以楊明善調補湖北竹山縣知縣	道光十八年二月二十九日 一八三八年三月二十四日	一八九
上諭	著照林則徐所請毋庸裁減站船	道光十八年二月三十日 一八三八年三月二十五日	一九四
上諭	署均州事試用知縣傅敦孝著即革職交林則徐等審擬具奏	道光十八年二月三十日 一八三八年三月二十五日	一九五
湖廣總督林則徐等奏摺	遵旨審明潘正衍緝私人犯被奪案分別定擬	道光十八年三月初二日 一八三八年三月二十七日	一九六
湖廣總督林則徐奏摺	遵旨審明馮茂勳京控學政蔡錦泉案分別定擬	道光十八年三月初二日 一八三八年三月二十七日	二〇八
上諭	著照林則徐所請賈亨晉調補署衡州府通判遺缺以黄柏齡對調	道光十八年三月初七日 一八三八年四月一日	二二六
上諭	著解任署蘄州知州愛禄嚴審文童爭鬬案	道光十八年三月初七日 一八三八年四月一日	二二七
上諭	著照林則徐所奏黄梅縣修築隄工銀兩於商捐隄河生息款内動支	道光十八年三月初七日 一八三八年四月一日	二二八
上諭	著照林則徐所奏將與副將爭鬬之守備姚正剛革職徐捷解任	道光十八年三月初七日 一八三八年四月一日	二二九

湖廣總督林則徐奏片	拏獲拒傷千總戕殺弁兵江西梟犯解審情形	道光十八年三月初七日 一八三八年四月一日 ※	二三〇
湖廣總督林則徐等奏摺	查辦湖南旗丁欠完蕪湖關稅請援案分限扣解	道光十八年三月初十日 一八三八年四月四日	二三三
上諭	著照林則徐所請以楊明善調補竹山縣知縣	道光十八年三月十五日 一八三八年四月九日	二三九
上諭	著照林則徐所奏將前任湖南學政蔡錦泉交部議處	道光十八年三月十五日 一八三八年四月九日	二四〇
湖廣總督林則徐等奏片	委令陳師魯署理蘄州知州印務	道光十八年三月十五日 一八三八年四月九日 ※	二四一
湖廣總督林則徐奏摺	遵旨審明江西民人劉登培等京控命案分別定擬	道光十八年三月十五日 一八三八年四月九日 ※	二四二
湖廣總督林則徐題本	題請潘玉援案陞署宜昌鎮標水師後營中軍守備	道光十八年三月二十二日 一八三八年四月十六日	二五四
湖廣總督林則徐題本	請以沈占鰲陞補鎮筸鎮標左營遊擊舊案帶於新任	道光十八年三月二十二日 一八三八年四月十六日	二六二
湖廣總督林則徐題本	題參湖北提標後營把總錢定禄等疏防竊案屆滿贓犯未獲	道光十八年三月二十二日 一八三八年四月十六日	二六八
湖廣總督林則徐題本	題參武昌城守營千總鄧長青等疏防竊案屆滿贓犯未獲	道光十八年三月二十二日 一八三八年四月十六日	二七四

目録

湖廣總督林則徐題本	請以潘啓光承襲潘大用雲騎尉世職	道光十八年三月二十二日 一八三八年四月十六日	二八〇
湖廣總督林則徐題本	湖南遊擊員缺常德城守營中軍都司唐首選堪膺預保	道光十八年三月二十二日 一八三八年四月十六日	二八七
上諭	著照林則徐所奏湖南旗丁所欠關税銀分限四年於生息銀項下扣解	道光十八年三月二十五日 一八三八年四月十九日	二九二
湖廣總督林則徐等奏摺	請將湖南提督常駐辰州府城以資彈壓	道光十八年三月二十五日 一八三八年四月十九日	二九三
湖廣總督林則徐等奏摺	當陽縣知縣王朝栟倡捐挑築沮漳河道隄塍請交部從優議叙	道光十八年三月二十五日 一八三八年四月十九日	二九七
湖廣總督林則徐等奏片	原參知縣蘇在中劉鴻庚已將漫潰處修築完竣請准開復	道光十八年三月二十五日 一八三八年四月十九日 *	三〇二
湖廣總督林則徐等奏摺	遵旨審明流犯騙賣遭風淹消鹽事涉案知州吏目分別定擬	道光十八年三月二十五日 一八三八年四月十九日	三〇五
湖廣總督林則徐奏摺	遵旨拏獲楚豫交界地方人犯審明分別定擬	道光十八年三月二十五日 一八三八年四月十九日	三一五
湖廣總督林則徐等奏片	辰州知府員缺請以方傳穆補授或另行簡放	道光十八年三月二十五日 一八三八年四月十九日 ※	三三九
湖廣總督林則徐等奏摺	請將黄陂崇陽大冶三縣知縣熊象麟等分別革職勒休撤任	道光十八年三月二十六日 一八三八年四月二十日	三四一

上諭	林則徐奏有犯扭斷鐵杆脱逃著各省嚴加管束訊究	道光十八年四月初十日 一八三八年五月三日	三四五
上諭	著照林則徐等所請奬勵捐修河道隄塿知縣	道光十八年四月初十日 一八三八年五月三日	三四六
上諭	著照林則徐所請蘇在中劉鴻庚修竣漫潰處所准其開復頂帶	道光十八年四月初十日 一八三八年五月三日	三四七
上諭	著照林則徐等奏請湖南提督准其常駐辰州府城	道光十八年四月初十日 一八三八年五月三日	三四八
上諭	著林則徐嚴審柯自得所告案定擬具奏	道光十八年四月初十日 一八三八年五月三日	三四九
上諭	著林則徐嚴審任長春所告案定擬具奏	道光十八年四月初十日 一八三八年五月三日	三五〇
上諭	著照林則徐所請熊象麟革職王觀潮勒休恩惠撤任送部引見	道光十八年四月十一日 一八三八年五月四日	三五一
湖廣總督林則徐奏摺	湖北巡撫周之琦丁艱出缺請迅賜簡放	道光十八年四月十三日 一八三八年五月六日	三五二
湖廣總督林則徐等奏摺	省局存磺已裕請停止開採湘鄉磺礦	道光十八年四月十八日 一八三八年五月十一日	三五五
兩湖總督林則徐等奏摺	拏獲道士韓子蘭查非邪教擬杖徒	道光十八年四月十八日 一八三八年五月十一日	三六〇

湖廣總督林則徐等奏摺	監犯越獄脱逃請將署東陽縣知縣鹿啓烈典史劉世儼分別革職	道光十八年四月二十日 一八三八年五月十三日	三六七
湖廣總督林則徐等奏片	接護暹羅國貢使回國過境日期	道光十八年四月二十日 一八三八年五月十三日 *	三七一
湖廣總督林則徐等奏摺	委令王若閎護理荆宜施道但明倫署理荆州府知府	道光十八年四月二十六日 一八三八年五月十九日	三七三
湖廣總督林則徐等奏摺	湖北各屬籌辦隄工修培完竣情形	道光十八年四月二十六日 一八三八年五月十九日	三七六
湖廣總督林則徐等奏摺	湖北學政延請閲文幕友及考試情形	道光十八年四月二十六日 一八三八年五月十九日	三八四
湖廣總督林則徐奏摺	遵旨審明鄭允元京控私鑄小錢案分別定擬	道光十八年四月二十六日 一八三八年五月十九日	三八八
湖廣總督林則徐奏摺	遵旨審明湖南右營遊擊馬辰被參案分別定擬	道光十八年四月二十六日 一八三八年五月十九日	三九九
湖廣總督林則徐題本	報銷湖南各營道光十六年份賞過兵丁紅白事故銀數	道光十八年四月二十六日 一八三八年五月十九日	四一五
湖廣總督林則徐題本	報銷湖南各營道光十六年份動用公費銀數	道光十八年四月二十六日 一八三八年五月十九日	四二一
湖廣總督林則徐奏摺	子林汝舟會試中式貢士謝恩	道光十八年四月二十八日 一八三八年五月二十一日	四二九

上諭	湖南右營遊擊馬辰著交部嚴加議處並林則徐交部議處	道光十八年閏四月十一日 一八三八年六月三日	四三二
上諭	林則徐著加恩改為降四級留任	道光十八年閏四月十八日 一八三八年六月十日	四三三
湖廣總督林則徐等奏摺	請以李馨陞署湖南沅陵縣知縣	道光十八年閏四月十八日 一八三八年六月十日	四三四
湖廣總督林則徐等奏摺	請將發典商局錢捐改發漢岸鹽商生息以籌襄河隄防經費	道光十八年閏四月十八日 一八三八年六月十日	四三九
湖廣總督林則徐等奏摺	拏獲疊次攔江行劫盜犯審明分別正法流徒	道光十八年閏四月十八日 一八三八年六月十日	四四七
湖廣總督林則徐奏摺	遵旨審明守備姚正剛毆告副將案分別定擬	道光十八年閏四月十八日 一八三八年六月十日	四六〇
吏部尚書奕經等奏摺	林則徐預保湖南右營遊擊馬辰不實應降二級調用	道光十八年閏四月十八日 一八三八年六月十日	四六八
湖廣總督林則徐奏摺	子林汝舟改為翰林院庶吉士謝恩	道光十八年閏四月二十一日 一八三八年六月十三日	四七三
湖廣總督林則徐等奏摺	請以馬尚德調署棗陽縣知縣	道光十八年閏四月二十四日 一八三八年六月十六日	四七七
湖廣總督林則徐等奏摺	請將押解絞犯疎脱之松滋縣巡檢杜瑱革職嚴審	道光十八年閏四月二十四日 一八三八年六月十六日	四八一

湖廣總督林則徐題本	題參湖北安陸營把總汪鴻恩等疎防竊案屆滿贓犯未獲（首缺）	道光十八年閏四月二十七日 一八三八年六月十九日	四八六
湖廣總督林則徐題本	題報武昌廠關遊湖關道光十六年至十七年徵收稅銀盈餘數	道光十八年閏四月二十七日 一八三八年六月十九日	四九一
湖廣總督林則徐題本	題參湖北荊門營千總廖慶全等疎防搶案屆滿贓犯未獲	道光十八年閏四月二十七日 一八三八年六月十九日	四九七
湖廣總督林則徐題本	題參湖北安陸營把總汪鴻恩等疎防搶案屆滿贓犯未獲（污損）	道光十八年閏四月二十七日 一八三八年六月十九日	五〇四
湖廣總督林則徐題本	請以唐廷松承襲鎮筸鎮標中營陣亡外委唐宏詔恩騎尉世職	道光十八年閏四月二十七日 一八三八年六月十九日	五一一
湖廣總督林則徐題本	補參湖北均光營撤任把總孫大才等疎防竊案限滿獲犯未及半	道光十八年閏四月二十七日 一八三八年六月十九日	五一八

上諭　著林則徐等遴員妥為經理湘鄉硫磺嚴防偷漏滋弊

軍機大臣　字寄
湖廣總督林　湖南巡撫錢　道光十七年十
二月十七日奉
上諭據龔綬奏湖南湘鄉縣煤礦夾產硫磺向例於
存磺將次用完隨時開採以備供支現據該署藩
司查勘情形仍屬旺盛已陸續煎提運解省局等
語各營年額操演火藥需磺配製自應准其開採
惟煤磺並產利之所在小民趨之若鶩至吏胥之
偷漏影射尤易啟舍混之弊且該處地接苗疆磺
斤關係綦重著林則徐錢寶琛遴員妥為經理嚴
密防範不准絲毫偷漏滋弊磺斤稍為充裕足額
即行奏請照例封禁倘辦理不善致滋流弊朕惟

汝二人是问懔之将此谕令知之钦此遵
旨寄信前来

湖廣總督林則徐等奏摺

湖北各屬編查保甲綏靖地方情形

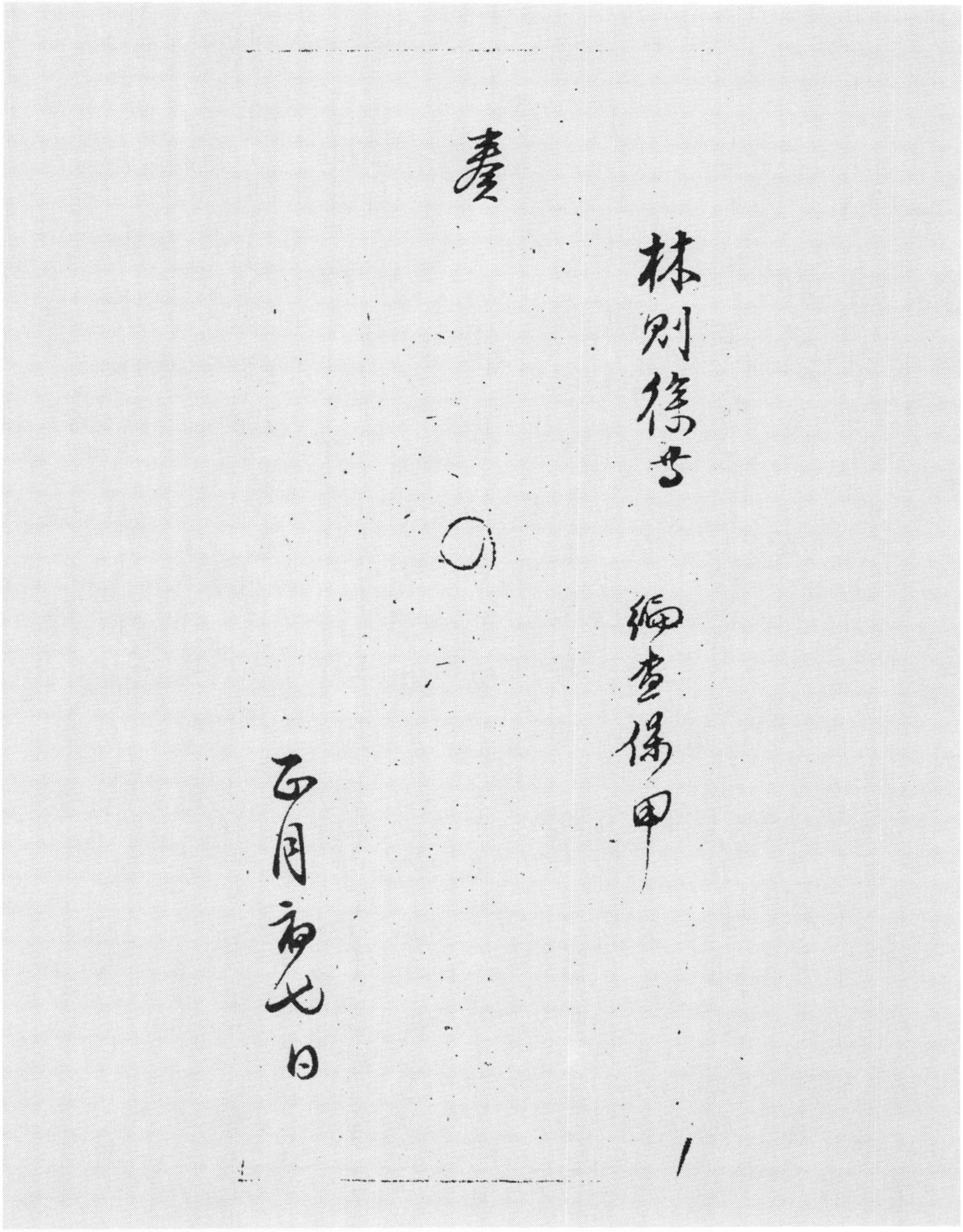
林則徐等
編查保甲
奏
正月初七日

湖廣總督林則徐等奏摺　湖北各屬編查保甲綏靖地方情形
道光十七年十二月十九日

湖廣總督臣林則徐
湖北巡撫臣周之琦跪
奏為編查保甲緣由業經奏祈
聖鑒事竊照編查保甲歷奉
諭旨飭令認真辦理年終彙奏等因臣等欽遵
節次通飭各屬實力奉行據各州縣陸續
詳報並照舊章按春秋二季各於境內周
歷編查將土著流寓及寺廟僧道各丁口
並保甲牌頭人等按冊查填就近傳集
紳耆令其勸導鄉民各安生業切勿信習
邪教窩留匪類自罹重辟現在民情安
帖等情由臬司程矞采核具詳前來臣
等查保甲為弭盜詰奸良法全在地方官

認真經理方於閭閻有裨本年節據襄陽穀
城等縣暨鄖陽府屬及光化縣地方行劫
盜犯姚文西等八名又河南新野縣行劫匪犯
李和尚等十餘名竹谿縣拏獲陝西鎮安縣戳
死楊么兒逃兇王宗元黃世路鄭當潘得華犯
屬經拏獲報解是編查者亦未必無益地方
遼闊煙戶繁多現復諄飭各屬實力查緝不
以日久稍涉懈弛務期有犯即獲核實究辦
仰副
聖主綏靖地方之至意理合恭摺具
奏伏乞
皇上聖鑒謹

奏

道光十八年正月初七日奉

硃批知道了欽此

十二月十九日

湖廣總督林則徐等奏片 委令龐大奎署理施南府知府

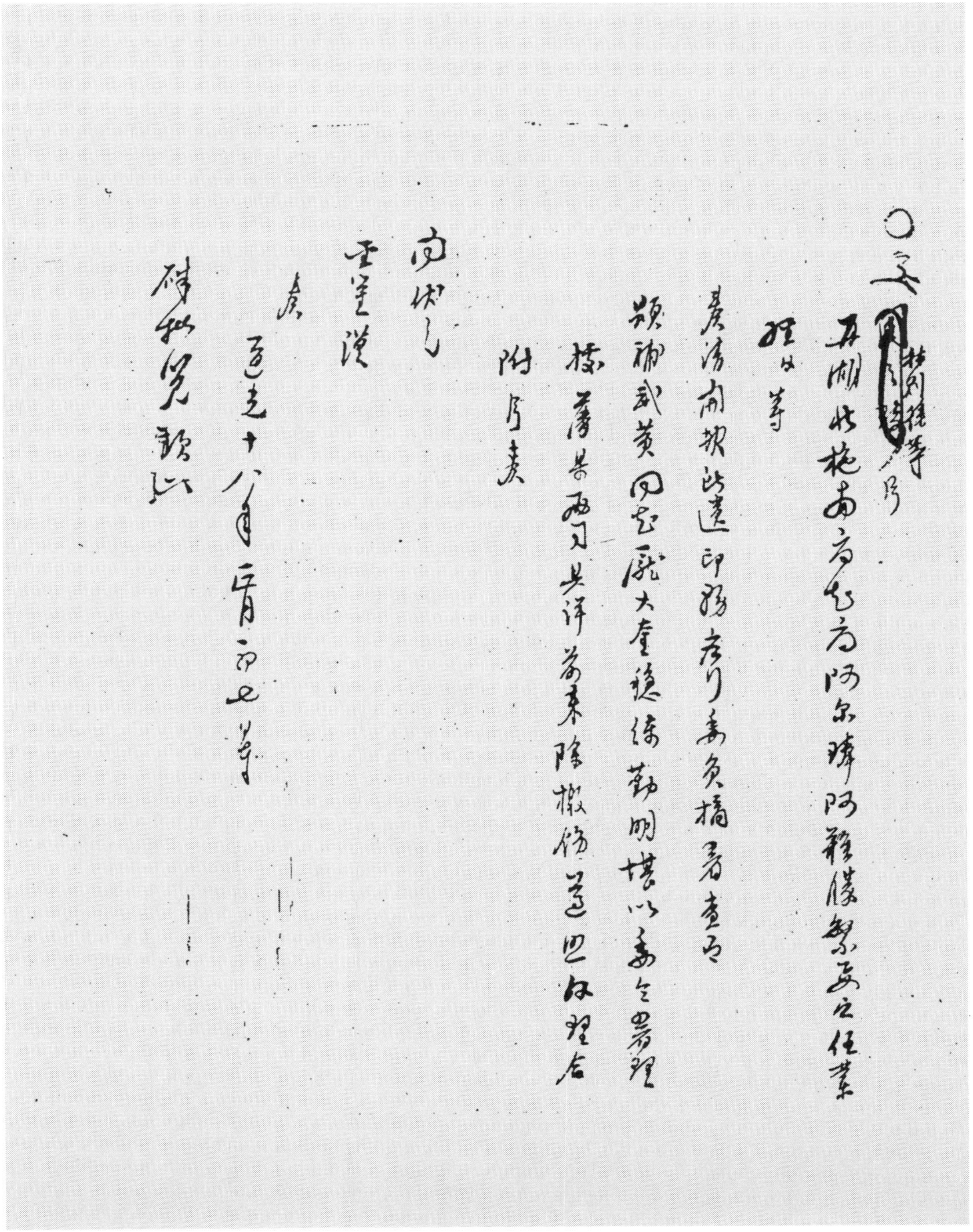

湖廣總督林則徐等奏片 委令龐大奎署理施南府知府
道光十七年十二月十九日

上諭　著照林則徐所請京山知縣宋其湙與來鳳知縣梁芸滋對調

道光十七年十二月二十日内閣奉
上諭林則徐等奏知縣人地未宜酌請對調一摺著
照所請湖北京山縣知縣員缺准其以梁芸滋調
署所遺來鳳縣知縣員缺即以宋其湙調補該部
知道欽此

大學士管理兵部事務阮元等奏摺

林則徐奏候補守備洪明臺弓馬生疏請循例革職仍留世職

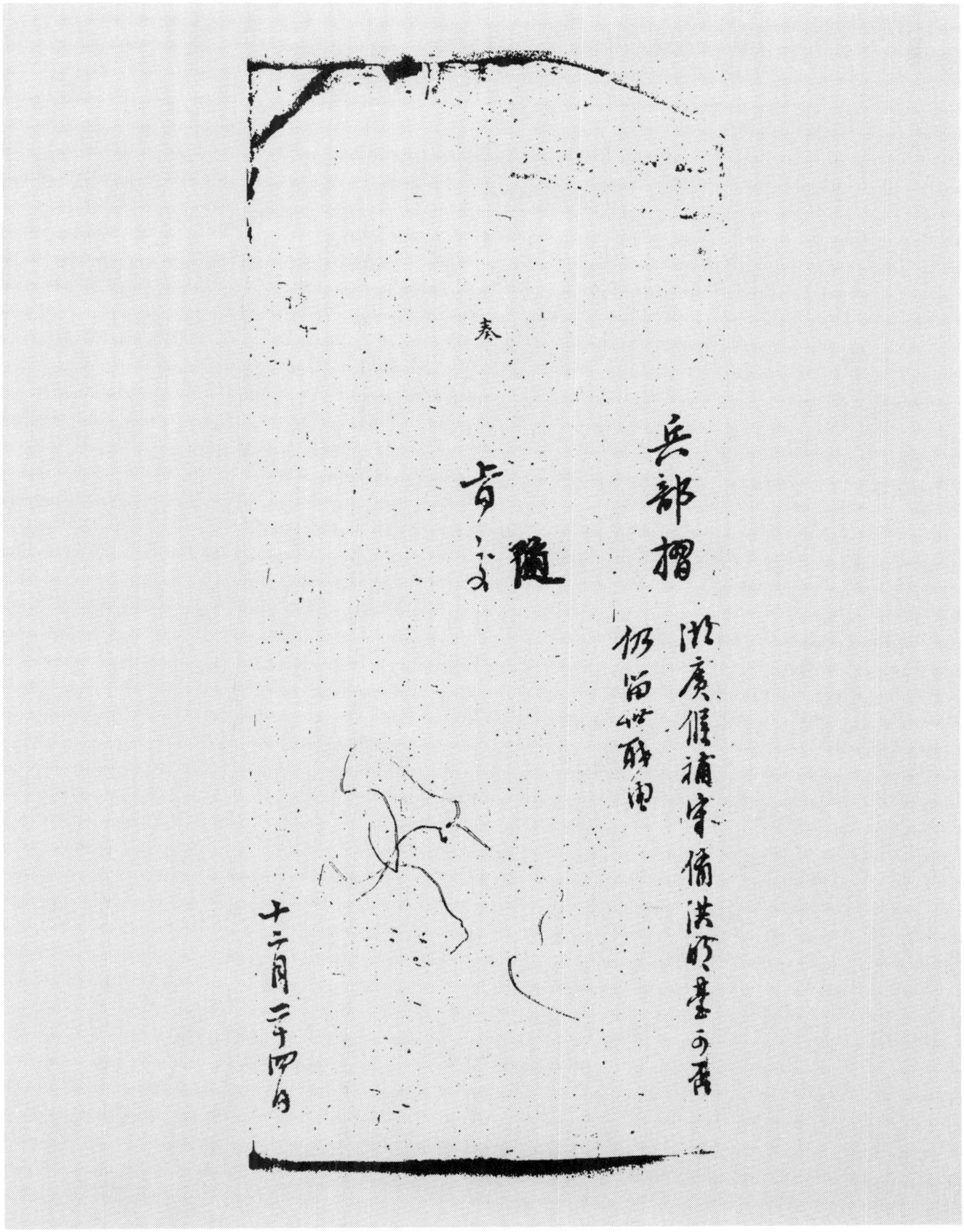

大學士管理兵部事務阮元等奏摺　林則徐奏候補守備洪明臺弓馬生疎請循例革職仍留世職

道光十七年十二月二十四日

經筵講官太子少保大學士管理兵部事務臣阮元等謹
奏為請
旨事據湖廣總督林則徐疏稱湖廣督標世襲雲騎
尉候補守備洪明臺弓馬生疎不堪造就請
旨革去候補守備不准隨營仍留世職支食半俸等
因具題奉
旨該部議奏欽此欽遵抄出到部　查臣部中樞
政考內載世職人員學習期滿該管大臣出具
考語保送到部雲騎尉以守備用俟承襲各員
有不用心學習行走懶惰該管大臣奏明令其
回籍若行止卑污照參革退將應襲之人另請
承襲等語是此項候補人員必行止卑污始行

革退另襲如不用心學習行走懈惰例內但云
令其回籍其世職作何辦理之處並無明文惟
查兵部處分則例內載世職人員於職任內有
犯貪污行止不端私罪應議革職者將世職一
併革退若因公罪承照溺職例革職者雲騎尉
以上其世職應否存留於本內聲明請
旨恩騎尉革去職任准留世職頂帶勒令回籍支食半
俸各等語是世職人員於職任內凡因公罪及照
溺職例革職者俱不將世職一併議革准留世職
者即准支食半俸今湖廣督標雲騎尉候補守備
洪明臺據該督疏稱弓馬生疏不堪造就請革
去候補守備仍留世職查與世職人員於職任

內照溺職例革職者無異須內並無行止卑污
守樣可否准其仍留世職之年半係之處恭候
欽定再查各省督撫每遇世職甄別本期有因弓馬
生疎請革去候補仍留世職者有請將世職一
併革退者查例內並無將世職作何辦理明
文以致未能畫一應照此次奏定之案通行各
省督撫一體遵照是否有當伏候
訓示遵行再此案科抄於八月二十二日到部例應於
十月內具題因辦理遲延改題為奏所有承辦遲
延之司員職名應移咨吏部照例議處為此謹
奏請
旨

大學士管理兵部事務阮元等奏摺　林則徐奏候補守備洪明臺弓馬生疎請循例革職仍留世職
道光十七年十二月二十四日

道光十七年十二月　二十四　日

經筵講官太子少保大學士管理兵部事務臣阮元

經筵講官太子太保兵部尚書公臣宗室禧恩

經筵講官尚書臣朱士彥

左侍郎臣溥治

左侍郎臣吳其濬學差

署右侍郎臣廖鴻荃

右侍郎臣宗室功普未到任

右侍郎臣潘錫恩學差

上諭　著照林則徐所奏宜昌鎮總兵珠爾杭阿勒令休致

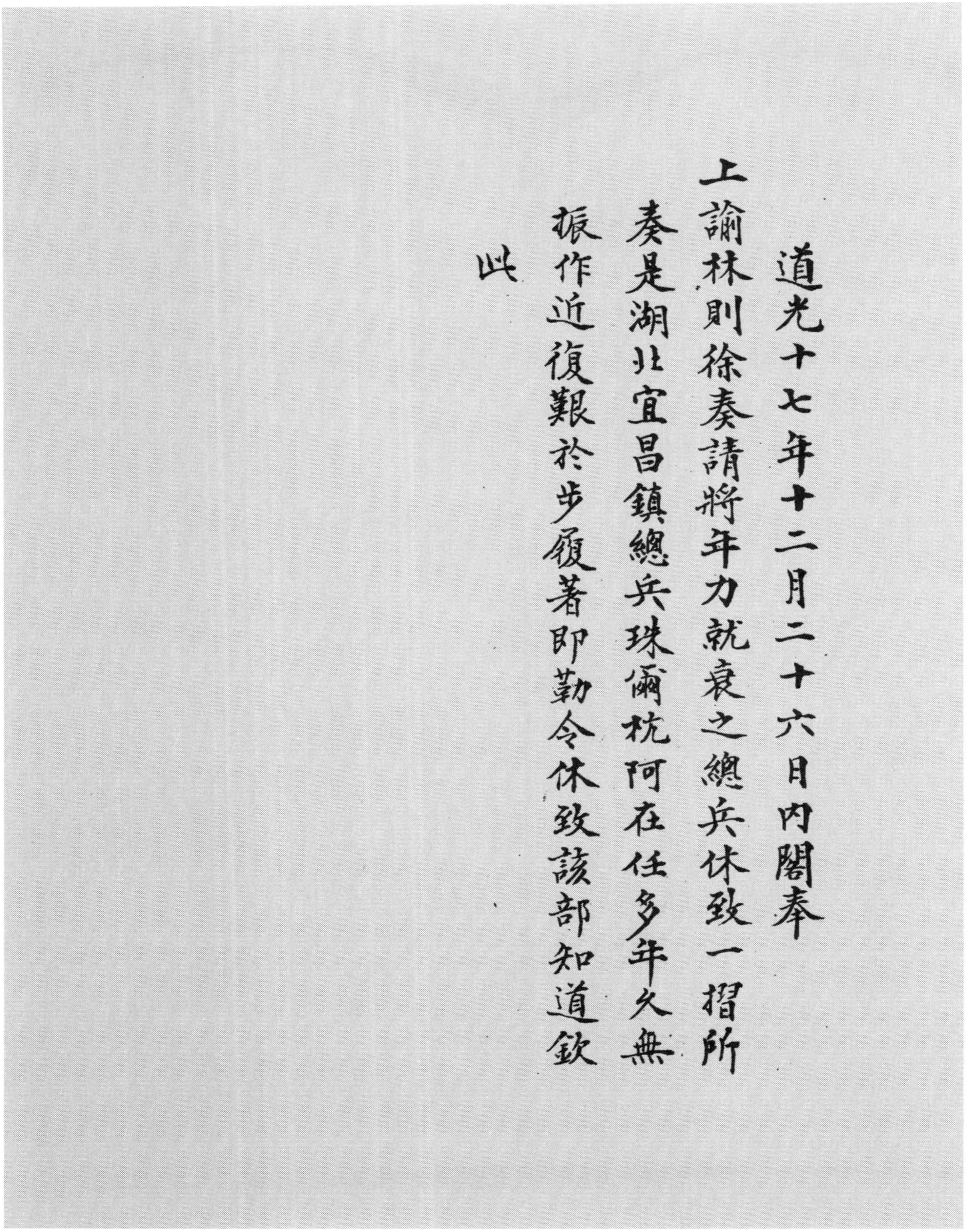
道光十七年十二月二十六日內閣奉
上諭林則徐奏請將年力就衰之總兵休致一摺所
奏是湖北宜昌鎮總兵珠爾杭阿在任多年久無
振作近復艱於步履著即勒令休致該部知道欽
此

上諭 著照林則徐所請漢陽城守營遊擊趙青雲與撫標右營遊擊安德淳對調

道光十七年十二月二十六日内閣奉

上諭林則徐奏揀員對調遊擊一摺著照所請湖北漢陽城守營遊擊准其以安德淳調補其所遺撫標右營遊擊員缺即著趙青雲對調該部知道欽此

上諭　**著照林則徐所奏施南府知府阿爾琫阿開缺引見遺缺以明峻補授**

道光十七年十二月二十六日內閣奉
上諭林則徐等奏遵旨察看調任知府一摺阿爾琫
阿著即開缺送部引見所遺湖北施南府知府員
缺著明峻補授欽此

林則徐等奏安陸府捐修城垣工竣出力各員著予優敘

道光十七年十二月二十七日內閣奉
上諭林則徐等奏捐修府城工竣請量加獎勵一摺
湖北安陸府城自乾隆年間修葺之後迄今六十
餘年疊遭汎漲浸灌城墻坍塌皸裂甃城積淤深
厚譙樓俱已傾圮經該府等倡捐督辦竣工堪資
保障籌辦尚屬有方安陸府知府周鳴鑾署鍾祥
縣事枝江縣知縣謝慶遠均著加恩交部從優議
敘以示鼓勵此項工程係官民捐辦毋庸造冊報
銷該部知道欽此

上諭　著照林則徐所請鍾祥縣修砌壩磯款准於息銀内動支

道光十七年十二月二十七日内閣奉

上諭林則徐等奏請動款修砌壩磯一摺湖北鍾祥縣境内河隄地居上游為下游各州縣田廬保障上年秋汎該隄劉公菴何家潭兩處潰口據該督等委員勘明請建築石壩加枕坦坡均係刻不可緩之工著照所請所有該二處共估需銀四十一百六十一兩零准其在於鍾隄息銀本款内照數動支發交該府督同前署鍾祥縣現任枝江縣知縣謝慶遠上緊趕辦勒限春汛前如式完工毋許草率偷減工竣覈實驗收照例保固該部知道單併發欽此

上諭

著照林則徐所請潛江縣修築護城土隄准於生息銀内動支

道光十七年十二月二十七日内閣奉

上諭林則徐等奏請動項修築護城河堤等語湖北潛江縣護城土堤南字十一號起至二十五號止共十五段本年被水汕刷殘缺自應亟爲修築所有估需夫土銀六百九十六兩零著准其在藩陸府撥存沙洋籌備生息銀内動支給發該督等即飭該縣趕緊興修務令如式堅築毋許草率偷減工竣造冊報銷該部知道欽此

湖廣總督林則徐奏片　張岳崧辦事耐勞程銓刑名諳練審案無誤並隨時察看兩省學政

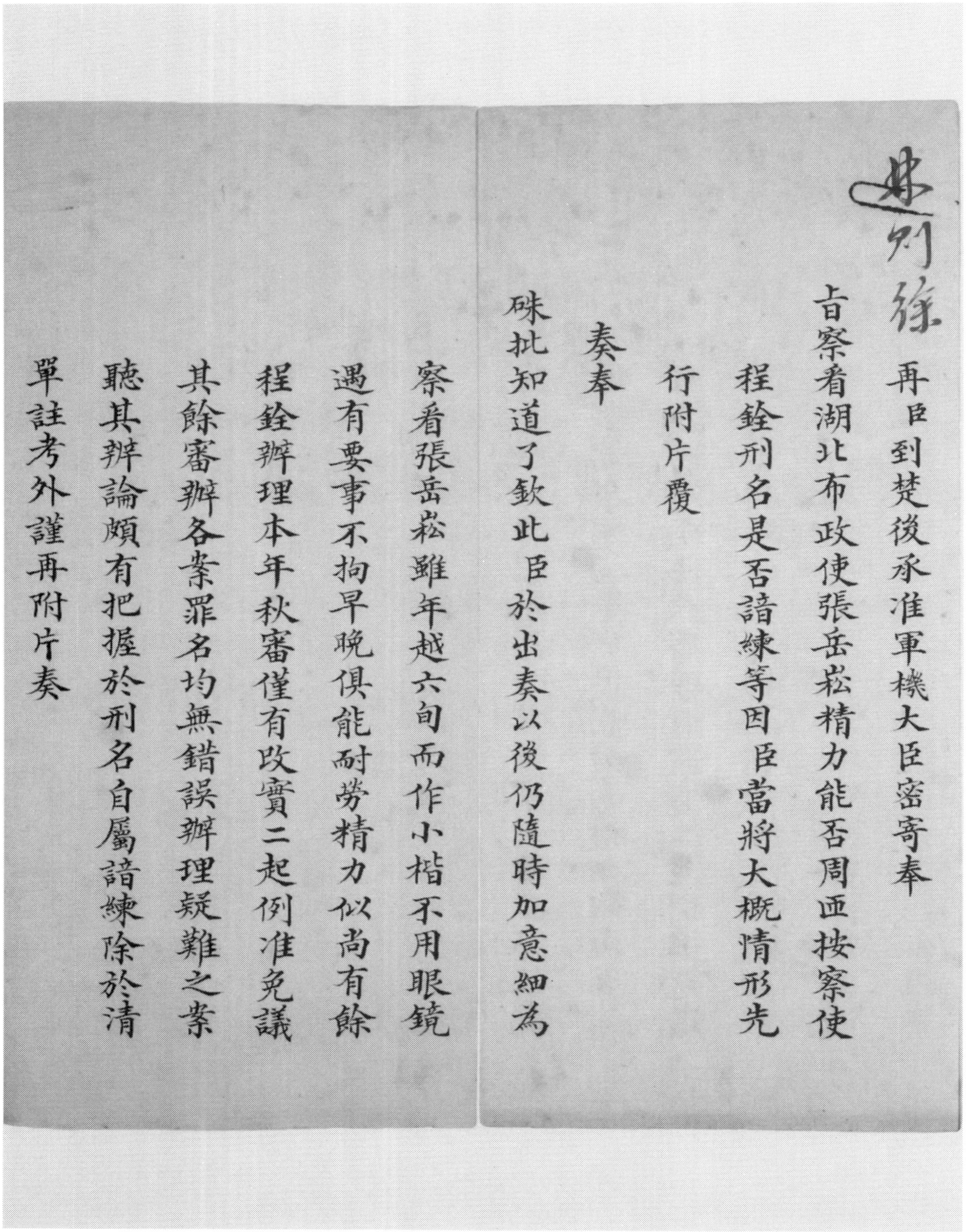
林則徐
再臣到楚後承准軍機大臣密寄奉
旨察看湖北布政使張岳崧精力能否周匝按察使
程銓刑名是否諳練等因臣當將大概情形先
行附片覆
奏奉
硃批知道了欽此臣於出奏以後仍隨時加意細為
察看張岳崧雖年越六旬而作小楷不用眼鏡
遇有要事不拘早晚俱能耐勞精力似尚有餘
程銓辦理本年秋審僅有改實二起例准免議
其餘審辦各案罪名均無錯誤辦理疑難之案
聽其辨論頗有把握於刑名自屬諳練除於清
單註考外謹再附片奏

聞又湖北湖南兩省學政均係新到尚未出棚開考
一時無可訪查惟湖北學政方錯初到時因沿
途感冒患病正需調治旋即漸就痊愈諒其年
力方盛自易復元此後精神如何仍當隨時察
看合併陳明伏祈
聖鑒謹
奏

湖廣總督林則徐奏片

密陳遵查學政蔡錦泉考試並無劣蹟

林則徐

再臣前奏學政蔡錦泉被控未結情形欽奉
硃批秉公嚴訊務得確情如該學政實有劣蹟即行
奏請革職嚴加訊究若有意消弭是卿大負委任
而廢國法懍之另有旨欽此仰見
聖主訓誡嚴明務令秉公覈實之至意臣跪誦之下
悚深汗背懍切服膺伏念臣以一介庸愚仰承
委任之重凡辦一事決一獄總求上可對
君父下可示吏民臣苟不公即為公論所不許臣如
廢法更為
國法所不容清夜捫心敢不兢兢自省查前任湖
南學政蔡錦泉在翰林後臣十科素昧平生毫
無瓜葛上年秋間臣赴湖南閱伍適准部咨以

此案京控奏奉
諭旨交臣審辦當於經過各屬密訪該學政考試聲
名僉云去取公平並無遺議復查革員馮茂勳
於被參問罪之後遣抱進京翻控如果該學政
考試有弊自必舉其重者攻之且丁酉係拔貢
之年尤關鉅典倘有物議更必舉發無遺即其
他一切文場如有曖昧劣蹟斷無不和盤托出
之理而馮茂勳呈內並無此等重情數其所控
各款中惟考試武童兩條最為關要如騎射改
看步箭查因連旬久雨馬道被淹有教官廩保
稟呈各結在卷是其不合之處轉在體恤武童
非關私弊惟於翁正庠三箭不中又賞三箭據

馮茂勲原詞謂因翁正庠係前署府所取案首
該學政徇情録取等語臣亦不能無疑是以於
蔡錦泉所具親供疊經反覆駁詰據其堅稱委
因翁正庠漢仗軒舉力足挽强念其中靶有一
時之短長並因當場伏地哀求冒昧准其再射
後因刀石出色是以録取實無徇情且以現任
知府求取一名文童猶必據實參奏豈有於前
署知府所取之武童反為徇情之理臣當又將
該武生翁正庠提到楚北率同省城將備考驗
弓馬該武生馬步各中二矢年力正强是該學
政録入武庠尚非有弊惟當場多賞三箭實屬
非是臣不敢稍為隱飾其餘供應各款除分別

訊明於正揩縷晰聲敘外並據蔡錦泉親供內
稱該學政在永順考畢起程馮茂勳送有程儀
二百兩堅拒不收訊之馮茂勳始猶支吾迨後
亦認實有其事是餽送尚能堅却似無需索可
知此案於澈底查訊之後即原呈未有之情節
亦皆水落石出所有馮茂勳供詞皆伊親筆自
寫不許稍有抑勒而臣明查暗訪數月之內無
聞昕朝設使該學政蔡錦泉果有實在劣蹟臣
即未奉
批諭亦必奏請革審不敢姑寬況
硃批如此森嚴臣安敢存一消弭之心自干嚴譴惟
思事須覈實獄貴持平凡蔡錦泉應得之咎臣

俱逐一臚陳而究明實非劣蹟是以未請革審
且此案本因該學政不徇情面據實
奏參終至遭其反噬倘畏事者引以為戒轉相率
而隱忍不言恐於吏治場規均有關係臣不揣
愚昧謹將欽奉
批諭倍加兢懔緣由繕片密行覆
奏伏祈
聖鑒謹
奏

湖廣總督林則徐清單

湖北湖南兩省提鎮各員密考清單

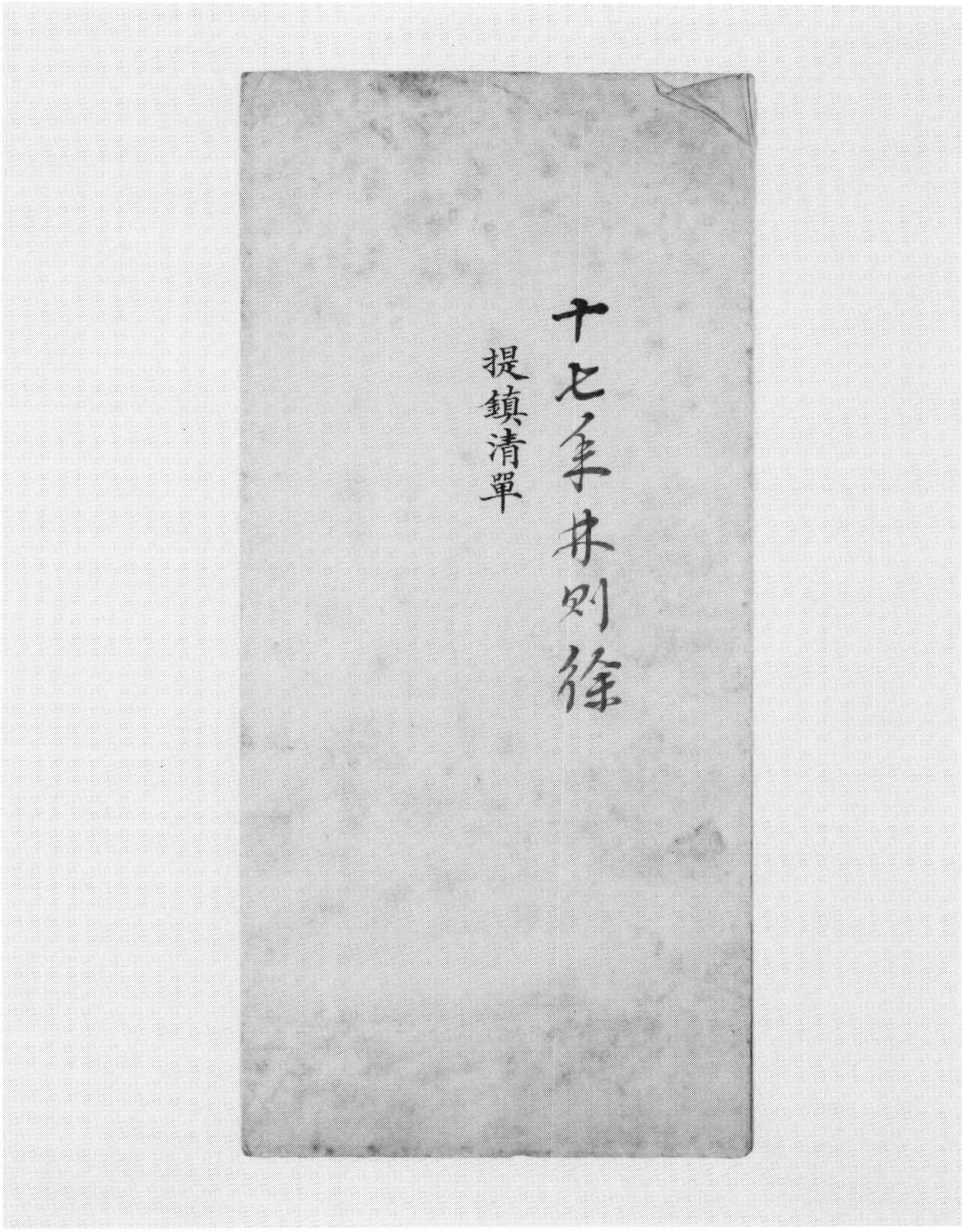

謹將湖北湖南兩省提鎮各員出具切實密考
繕具清單恭呈
御覽
湖北省
提督羅思舉 年七十四歲四川鄉勇 道光五年十二月到任
操守甚清能自刻苦教演雜技有裨軍營
實用製造傷藥療治瘡疽尤為著效年雖
老而習勞不倦精力尚未衰頹
鄖陽鎮總兵滿德坤 年六十歲山東武進士 道光十三年十二月到任
魁梧出衆年已六十而勇鋭之概未衰營
務照常辦理尚無差錯
宜昌鎮總兵珠爾杭阿

已於另摺　奏請勅休

湖南省

提督薛　陞　年六十四歲貴州義勇　道光十五年四月到任

履歷六十四歲實已七十三歲面貌步履均與中年無異聽其所論行兵事宜自是出師老手平時營務固不至廢弛但亦無甚振作臣常以此規之

鎮筸鎮總兵楊　芳　年六十七歲貴州行伍　道光十六年四月到任

實年六十八歲步履精神均屬健旺兩耳偶有重聽亦不至甚沈其於鎮筸民苗兵勇情形洞悉無遺人皆重其聲望足資鎮

制

永州鎮總兵崇　福　年五十四歲蒙古監生　道光十三年正月到任
年力正强辦事頗有才幹惟性情太急亦
有過當之處近日辦理練團及封禁山地
督飭尚屬有方

綏靖鎮總兵明　海　年六十六歲滿洲藍翎長　道光十七年四月到任
外貌雖似鈍拙而營務却甚認真到任後
力汰老弱兵丁臣此次考驗該營技藝最
為出色惟年已六十六歲雖目前精力未
衰仍須隨時察看

湖廣總督林則徐奏片　體察鎮筸鎮營伍情形

林則徐

再臣此次親駐鎮筸體察情形酌籌控制有正
摺內所未敢盡叙者謹再繕具密片為我
聖主陳之緣鎮筸地方在萬山之中其人膂力剛強
而性情剽悍用之於制敵實能奮勇爭先聚之
於平時難免恃強生事駕馭之法本較別處營
伍為難又自苗疆設立屯防以後民間田產丈
出歸公專靠錢糧以資養贍所以鳳凰廳一隅
之地而兵丁練勇合計有五千餘名之多視他
營不啻數倍在當時原為懾服羣苗起見今苗
民久經安貼而營屯轉成積重之形明知兵勇
太多而礙難裁減若輩聚集一處角勝爭雄偶
有藉端則此倡彼和若不遂意即逞忿忘生皆

已習爲固然恬不知怪此次經臣抉其病根大加訓飭曉以利害禍福尚知感激涕零但易感者其心而難移者其性是以控馭之法不厭求詳臣檢查上年抄借案內欽奉
上諭有人奏苗疆善後事宜一摺著訥爾經額裕泰楊芳會同詳悉妥議具奏等因欽此查原奏內有將練勇分撥三廳安置以散其勢之語此論本極扼要惟因紛紛移駐轉恐啟其疑懼之心而攜帶家口盤費尤多更無所出是以訥爾經額等仍請暫循其舊臣竊思分散之法與其勒令移駐强以所不甘何如隨時差遣予以所甚願蓋該處人情粗鄙以有利爲喜以有事爲榮其

受病在此其得用亦在此即如徵調出師在別營視為畏途而該處趨之恐後若尋常差使於應得錢糧之外加給薪水盤費其踴躍更不待言又其一家父子弟兄同在行伍者甚多經臣逐一查明密記底冊凡一家有數人食糧者俱暗抽一人出外差遣使之各有瞻顧仍不明示章程如各卡堵緝私鹽各屬訪拏匪犯之類皆其所優為者此往彼還絡繹調派似即無形之移駐而自然之分散也現已試行派遣皆甚樂從臣仍隨地隨時嚴密查察如有未能安靜借端生事者立予重辦不稍姑息似亦控制之一道其在本處則專恃該管鎮道約束有方臣在

彼詳細稽查鎮筸鎮總兵楊芳辰沅道王簡現
辦營屯事務皆能秉公克已甚洽輿情就目下
觀之實屬十分安靜臣仍諄囑該鎮道總須恩
威兼濟嚴而不失之刻寬而不失之濫始可常
服其心至該處山田磽瘠者多收成本薄而又
路遠險隘與別處米穀不通今年雨水調勻堪
稱樂歲倘值年成荒歉各兵勇事畜無資即難
保其盡能安謐查從前該處儲備銀穀歷因屯
田歲租缺額各項經費不敷遂致逐漸借支無
多存貯經調任撫臣裕泰
奏請清查緣款目紛繁尚未結報現在飭催該道
趕緊查明不許稍有含混其應如何籌補之處

容再會同撫臣訥爾經額設法籌畫另行
奏辦又查該處民人近日傳播謠言謂嘉慶初年
民田暫令歸公原許於三十年之後仍還民產
此時年數已過應請歸還並有欲俟臣到之時
聯名呈懇者臣一得訪聞即先飭查何人倡議
嚴行拏究於是其風寖息臣復於放告之時將
此事廣為宣諭以從前苗匪四出焚殺伊等田
產多為苗佔即未佔者亦不能耕種無非四散
流亡任其荒廢若不團練丁勇何以戡定頑苗
若不均出屯田又何以養贍丁勇豈可於安常
處順之後頓忘同仇敵愾之心轉欲自撤籓籬
甘尋覆轍該民人等皆無可置喙惟是此等謠

言易動鄉愚之聽臣仍諄飭該鎮道嚴密查禁
倘再有以此議煽惑平民者即須嚴拏究辦總
之鎮筸為苗疆最要之區而距臣所駐之武昌
省城將及二千里邊防關重實有鞭長莫及之
虞惟當時刻留心並責成該鎮道務將一切情
形隨時據實稟報以憑察奪至該鎮楊芳原籍
貴州松桃廳距鎮筸僅百餘里於該處民情土
俗洞悉無遺上年鎮筸兵勇戕害委員蘇清阿
經楊芳在籍聞知即赴交界防範所全頗為不
少此次臣至鎮筸接見該鎮據稱年老耳沉恐
不足以副
聖慈委任臣見其精神步履均屬健旺並未衰頹惟

聽言稍多之際間有一二聽得不真不過再與
述說一番似無妨礙其於湖南全省營伍皆曾
統轄而苗疆尤資得力自在
聖明洞鑒之中此外兩省提鎮臣巡閱所至皆已屢
經接見查湖南提督薛陞久歷戎行雖年越七
旬而精力極健在出師自屬老手若論平時營
務固不至廢弛亦未見振作似不及湖北提督
羅思舉之認真羅思舉出身雖非正路而在湖
北提督任內歷十二年操守甚清能自刻苦地
方文武異口同聲其所教演雜技皆有裨軍營
實用而製造傷藥療治瘡疽尤為著效士卒民
人之疾皆手治之故感激者多該提督自去冬

病後差瘦於前然見其上馬登山仍極輕便詢
知常時在署兩脚尚繫鐵條其習勞不倦如此
似營務不至廢弛至總兵中如湖南永州鎮崇
福年力正强辦事頗有才幹可資整飭綏靖鎮
明海外貌似屬鈍拙而營務却甚認真現雖六
十六歲精神尚能貫注此次臣考校湖南營伍
該鎮所轄之兵技藝最見出色是該鎮洵堪勝
任惟此後精力何如仍須隨時察看又湖北鄖
陽鎮滿德坤本年進京
陛見回任未久其人材本屬出衆雖年逾六十而勇
鋭之概未衰辦理營務大段不差尚須細為考
察又宜昌鎮珠爾杭阿在楚省三十餘年情形

極熟惟宜昌為川江入楚門戶該鎮於督緝川
省私鹽前此似未能盡力近日經臣嚴飭務令
於銅鉛船入境之際親往督查究竟能否改觀
尚須於冬令覈計功過再行據實具
奏臣有考察之責總當整頓營伍不避怨嫌斷不
敢稍有遷就謹將一切情形縷晰附陳伏祈
聖鑒謹
奏

覽奏足見實心實力可嘉
之至嗣後必當有加無已
以副朕望至周之琦可否
勝巡撫之任遇便據實密

二〇 湖廣總督林則徐奏片 體察鎮筸鎮營伍情形

道光十七年

奏

密陳周之琦合宜湖北巡撫

林則徐

再臣前於湖南校閲案內密奏摺片仰蒙
皇上包封發回封面奉有
硃筆勅湖廣總督林則徐手啓封口處奉有
硃押臣謹即親手密啓伏讀
批諭覽奏足見實心實力可嘉之至嗣後必當有加
無已以副朕望至周之琦可否勝巡撫之任遇便
據實密奏欽此臣跪誦之下服膺欽懍感悚交深
伏念臣渥荷
厚恩畀茲重任才具愧未能報稱而心力斷不敢留
餘惟有恪遵有加無已之
恩諭殫竭悃誠事事務求真實以冀仰答
聖慈於萬一至周之琦向雖與臣同官翰林而未曾

共辦公事今在楚北同城已逾半載隨時留心訪察知其操守清廉性情樸直於屬員不假辭色於公事不許通融或有議其太板者臣竊以為正是好處即其與臣議論公事亦能自抒所見不稍依阿臣轉以是重之惟其才情未能肆應似於事務殷繁之大省未必游刃有餘若在中等省分整肅吏治挽迴風俗頗有確不可拔之勁當必不至廢弛

聖明用為湖北巡撫正甚合宜臣謬轄兩省事體繁多若巡撫不得力即臣之累詎肯遷就自誤況此次手奉

硃諭令臣密奏臣更無須絲毫瞻顧必應知無不言

言無不盡豈容自昧天良伏思
皇上嚴密飭查原要得其實在臣亦惟有據臣所見
切實上陳不敢有一語假借倘周之琦此後政
事别有差錯臣亦必據實密陳總不敢下徇友
朋以致上負
君父謹遵
旨附片密
奏並將
發下密封內外
硃筆一併恭繳伏祈
聖鑒謹
奏

湖廣總督林則徐等奏摺 道光十八年正月初十日 勒休知縣蔣炯虧缺庫項請旨革職

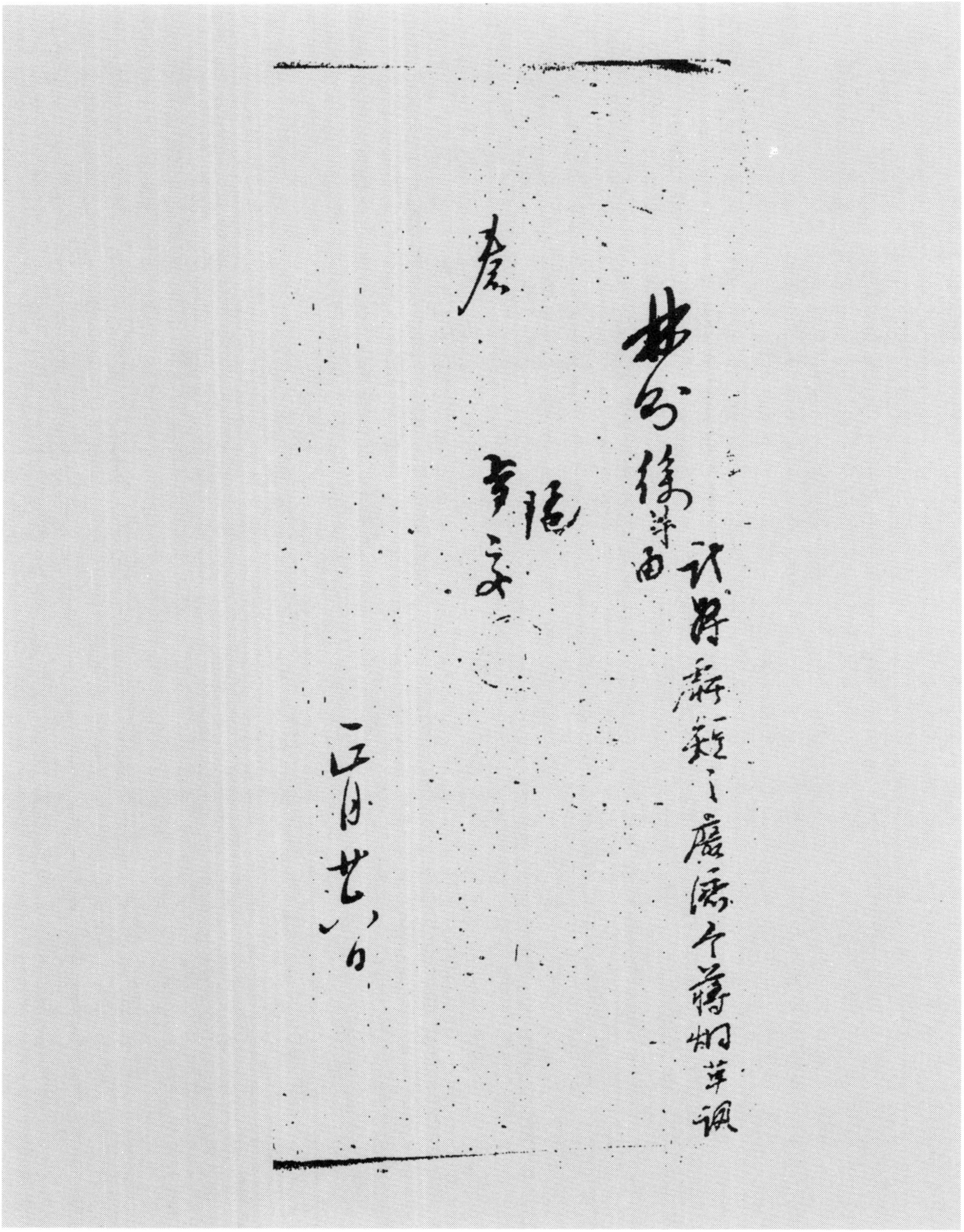
林則徐等由
奏請將勒休之廣濟令蔣炯革職
另有旨
正月廿八日

湖廣總督林則徐等奏摺 **勒休知縣蔣炯虧缺庫項請旨革職**

湖廣總督林則徐等奏摺　勒休知縣蔣炯虧缺庫項請旨革職

道光十八年正月初十日

湖廣總督臣林則徐跪

湖北巡撫臣周之琦

奏為特參虧短倉庫銀米之勒休知縣請

旨革職提審究追仰祈

聖鑒事竊照各屬倉庫正款錢糧攸關

國帑不容稍有短缺湖北各州縣交代疊經臣等

剴飭認真盤查茲查有前任廣濟縣勒休知

縣蔣炯任內經手倉庫銀穀等項俱有虧短業

經接署之知縣丁應存於兩月限內查出會經剴飭

黃州府知府楊庚潤集交代底案稽核書據

一案今蔣炯因款目不符飭令查案覆核該員

知府等因前任漏盤交代逐款覈算陸

又據詳報實短交正雜各款銀七千四百四十一兩五

兩九分六厘，墊於倉谷價下二千七十一兩二錢五分
四厘，由藩司將虧案司經解糧道李源轉
據該管道為揭報前來。臣等覆查廣濟縣知縣
蔣炯，經臣周之琦於十六年到任後訪察才性遲
緩，不能振作，會同前請以納原經額
奏請勒休，茲經飭查，據該倉庫平糧有無未完，另
如該員經手倉庫各款共銀九千五百餘兩之多，
實屬大干
功令。現在飭委究辦，以儆其餘，相應請
旨，將廣濟縣勒休知縣蔣炯革職，以便提同
交部案據該經手書人等來省嚴審定擬，
是否別有究追，按律擬辦，並將該員原籍資財

先行查封並飛咨浙江撫臣轉飭原籍杭州府錢塘
縣查封家產備抵外理合恭摺具
奏伏乞
皇上聖鑒訓示謹
奏
道光十八年正月初十日
硃批
另有旨
正月二十日

湖廣總督林則徐等奏片　**楚省骫法縱私員弁請處分定擬研訊根究**

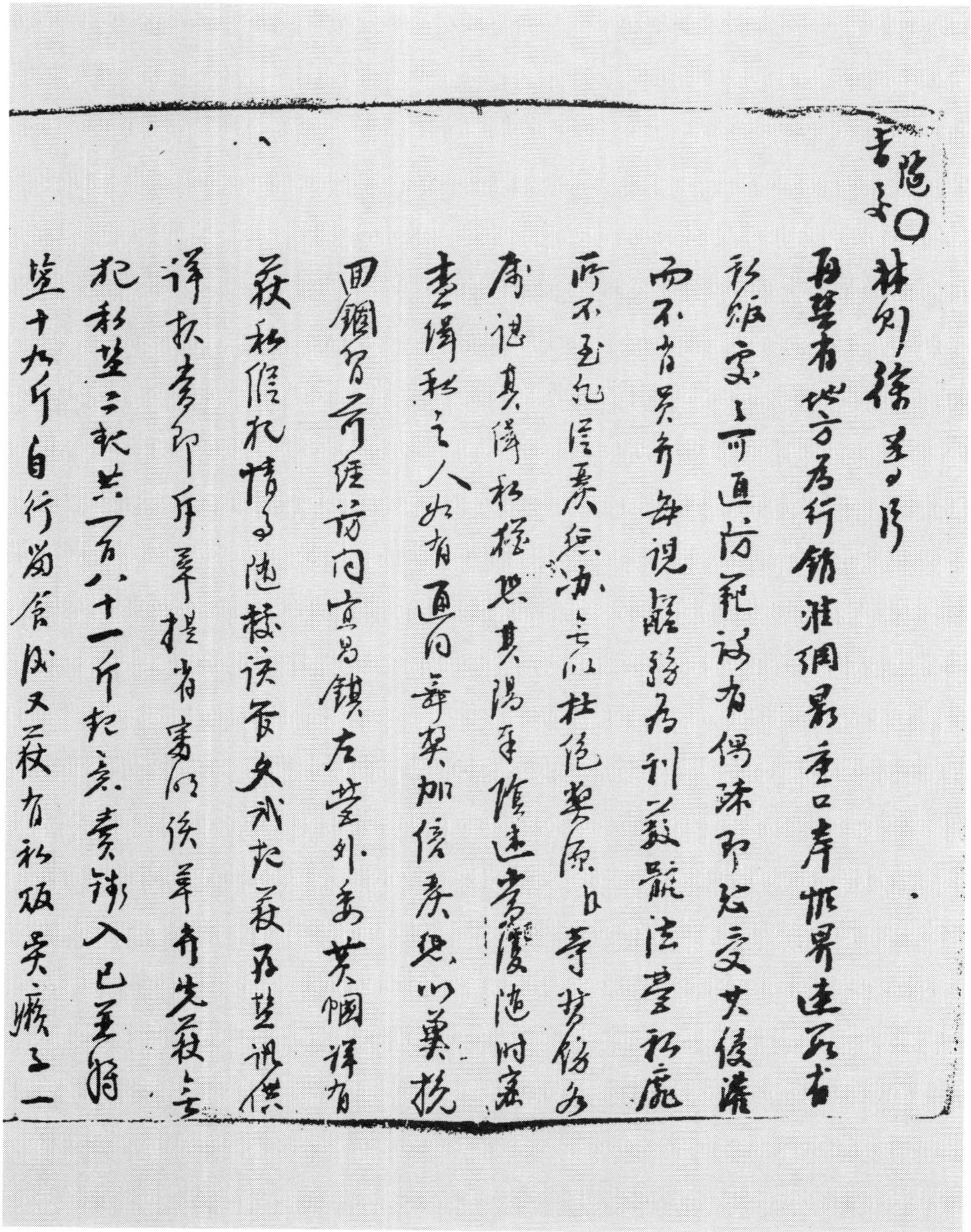

私將扣得出賣鹽二百八十斤與兵丁鄭大治等
變賣分用除鄭大治按律照加外查該革弁黃
炯祥身任武職責在緝私乃敢節次截鹽肥
己故借私梟玩法已極若僅照巡緝私鹽故縱
與犯人同罪律擬以杖一百徒三年尚覺情浮
於法應請將黃炯祥從重發往新疆充當苦
差以示懲儆又署黃州協都司試用武進士潘
正衍拏獲洪達棟鹽船私不即送縣究辦
擅令兵丁長押致被該犯洪達棟聚眾奪犯拒
捕復究出營書廖志洪復有聽囑扶同情弊
又蘄州通詳往復兵丁鄭承連同淹斃一案訪問
江華該州知州孫承恩吏目李應嵩均有勒掯

豈私情乎。以上二案係僅飭程玉甫暫行解訊，
務須詳實，惟濤正衍等供詞均甚狡展，相應請
旨將署黃州協中軍都司試用武進濤正衍革職，
以便提同全案人證嚴行質審，徹底根究。至孫
承恩先經臣等於甄別案內參奏，奉
諭旨革職，李啟寓亦已將新任革職，均著提案研鞫，
務使水落石出，按擬絲毫不任稍有遷就，以正
官常而肅鹺政。除黃州詳丁案另具供招咨
部外，謹合詞附片陳明，伏祈
聖鑒謹
奏。
道光十八年正月二十六日奉

湖廣總督林則徐等奏片　楚省骫法縱私員弁請處分定擬研訊根究
道光十八年正月初十日

湖廣總督林則徐等奏片　**查明湖北省現無私鑄及行使小錢**

〇

林則徐等片

再湖廣有無行使小錢向於年終具奏一次湖
北省從前多用私錢節經前任督撫臣明飭屬
查拏審辦俱經由臣奏在案

諭旨嗣臣年終具奏均經查明境內有無私錢[illegible]出
結臣由該管道府察查確實加結詳核具奏如有
結報不實一經查出即將該管道府一併參處等因
欽此欽遵在案道光十六年年終因各州縣印
結多未詳送誠恐日久玩生當經
奏明飭司嚴催道府確查結報並委員前往密查
臣林則徐到任復經分飭嚴密查辦去後茲據
搜獲鋪戶吳允直吳義昌周同順等積存未繳缺
邊毛錢暨[illegible]等以陸續巧得小錢易換大錢均

湖廣總督林則徐等奏片　查明湖北省現無私鑄及行使小錢
道光十八年正月初十日

經訊明總亦係微末，又拏獲剃頭陶凌柯等收存小錢，
尚未行使，亦經批飭審辦。此外現據各州縣稟稱，查
明境內俱一律並用官板制錢，委無私鑄及行
使小錢，亦無外來奸匪與販情事，出具印結，並經
該管道府暨委員確查加結，由湖北布政使張岳
崧、按察使程銓會詳請
奏前來。臣等覆加查訪無異。除仍嚴飭隨時嚴密
察查，務期有犯必獲，不任稍形懈弛外，所有飭查
湖北通省所屬各州縣境內現無私鑄及行使小
錢緣由，理合循例附片陳明，伏祈
聖鑒。謹
奏。

二〇 湖廣總督林則徐等奏片 查明湖北省現無私鑄及行使小錢

道光十八年正月初十日

道光十八年正月二十六日奉

硃批知道了欽此

湖廣總督林則徐奏摺

動項修理荊州水師營戰巡船隻

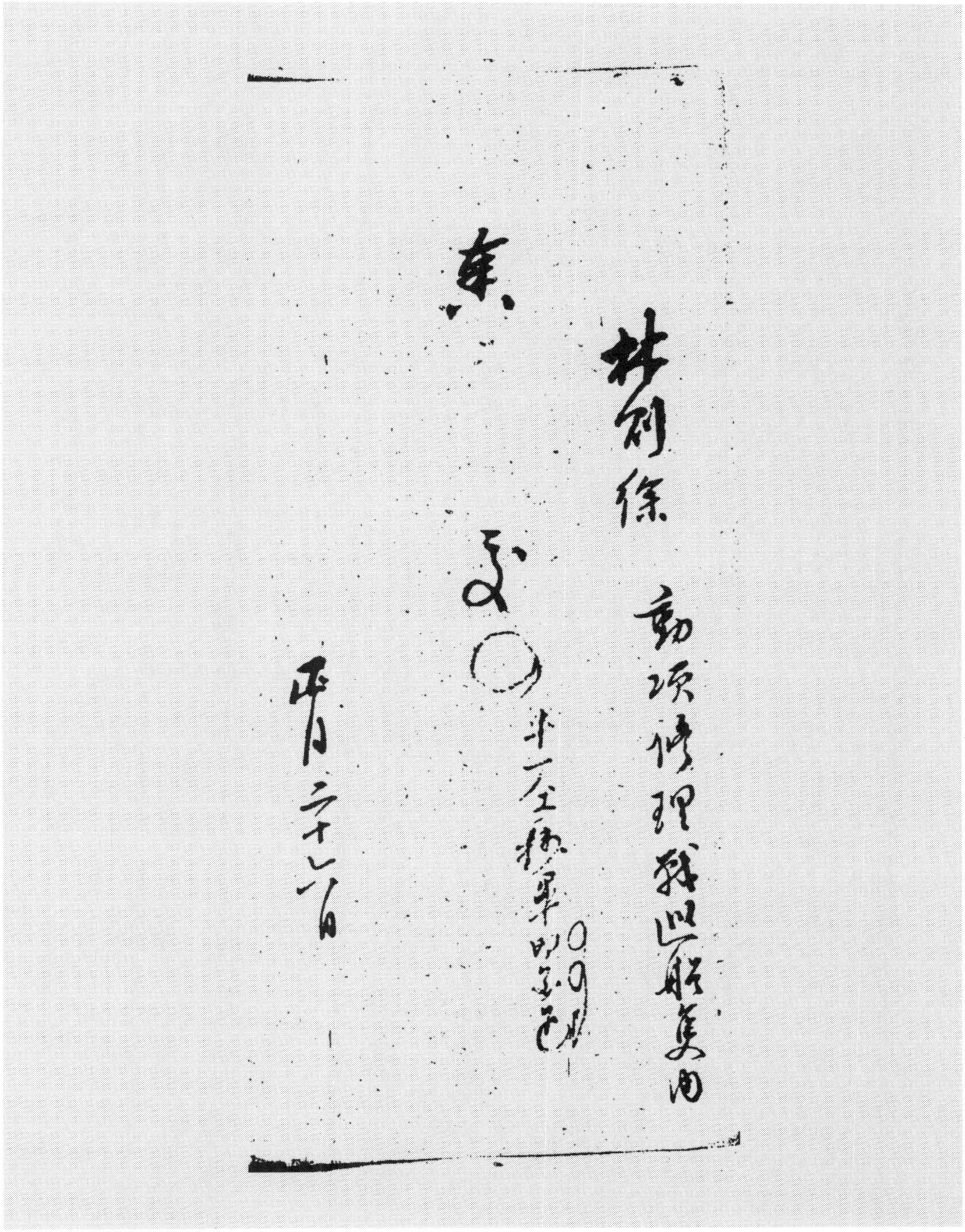
林則徐 動項修理戰巡船隻由

奏

正月二十七日

湖廣總督臣林則徐跪

奏為動項修理戰巡船隻以資操防循例彙摺

奏祈

聖鑒事。竊照湖北荊州水師營額設戰巡船隻，前據

該營詳報，原字四號、七號、八號、九號並十一、十二

及原字十二、十三、十四、十五、十七、二十、廿號戰船

一十二隻，又大字一、二號巡船二隻，自道光十

年小修完工起，今已逾五年大修之限，板片

朽壞，難供操防，詳稱委驗興修請前來，當先

飭委荊州府知府王若閎、荊宜施道恩寧會

親詣勘明，實係朽壞難以駕駛，估需工料銀

五百四十五兩二錢八分六厘，並係撙節不

浮。將估工委員印冊結匯加勘結由藩司覈明

湖廣總督林則徐奏摺 動項修理荊州水師營戰巡船隻
道光十八年正月初十日

籌款查照修理軍械千兩以下咨部辦理之例詳

經前督臣咨部嚴加查覈，嗣准工部覆核覆飭

用銀若干兩以上者，專案奏明辦理，至係奏

准之項再行題估等因，行據布政司併案詳

請具

奏前來。臣查荊州水師營大修慶豐大等字號戰

巡船一十四隻，共估工料銀五千五百兩二錢

八分六厘，並無浮冒，舊存釘鍋木料變價均

應原用料價二成，以上各請在于司庫工程二

成平餘款內動給兵修，以資操防，仍循例報部

附近之荊州府督工設廠監修，務使工歸實用

係俟工竣委員覈實驗收，並取估銷各冊結俟

湖廣總督林則徐奏摺　動項修理荊州水師營戰巡船隻
道光十八年正月初十日

限恭疏
題咨外理合恭摺具
奏並將分派估需工料銀兩數繕清單恭呈
御覽伏乞
皇上聖鑒謹
奏
道光十八年正月二十六日奉
硃批工部議奏單併發欽此
正月　初十日

湖廣總督林則徐清單

荊州水師營大修戰巡船估需工料銀數

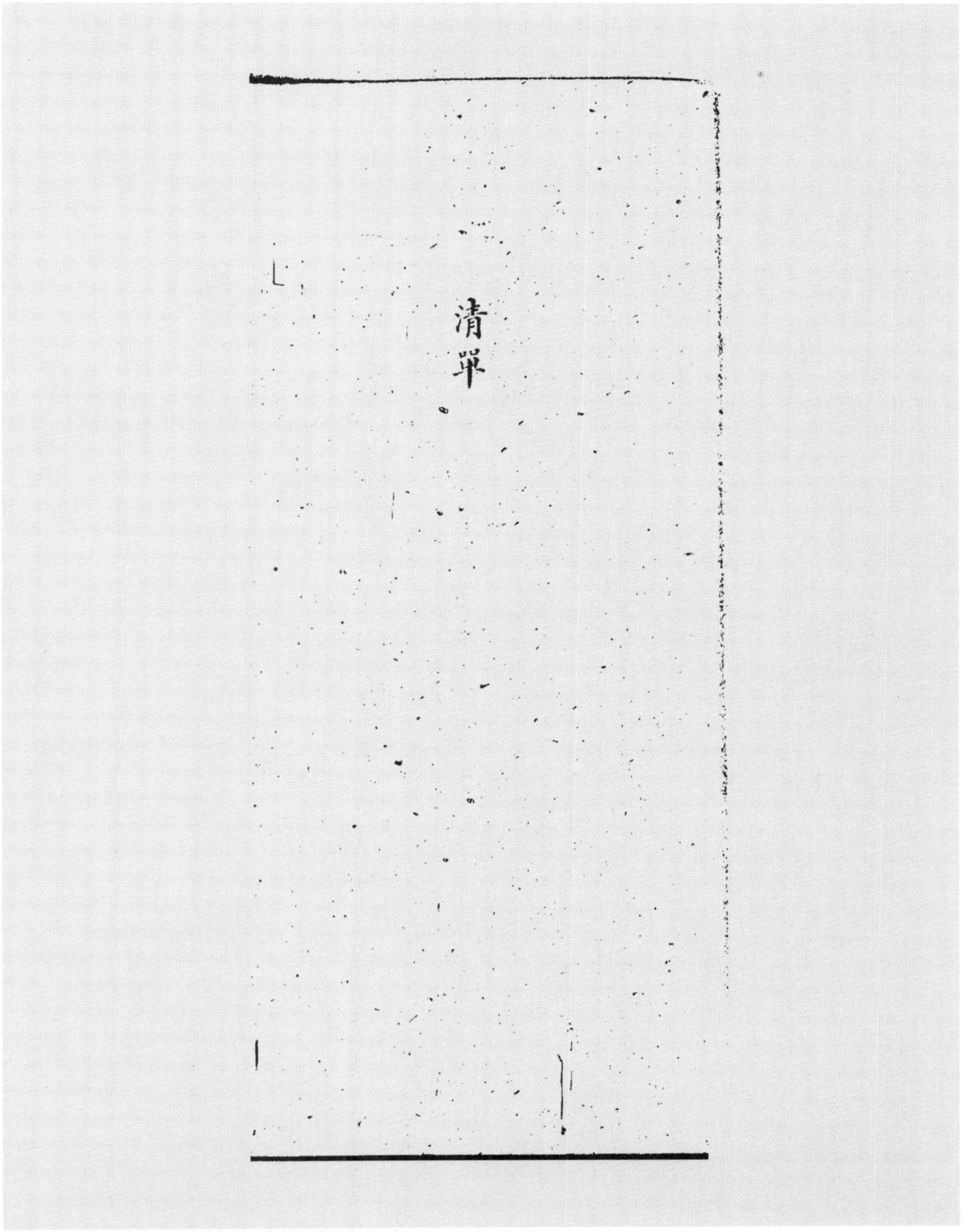
清單

謹將湖北荆州水師營大修廣豐大等字號戰巡船一十四隻估需工料銀數敬繕清單恭呈

御覽

計開

廣字九號十一十二豐字十二十三十四十五十七二十等號戰船九隻俱係道光元年四月拆造復於十年二月小修扣至十五年二月滿五年大修例限又廣字四號七號八號戰船三隻大字一二號巡船二隻俱係道光五年三月拆造復於十年九月小修扣至十五年九月屆滿五載內廣字四號七號八號九號十一十二等號戰船六隻每隻確估工料銀六十兩九錢

七分六釐除原用木料釘鍋變價銀六兩三錢
九分四釐外實需銀五十四兩五錢八分二釐
共銀三百二十七兩四錢九分二釐又豐字十
二十三兩號戰船二隻每隻確估工料銀三十
五兩二錢八分除原用木料釘鍋變價銀三兩
八錢五分外實需銀三十一兩四錢二分共銀
六十二兩八錢六分又豐字十四十五十七二
十等號戰船四隻每隻確估工料銀三十一兩
二錢三分除原用木料釘鍋變價銀三兩一錢
二分外實需銀二十八兩一錢一分共銀一百
一十二兩四錢四分又大字一二號巡船二隻
每隻確估工料銀二十三兩四錢四分除原用

木料釘鍋變價銀二兩一錢九分三釐外實需
銀二十一兩二錢四分七釐共銀四十二兩四
錢九分四釐
以上大修戰巡船一十四隻總共實需工料
銀五百四十五兩二錢八分六釐

覽

遵旨審明隨州民婦吳殷氏京控案分別定擬

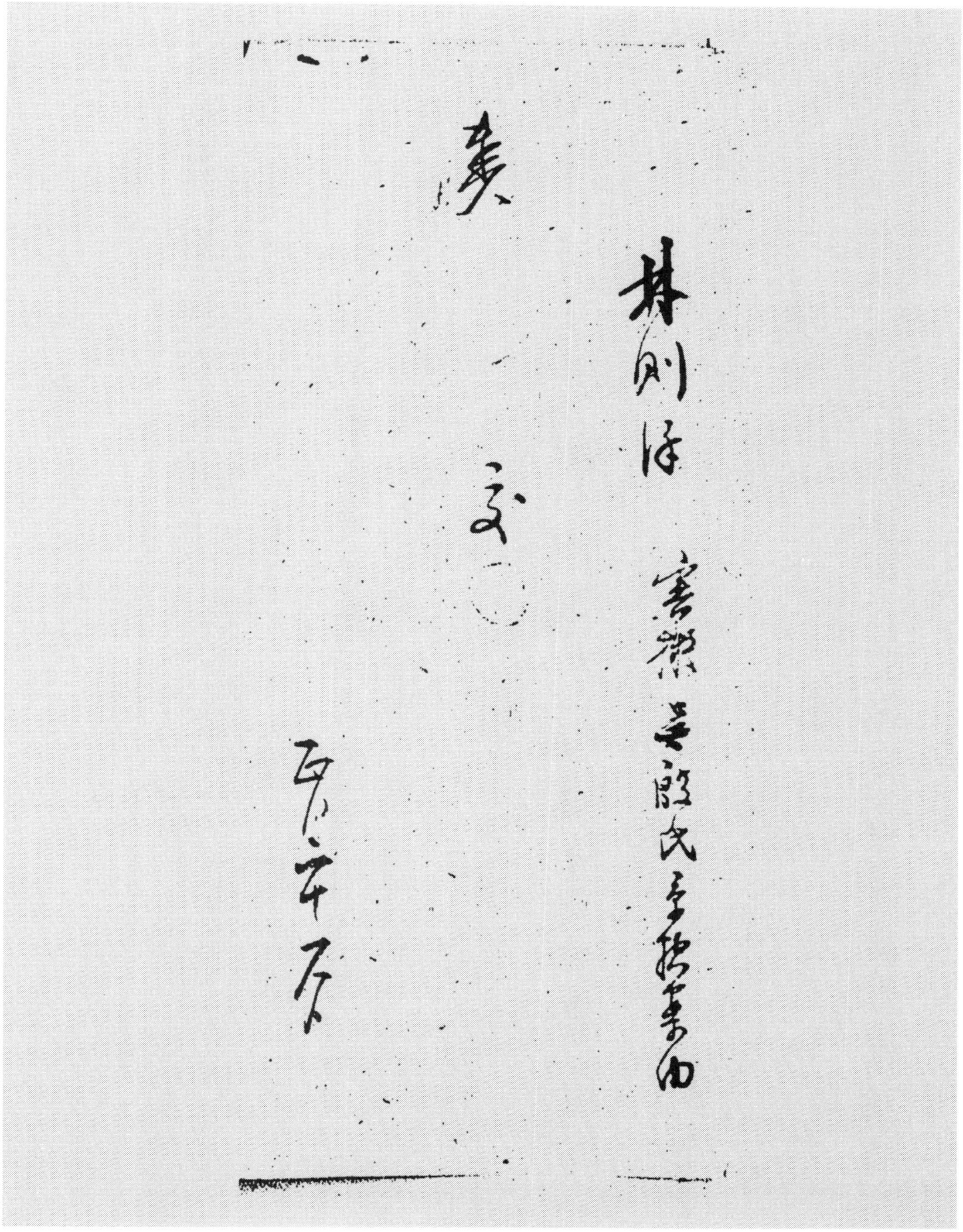

奏

林則徐　審擬吳殷氏京控案由

湖廣總督林則徐奏摺　遵旨審明隨州民婦吳殷氏京控案分別定擬　道光十八年正月初十日

湖廣總督林則徐奏摺　遵旨審明隨州民婦吳殷氏京控案分别定擬
道光十八年正月初十日

湖廣總督臣林則徐跪
奏爲遵
旨審明定擬恭摺奏祈
聖鑒事竊照湖北隨州民婦吳殷氏以朱茶庭謀殺伊夫吳
以敏斃命前次屢經解回委審酷刑勒供等情赴都
察衙門具控奏奉
諭旨著交林則徐親提人證秉公嚴審按律
定擬具奏原告吳殷氏該部照例解往備質欽此
並准將原告吳殷氏解到楚省經司委提人
卷委前署武昌府知府崇英武昌府同知陳天
津究出江夏縣民吳以理唆使捏情翻控等語臣
批飭藩臬兩司詳解前來臣親提

研鞫緣吳以珍籍隸江夏縣與隨州民婦吳殷
氏同姓不宗吳殷氏之夫吳得敏素不安分因有
山地兩塊與朱芳宸田地毗連道光十一年吳與
朱芳宸之佃戶李水口角經鄰人勸散吳得敏因
此挾忿於十二年三月間藉稱荒歉邀同不知姓
名乞丐至朱芳宸家强索米穀錢文二次繼又屢
往滋索朱芳宸因疊被擾累欲送官究治其
姪朱大綱喊同鄰人王士升張尧正何應椿幫拏
王士升張尧正何應椿幫拏王士升張尧正各用
棍毆傷吳得敏偏左何應椿用棍毆傷其左肩
甲朱大綱用刀戳傷其左眼胞右眼睛倒地被知
地保張和將吳得敏捆住送州前任隨州知州徐

二〇 湖廣總督林則徐奏摺 遵旨審明隨州民婦吳殷氏京控案分別定擬

道光十八年正月初十日

著驗明吳得敘係瘋，交差吳周醫調並飭約束
質審。此係四月初四日三六等驗傷供，並無關吳
得敘所受各傷，俱經本縣驗右眼瞼被戳已瞎該
州查學戳傷之處未獲細核詳稱是年閏九月內
吳得敘忽患傷寒瘋症，醫調無效，於是年月
二十七日身故，亦經接報知州往驗明在案。十
六年九月內，吳殷氏與朱華宸兩家因放牧口角
罵，吳殷氏不依，向至朱華宸家吵鬧，控經該府
飭馬岩審訊，斷吳殷氏再不滋訟，甘結在案。十七年
正月內，有吳殷氏之族姪曾洪啟遂知朱華宸家
道殷實，起意欺詐圖賴朱大個戳傷吳得敘之
事，令吳殷氏搶先朱華宸謀佔田地未遂，誣賴

吳得敏爲逐喝令朱大倜將吳得敏捆毆致死即
竹幸因傷身死竹帳許償詐得千文借吳殷
氏在先於德安府批州究根之下內潘啟運又
令吳殷氏以前情赴京呈控並羅織宋茂房子
串有人捐爲鄉毆使畏罪和後捏狗居爲詐
千文並令其咸奏世瓏及李識之兄大山家
世瓏因爲恩隨亦許以厚酬謝潘啟運代作呈
詞即將己名填爲抱告同吳殷氏進京赴提督
衙門投遞經提督衙門奏奉有諭旨飭衙門
呈告有案送交刑部咨解來楚飭委漢
陽府知府楊炳鏊等審辦究出唆訟情由將潘
啟運照棍唆先重罪名又實例擬軍吳殷氏照爲

從滿徒因控寃甘結加等枷號收贖朱大綱
照臨人一同枷以滿徒余大山等分別枷杖治罪
將吳殷氏交給伊媒王太和發落領部嚴照
查蔡光呈吳殷氏與程菴匠價蔡氏並識誤
菴常租寄宿吳以强因於視友家居菴內时往
探望出與蔡氏認識是年十一月十四日吳殷氏乘
王太和外出逃至蔡氏菴內述及控李書田情
由適吳以强至菴聞知起意唆使翻告畬潛翻
謝吳殷氏允給錢串千文後友可審讞付給吳以
強隨代作詞狀將原審改作謀殺並捏寫賍私
不下萬兩及委員酷刑勒結重情又將前詞列作
見證並未到案隨後病故之秦世隴捏作誤列遞

刑斃命等情，以備情節作成詞稿，倩令寄寓庵內
不知姓名先生田福代為謄寫，吳以短漏，復又重
改三字，隨將底稿燒燬，令教吳殷氏所攜帶呈遞
者，檢經都察院
奏奉
諭旨交臣審辦。茲當前情，臣以朱薦宸與吳得敘本有
風嫌，雖係在羣毆致斃，那改同日案內審訊預情，
不便僅憑委審各員讞定。提各人證，親供道光十二年四
月初四日吳得敘被朱大偶等毆傷，係在荊州健步
所驗。至閏九月二十七日因病身故，又係羈所病斃
峻所驗時，遠隔年久，發內傷亦難那改，且吳得敘
果被何傷，向來其傷甚重，自必速斃，何能延活

湖廣總督林則徐奏摺　遵旨審明隨州民婦吳殷氏京控案分別定擬　道光十八年正月初十日

負欠而吳殷氏又係以於卞滿四載之後始控牽扯啟
啟釁之時喚令余根泥前呈指朱萊康為喝令此
次又指為謀殺前後情詞兩歧既云證刑斃孫又
云賠係卞而尤為自相矛盾若果許給卞而誤氏
贓木卞而何以前次委員審訊不言其孫認罪追
賠隨因提訊又係不據實供吐再三究詰吳殷氏醒
以婦女無知聽從姜先前次余根供詞啟釁遂作詞
此次又係吳以強作詞所以不能一樣只有俯首認罪
等供附吳之吳以強亦無不精預將作詞控告情形逐
一供吐如係案外途係查例載代人控寫本狀
衣喻在幫赴京嘉告人命重情不實並全誣十人以
上問發近邊充軍又婦女翻控非實因聽從

主使出名誣控於到官後供出主使之人與原告收贖
一次又律載知人犯罪事發而藏匿在家減罪人罪
罪一等又查此案吳以恆因聞吳殷氏於本案審虛
治罪圖請免究慫恿代作詞狀捏砌謀殺姦如重情
主使赴京翻控所誣已在十人以上自應按例問
擬吳以恆合依代人捏寫本狀教唆扛幫赴京及
告人命重事不實並全誣十人以上發近邊充軍
例發近邊充軍該犯年逾七十係有唆訟根且
捏誣情節較重應不准收贖解赴於貴安置另
殷氏聽從翻告照為從減一等罪止滿徒惟該氏原
擬流二千里尚未論決負罪潛逃仍應從重擬原
擬流罪上加一等逃罪二等杖一百流三千里仍係聽從

誣枉到官後即將章庚文人供明獲案仍照例治
其收續房價蔡氏明知吳殷氏抗霸寓留在菴致被
訟棍至唆翻告應照知人犯罪事發而藏匿在家減
罪人罪一等律擬吳殷氏流罪上減一等杖一百徒三年
係婦人照律收贖勒令遷還給還房吳保領發來看
媒至太和告擬於犯以致吳殷氏脫逃應照與徒罪
人犯取保疏脫於保人減罪二等例擬吳殷氏原
擬流罪上減二等杖九十徒二年事係因人連累
致罪吳殷氏既已收贖應照准其收贖田福勝寫
詞狀吳不知誣控情由但不應為代寫應照
不應重律杖八十折責發落吳殷氏前次控案
已於上年四月內據准部咨實現審並無冤抑經府

照擬軍之徐啟運、擬徒之朱大岡、擬枷杖之余大山、余世瓏、吳井均照原擬分别辦理。奉世瓏先未到案，後因病故，毋庸置議。除全案供招送部外，所有審明分別定擬緣由，理合恭摺具

奏，伏乞

皇上聖鑒，敕部核覆施行。謹

奏。

道光十八年正月二十五日奉

硃批：刑部議奏。欽此。

正月初十日

湖廣總督林則徐奏摺　遵旨審明隨州民婦吳殷氏京控案分別定擬

道光十八年正月初十日

湖廣總督林則徐奏摺　**遵旨審明駐防婦女逃走案請議處全順等員**

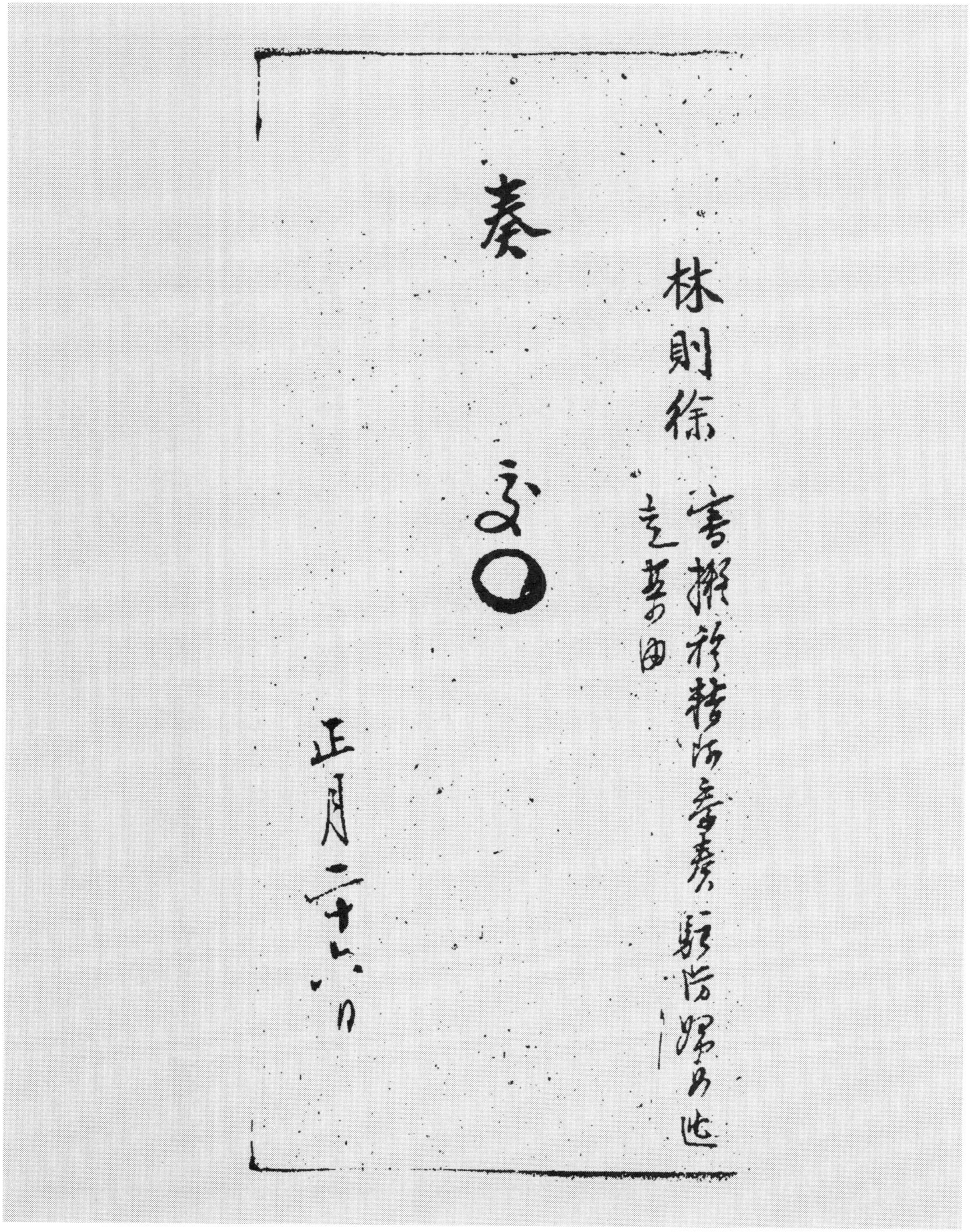

湖廣總督林則徐奏摺　遵旨審明駐防婦女逃走案請議處全順等員　道光十八年正月初十日

湖廣總督臣林則徐跪
奏爲遵
旨審明定擬恭摺奏祈
聖鑒事。竊臣于道光十七年十一月廿九日准兵部
咨開署荆州將軍穆精阿等奏駐防婦女逃
走程根日姻一案欽奉
上諭：穆精阿等奏請將失察程根之該管各官交
部議處一摺。此案前署佐領防禦安清等于旗閑
散祥魁之妻逃走並不即時呈報咨行查拏及呈
遞印稿日期又不相符，殊屬疏忽。安清及新任佐領
全順、該翼協領興文、星額，俱著交部議處。驍騎校
景星亦著交部議處。又另片奏：全順呈

具即宣稱係轄精防詳令呈遞印結並開導妥
請令其畫押了案等語著交林則徐親提全案人
證秉公審訊按律辦理該部知道欽此又准咨稱具
奏前事內開八旗婦女逃走向係隨時咨報並
無失察議處明文該管官既無處分似覺有所
用其規避究係如何隱飾捏報抑或另有別情
應俟查明覆奏到日再行定議等因奉
旨依議欽此恭錄咨會到臣當即飭道轉提全案人
證至省行司飭委武昌府知府明善等調卷訊
供由藩司張岳崧暨臬司程銓審擬詳辦前來臣
隨親提研訊緣祥魁係荊州駐防正白旗蒙古
全順佐領下閑散於道光十五年聘娶鑲紅旗

尚將有穆佐領下步軍霍奇音布之女傅察氏
為妻未生子女該氏因夫家貧苦常回母家居住
又與母家不合即歸夫家與夫與父亦因該氏性
情乖時多忤悟屢任其獨往獨還從未著人
伴送十七年五月初九日該氏復獨回母家
居住至六月十二日祥魁親往催令回歸該氏
必欲俟次日方回祥魁先自回家詎該氏即于
十三日由母家潛逃霍奇音布夫婦以為其女
已回夫家遂不過問八月十八日該管步軍東亮
言德赫等風聞該氏逃走令人至祥魁家查問
祥魁尚與其父母同至霍奇音布家查尋不見
彼此爭鬧各處訪無蹤跡未經呈報此傅察氏

在其母家私自潛逃之原委，使經祥魁具報
族長吉瑞、領催珠克騰額轉報防禦安清，會
同佐領全順飭傳祥魁訊問前情，移查廂紅
旂佐領看福傳到霍安孝布查訊，亦不認傳察氏
在伊家逃走，當即據供移覆安清，因兩造供詞
各執，傳察氏果否逃走難以定斷，致未呈請咨
緝。是月二十三日，佐領全順、防禦安清始將該氏
不知去向之處，經署將軍務精阿發交左司甘露
等審訊，至三十日審明傳察氏係于六月十三
日在母家逃走屬實。該佐領防禦擬具咨緝
之稿，因逃走日期先未審定，于稿內留空待填。
迨署將軍務精阿催稿緊急，該旂佐領斐昇額

于九月初四日即將前稿送閱穆精阿以稿內
所未填明逃走月日駮令斐星額轉交全順填
寫全順以傅察氏脫逃日久始行咨緝恐与定
例不符因左司研訊傅察氏由母家逃走情節
係于八月三十日甫經審定遂將審明之日填作
逃走之期旋聞署將軍穆精阿欲以捏報
奏參心懷畏懼即向穆精阿稟稱前稿係由將軍
諭辦又聞該署將軍因安清先未查押責令佐
領塔那布貼寫玉崑傳諭以傅察氏既經審明
由母家逃走何以屢傳安清不到有無別故令
其自行具呈如果逃走屬實即應呈稿查押以
便通緝辦理等語安清聞知案已審實恐即查

押全順輾轉傳聞，誤以逃得為逃跑，寫入參內，
又協領變呈縱曾向全順言及左司既經審明，
乃即具稿，署將軍自必從寬辦理，在此變呈縱本
係臆度之語，全順亦誤會係署將軍傳諭，因而
具稟剖辯。此又協領兼佐領全順改填月日及
誤會安寧之情形也。茲據署荊州將軍穆精阿
具奏，奉
諭旨交臣審辦，遵即提齊人卷，審案前情。臣以駐防
婦女私逃，該員等自應照例處分，何以改填
月日，致蹈矯飾之愆，恐尚別有情弊；署將軍穆
精阿以案先許逃跑，迨後始行參奏，亦難瞞眾
人耳目。復經反覆究詰，據全順供稱伊于十七年

七月二十七日到任，已在傅寧氏逃走之後，即
有失察處分，亦非伊任內之事。兹所問規避
實因該氏夫母兩家彼此供詞各執，未能訊
定脱逃日期，以致屢延多日，始行呈請查緝。後
思旗人逃走，理應即時咨緝，因將審定月日填
作逃走之期，逕商署將軍，欲行察辦，意謂由將
軍諭令具稿，自必從寬辦理，是以具呈剖辯，希
冀寬免處分。伊由駐防出身，不曉予義，于通緝
二字內不理會，商署將軍傳諭，以為尚是通融辦
理，實屬萬分糊塗，要非存心捏飾。至全案
人證僉供，稱精防並無准予通融之語，據那布
玉崑等亦無訛傳，實由全順誤會所致。衆口

詞無遁飾此案傅察氏在母家潛逃其父霍奇
春音布並不知情即該管之佐領各官經兵部
查明例無失察婦女逃走處分原無所用其規避惟
協領兼佐領全順從誤以左司書明之日填作
傅察氏逃走日期及開穆精阿遽行參奏乃
復妄肆爭辯現蒙訊據堅供實由誤會傳聞
所致並非有心捏寫而種種冒昧糊塗殊屬荒
謬相應請
旨將全順交部嚴加議處協領豐安防禦安清于
未填月日稿內輒行畫押亦屬草率均應交
部議處佐領塔那布貼寫玉崑訊無訛傳誣罔情
弊之論應與出差之驍騎校景星不知伊女潛

湖廣總督林則徐奏摺 遵旨審明駐防婦女逃走案請議處全順等員
道光十八年正月初十日

逃之步甲霍奇吾布均毋庸議。逃婦傅察氏被

日另結。除全案供招送部外，所有審明定擬緣

由，理合繕摺具

奏，伏乞

皇上聖鑒，敕部覈覆施行。謹

奏。

道光十八年正月二十六日奉

硃批：刑部議奏。欽此。

正月初十日

湖廣總督林則徐奏片　**補開藍正樽案內失察習教職名**

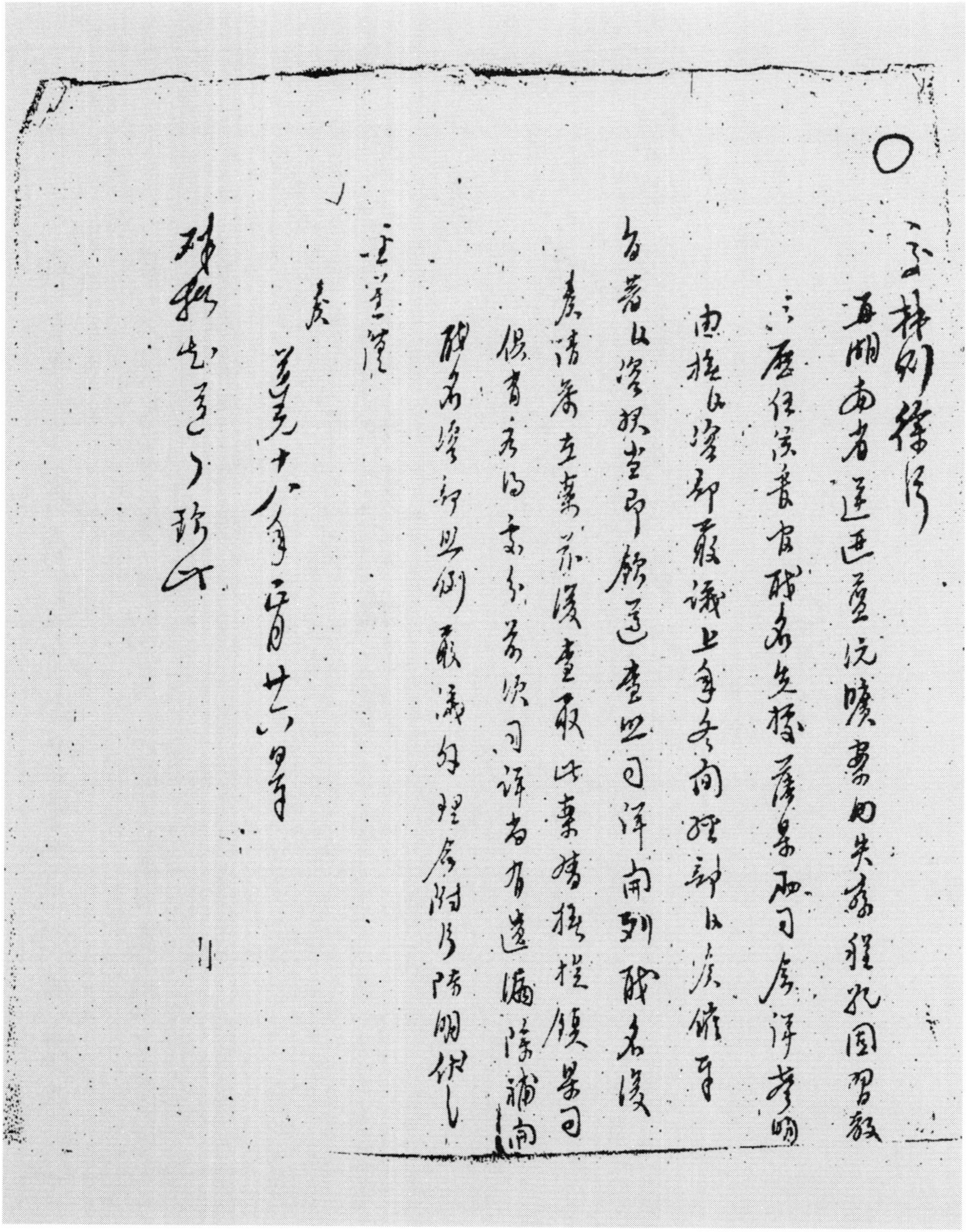
〇
再林則徐片
再湖南省遵旨查究曠[illegible]因失察[illegible]習教
案內歷任[illegible]官職名先據藩臬兩司會詳聲明
恩旨以前部議上年冬間經部以[illegible]准[illegible]
旨著以前[illegible]即飭遵查照司詳開列職名後
奏請銷案茲復查取此案續據接任藩司
[illegible]司詳[illegible]有遺漏除補開
職名送部照例議處外理合附片陳明伏乞
聖鑒
奏
道光十八年正月廿六日奉
硃批知道了欽此

上諭　祥福到任尚需時日著林則徐遴員接署鎮筸鎮總兵

軍機大臣　字寄

湖廣總督林　道光十八年正月十七日奉

上諭楊芳現已補授湖南提督所遺鎮筸鎮總兵員缺前經降旨將祥福調補惟念該總兵到任尚需時日該鎮地方緊要必須委員署理著林則徐即遴委妥員前往接署以便楊芳交卸速赴新任將此諭令知之欽此遵

旨寄信前來

湖廣總督林則徐等奏摺　請以翟誥陞署鳳凰直隸廳同知
道光十八年正月十九日

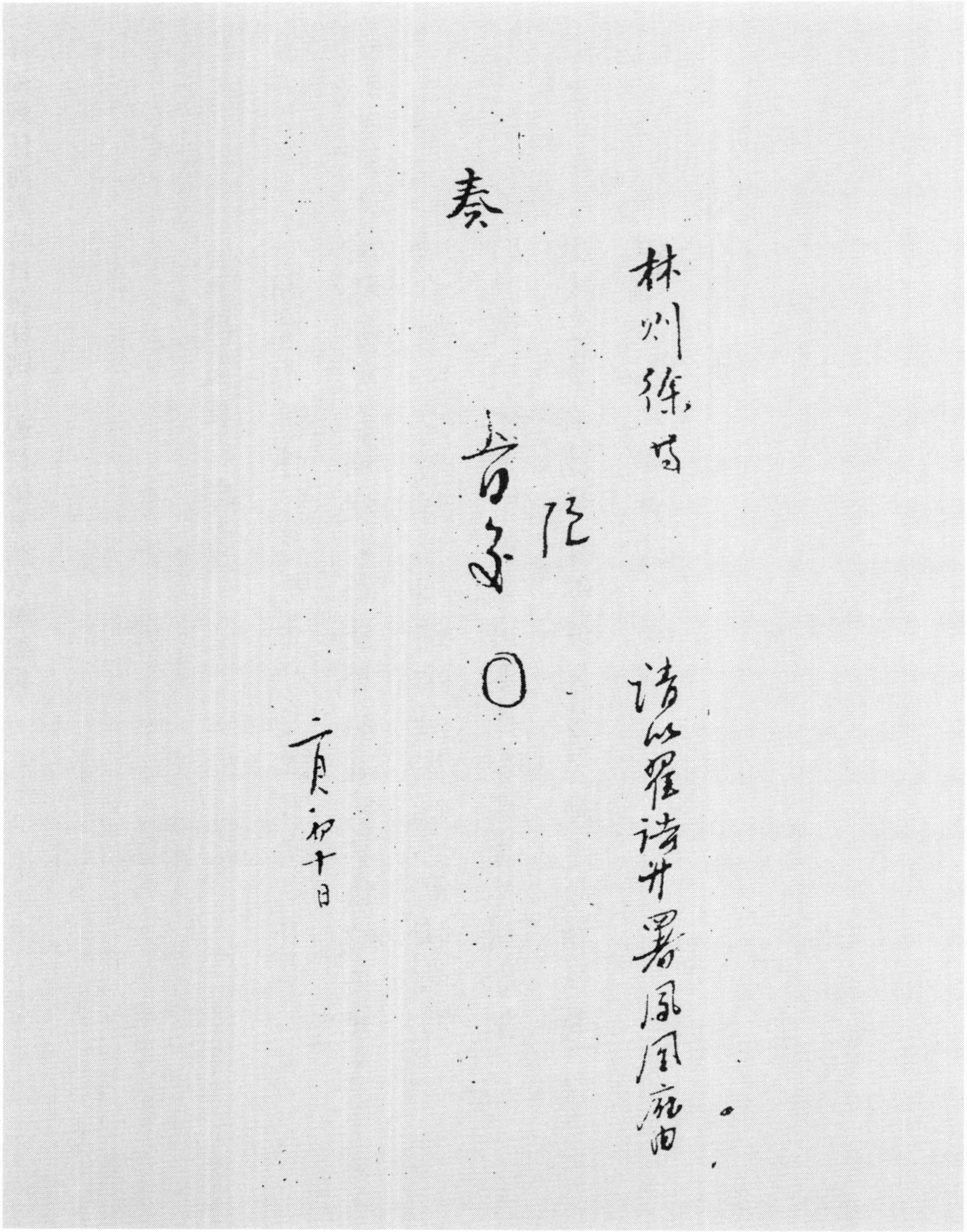
請以翟誥升署鳳凰廳
林則徐等
奏
旨依議
○
正月初十日

湖廣總督林則徐等奏摺　**請以翟誥陞署鳳凰直隸廳同知**

兩湖總督臣林則徐跪
湖南巡撫臣錢寶琛
奏為苗疆要缺同知需員恭懇
重恩俯准升署以裨地方事竊照湖南鳳凰直隸廳同知
姚華佐因丁憂業經前護撫臣龔綬恭疏具
題開缺在案所遺鳳凰直隸廳同知係苗疆繁難最
要之缺例應在外揀選
題補臣等查該廳四境皆苗一切巡防撫馭均關緊要
必須熟悉苗情精明幹練之員方足以資治理茲
據藩司龔綬會同臬司楊慶琛詳稱於通省有應升人員內
逐加遴選一時實無合例堪升之員惟查有保靖
縣知縣翟誥現年四十三歲安徽監生由捐納府
經歷分發湖南道光三年咨署寶慶府經歷閏

湖廣總督林則徐等奏摺　請以翟誥陞署鳳凰直隸廳同知
道光十八年正月十九日

署乾州廳經歷期內實授。嗣因初次俸內及苗疆
五年俸內先成保薦，即於道光十二年
題升。今職赴部引
見。奉
旨：翟誥准其升補湖南保靖縣知縣。欽此。十四年三月到
任。該員年壯，才識精明，幹練，歷任苗疆，熟悉情
形，民苗素所愛戴，以之升署鳳凰直隸廳同知，
洵堪勝任。惟升補苗疆知縣，歷俸未滿五年，與例
稍有未符。但員缺緊要，人地實在相需，合詳請
奏前來。臣等往返札商，意見相同，理合循例專摺
奏懇
恩俯准以現任保靖縣知縣翟誥升署鳳凰直隸廳同知

湖廣總督林則徐等奏摺　請以翟誥陞署鳳凰直隸廳同知
道光十八年正月十九日

於苗疆要缺洵有裨益仍俟扣滿年限另請實授如蒙
俞允該員係由知州請升應俟部覆到日照例給咨送部引
見恭候
欽定其任內一切因公參罰處分均已遵例照案核計四訓俸銀兩飭令
扣限完繳造冊詳咨所遺保靖縣知縣楚省現有坐補
人員應照例另行請補以[illegible]謹合詞恭摺具
奏伏乞
皇上聖鑒訓示遵行再[illegible]到任未及三月例不出考
合併陳明謹
奏
道光十八年二月初十日奉
硃批
欽此
吏部議奏

湖廣總督林則徐等奏摺 清查苗疆屯防事宜酌議條款

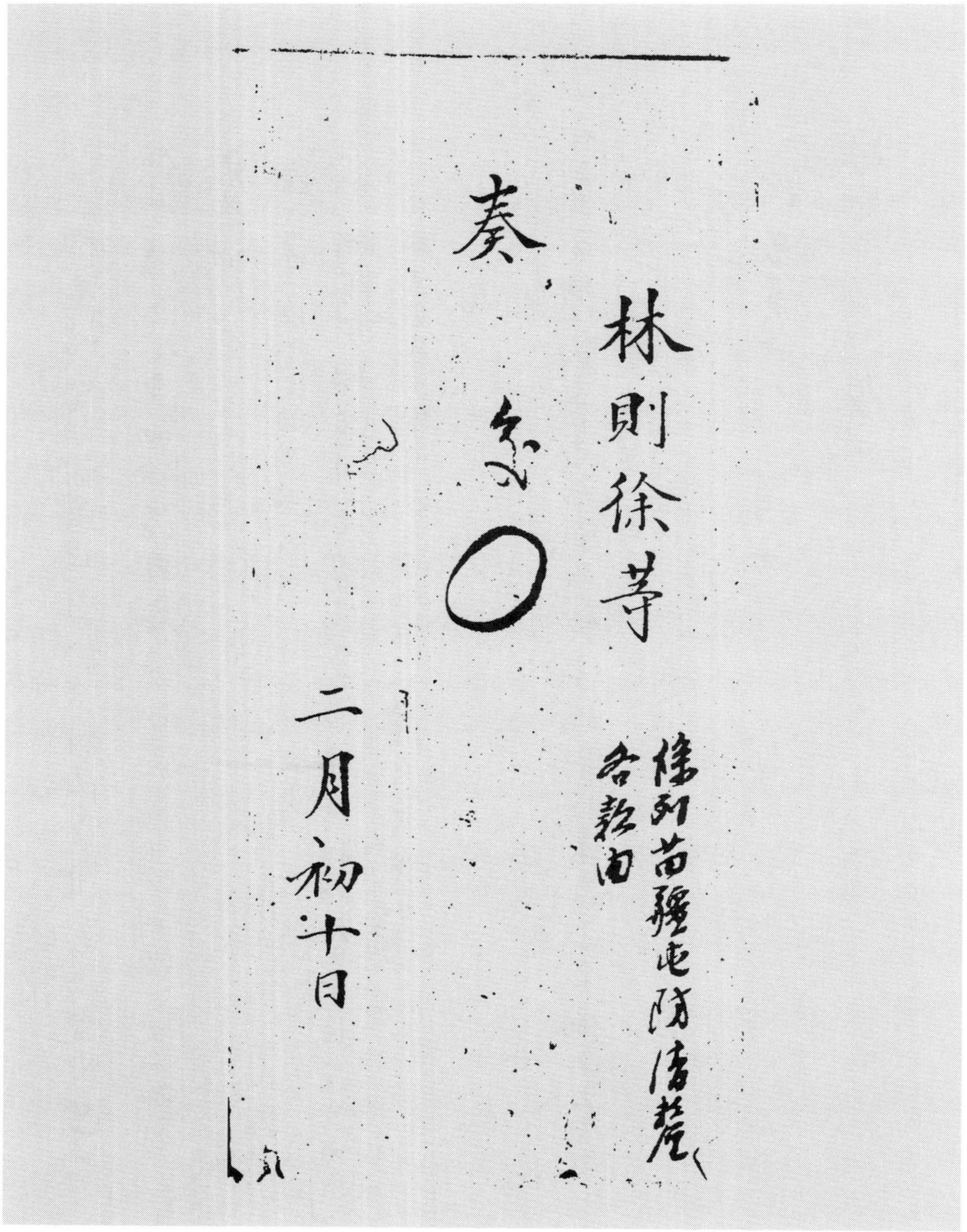
林則徐等
條列苗疆屯防清釐
各款由
奏 朱〇
二月初十日

湖廣總督林則徐等奏摺　清查苗疆屯防事宜酌議條款
道光十八年正月十九日

兩湖總督臣林則徐
湖南巡撫臣錢寶琛　跪
奏為清查苗疆屯防事宜酌議條款恭摺具
奏仰祈
聖鑒事竊照道光十六年前撫臣裕泰奏請將辰
沅道經管屯防事宜徹底清查凡民苗生計兵
勇口食並應興應革有關利弊者斟酌損益另
議章程以清積弊等因欽奉
硃批經國遠猷文書隨時整飭洵能見及深屬可
嘉妥議奏來欽此當經札飭該署道王簡遵照
查明去後前撫臣裕泰旋即奉
旨調任江西未及議覆臣林則徐上年巡閱營伍
親往鎮筸體察情形苗民常居和界丁勇自

辦事徽州府知府[illegible]該署道[illegible]
敕一面將該管屯防事宜逐款徹底清查酌議詳辦
嗣據查府列款具詳，批司會議。臣錢寶琛蒞任時，
適值該署道王簡因前撤，臣調赴省垣領
算交代，當東出省後，又諭飭該署道會同藩
臬兩司將定在不與應革應存利弊之處
悉心妥議，以憑核辦。茲據該司道等會議具
詳前來，臣等復加查核，條逐札商，謹將分別清
釐及籌議歸補各事宜繕列清款，恭呈
御覽。

一、清屯田。查鳳凰、乾州、永綏、古丈坪、保靖、瀘
溪、麻陽七廳縣額設均屯經久章程及未盡

事宜各案內

奏撥丈收田土十五萬二千一百五十七畝一分，酌隨重

丈追還提給營兵苗廳，無水衝砂壓，分撥老幼

丁等田土六千一百九畝零，分撥屯長屯丁田

土八萬四千二百八十六畝外，實存田土十萬一千

七百一畝零，均係召佃收租，以供練勇

鹽糧暨一切經費之用。前項田土，准佃承

種，發領執照，一概按額催徵，由田各該廳縣

及屯備弁等層遞稽查。至屯長屯丁分授

田畝，從前鳳凰、永綏二廳間有私行典押

之事，道光九、十年及十三年節奏清查，以

後俱係屯長屯丁自領耕種，寔無典當情弊

現由屯丙選〻旗小旗，向與切實告諭，並移各
廳縣加倍稽查，道府隨時覆查，並嚴禁鋪戶漢奸
另生事端，不但仍前欺騙，且恐多事，飭各廳縣加意查
察，如有違禁私典，並移坵換段，以及互相授
受田，假為民田，典當者，即行從嚴懲辦，務使
積弊永除，而屯防期於經久。
一清佃欠。查苗疆均屯田土，除苗佃居住遠僻
屢經先後詳請
奏定章程，暨續詳各款，共收租穀十萬五千四百
八十八石零。嘉慶十九年清查案內，奏明按
減五千五百石，每歲實徵租穀九萬九千九百
八十八石零。道光元年，籌議苗疆事宜

業內各屯減租穀六萬七千四百七十石每山多寡徵
租穀七萬九千二百十八石零永為定額逐免
元年及八年十年因節被水旱災歉
如千五百八十五石零業經前撫臣奏
恩旨豁免並准部咨不敷經費飭令籌補善備各
前道均因無款可籌處懸待補又道光十三
上四五等年短收穀五千一石零量經該
道勸限嚴追第如苗疆田土磽薄水耕火
耨終歲勤動所獲無多佃戶完納額租較民
間輸賦為重並且山多收穫僅供口食本鮮蓋
藏一遇歉收輒形匱乏且原佃多係逃亡故
絕現在半皆另招頂耕新更之佃力難代

完舊欠即原欠各戶本年秋收僅敷完納額
租如復帶徵節年租穀實屬力有未逮合無
仰懇
皇上天恩俯念苗疆瘠苦佃力維艱准照十年以前
歷豁佃欠之案一體豁免以清責成該道督
飭屯弁等率各佃廣開水利務勤力作以敷
地利而清額租不得再任蒂欠
一清支銷 查屯防經費前在嘉慶年間本有
租穀十萬餘石以供各項支用迨道光元年
清查案內租穀既減去二萬餘石而經費
亦即從此刪節經前任辰沅道趙文在會同
委員永順府知府諸嘉杏等摘款確查每年

宜需支用銀穀七萬九千二百餘石兩每年
應支田銀二萬五千二百九十餘兩備供支七
廳屯備弁俸廉練勇餉乾馬價操用鉛藥
及由邊賞歲修碉卡完納均田糧賦等項之
用又每年應支穀三萬八千六百卅石零
備供支屯弁練勇苗戰守兵口糧添制軍械
修理水衛砂壓田土工本書院生童膏火屯
苗義學館穀倉書斗級工食等項之用又每
年應支穀四千二百二十九石零備為加增書
院生童膏火屯苗義學館穀各廳鄉勇義
烈祠祭祀儒學薪水以及育嬰堂養濟院各
兵口糧等項之用又每年應支銀五百兩零餘

兩條爲支發辦理七廳縣報銷經書工食紙
張鹽菜硝米工匠價銀並裝火藥二局柴
火炭油加給弓箭教習工食及操演鳥槍勇兵
屯弁等項之用又每年存支穀萬二百石零係
支發通融七廳縣均屯弁稿書役薪工屯長
薪水工匠口糧運送鹽糧穀石夫價水脚押運
鹽費檢蓋倉廒修制車斛屯防差役口糧及
承領殘廢丁三百名口糧又未授田老幼丁口
糧等項之用以上每年存支銀穀歷係由
道詳咨藩庫廳縣掣支彙送造報均係必
不可少之需難以再減應請照舊支銷
一請獎勵　上年前督臣訥爾經額等會奏議

筭善後章程業經聲明練勇備支銀數項
愈積愈多究屬浮支致奉
諭旨著該督查業經酌將如何酌定章制之處另籌辦
理等因欽此欽遵在案臣等覆查苗疆民貢地
濟田土歸公其額設練勇一年應支食糧餉
外別無田產存生計可圖殊形苦累前道
備羅該每年底春荒不穩之時由道借給銀
款補剿仍按月在該練勇等餉銀內扣還
歷任道員扣還俱有借扣之事道光十年收城
報庫例支餉銀不敷倉用所借之款較前
加增十二年又經筭准廣東等處出師借支存
案銀兩備歸該月餉內扣還歸款積欠既久

扣項愈多每名月餉除扣之外實不足以資
餬口實難責令枵腹操防除十八年扶借一
案先經
奏明分別扣賠外查有從前歷年借欠銀八千四百
餘兩為時既久原借各練勇多係病故退
伍實屬無力完繳無從著追現據該練勇
等籲求豁免並出具永不再借甘結由道轉
詳又屯丁歷年借穀並苗備弁代名苗兵借
穀向係年清年款毫無拖欠惟其中革伍
病故歷年積壓寔無着追者合計尚欠穀
一千一百七十餘石現據該道查明實係流亡
故絕無從追繳應同前項練勇歷年借欠銀兩

奏懇
天恩一體免追以示體恤經此次清查豁免之後該道
儲備銀穀不准再有濫借庶清其源必截
其流日後如遇水旱不時或徵調甚遠不得已
而復有　請借之事應令該道隨時詳明撥
酌核辦理不准由道自行借給以示限制
一籌歸補　查以上虧缺內有道光元年八年
十年已
奏奉豁免穀四千五百六十餘石應議以籌款歸補
因苗疆經費有常既經　除租額度支奏
准覆重至今尚未歸補又道光十一二三四等
年細欠短收穀五千餘石又屯百苗官借欠

穀年一百七十餘石又練勇歷年借支銀
六千四百餘兩現經臣等
奏請一併豁免如蒙
俞允以穀一石折銀一兩統計缺額穀一萬七千四百
四十餘兩俱由苗疆另支糧餉存項動撥經
費要需亟宜籌款歸補溯查嘉慶十年
議定均屯章程之後至十六年清查案內共
計歷年備墊銀穀五萬二千八百餘兩經前
撫臣廣厚奏請分別捐賠歸補於道光元年
查辦苗疆儲積案內計歷年動缺穀六萬
九百餘石經前任督撫臣陳若霖左輔奏
請借動司庫捐監銀六萬九百兩發交辰沅

兩次
道採買穀石以資儲備各在案茲自道光元
清查截至十八年年底止比上兩屆歷年更久
而所短銀穀一萬七千餘兩尚不致如上兩屆
之多擬請逾六年相交較遞之間尤速為籌
補但
國家經費有常未敢懇
恩賞給款項臣等公同設法籌議查有漢岸鹽商
生息一款本為苗疆經費而設歷奏聲明本
銀十萬兩每年應歸本五千兩作二十年歸完
現已歸過十六次本銀八萬兩尚未歸銀二萬
兩計四年即可歸足今因苗疆需用應請將
漢商歸本之限量展四年以資籌補惟商

應須按年提取而籌補則難以候延先請
於司庫通米經費項下暫行借支銀一萬七千
一百四十餘兩發交該道分別歸補儲備漢
商生息解到陸續歸還通米經費借款如
此轉移間苗疆儲備歸有著而庫項仍
不虧縣似為兩得是否有當伏候
訓示祗遵
一清催徵　查鳳凰乾州等七廳縣額設屯
長二百名經理屯田穀石專司出納前有屯長
田多稱等短交租穀四千餘石經歷任道員
追繳過半內有本身病故既家產盡絕無
著者亦經前道代為賠補現無侵蝕情弊惟各

廳縣屯田十萬餘畝均處萬山之中每當山
水漲發易於衝刷自道光六年以後沙水衝
壓之田較昔為多俱經該道隨時勘估修理
第查道溪田畝內有節年被水衝壓已成
溪盤不能修復者共計二百二十三畝零現在
基址無存每年缺額無收穀二百八十餘石
均係歷任道員捐賠由來已久臣等伏查此項
衝壓田畝既據該道查明基址無存寔屬
難從修復所有缺收租穀自未便徒存虛
數致令永遠捐賠現有溢底請查租底撥還
奏明請將前項壓田租穀照例豁除所有每年
不敷額租應令該道在於生息餘存項下撥補

支放以杜虧累

一申邊禁　查鳳凰乾州永綏古丈坪保靖

四廳縣額設苗官四百八十六名給以守備千

把外委職銜層遞管束散苗雖歷年遵行

相安無事第恐日久弊生難免無盤剝

之弊其各書吏專司稿案經理支發亦

難保無勒索情事現奉

諭旨清查自應嚴行申禁經該道飭據各廳縣

申覆所管各苗備弁內前有守備梁甫科千

總吳老歌歐通惆把總龍老巴外委龍隆

景石添榮廖老寅等因約束不力不洽輿情

俱經斥革另補其書吏內前有延玩情弊之文

碧祥等十四名亦經隨時斥革現俱奉公守
法並無盤剝勒索情弊出具印結由道並查
現無漢奸私入苗地及與苗人聯姻串通勾
結等事苗疆一律安堵應令該道督飭各
廳縣隨時查察如有前項情弊立即從嚴
懲辦仍責成該廳縣於每年年終分案出
具印結送道備查倘敢徇縱由道據實參
揭參究辦從期民苗畏服永靖邊圉
一移屯員　查嘉慶十年均屯經久章程案內
奏准鳳凰廳原挑備戰練勇一千名以五百名
駐劄上五峒之新場堡以五百名駐劄下五峒
之同全坡分為左右二哨每哨設屯千總屯把

總屯外委屯額外各一員管帶訓練嘉慶
十九年添設北固屯守備統轄練勇並轄
標千把總外委額外等官撥田訓練此舊
制也覆查各營制額兵千名必須副將
參大員統領分設都司守備層層管帶互
相鈐束今以守備一員統轄練勇千名既與營制
未符且事務殷繁於訓練難期得力以致團
練總統有上年與衆挾借之事雖經懲辦
之後該勇等咸知震懾自不敢復蹈前車
第苗疆重地固宜稍專責任庶於事有備重
事權上年經事中常大淳陳奏該管善後章
程案內有道標練勇分有安置三廳之議經

前督臣訥爾經額前撫臣裕泰鎮箄總兵臣楊芳遵
旨會議以練勇與營兵衆寡懸殊角勝爭能素稱
精悍控制未善難保不恃強滋事若分撥
三廳安置使之勢散易制實屬法良意美
惟查該練勇等多係土著類皆貧苦別無
生計必須攜家同往就養現在月領銀
米穀尚多得項僅敷口食盤費實難設
措應請暫緩其舊債一二年後扣款漸少
丁力稍紓再行察看等籌商奏奉
俞允在案今察看情形該練勇等攜家遷徙
力有所難莫若循照舊章略爲通變臣等
公同酌議查有原設新場堡屯守備一員僅

管催租事務殷繁，應請將該守備移駐鳳凰廳城，與永綏屯守備仍按原設左右二營分設兩營，各員係專管各屯之員，其所轄千總、把總、外委、額外等官，俱循照舊例。其新增堡屯守備原管催租等事，應改歸永綏廳屯守備經理，就近專管，可無歧悞，庶因地制宜，于邊防益昭慎密。

以上數條，謹就臣等管見所及，會詞具

奏，伏乞

皇上聖鑒訓示遵行。謹

奏。

道光十八年正月初十日

硃批：該部議奏。欽此。

正月十九日

上諭

著林則徐提訊湖北緝私舞弊各員弁研鞫根究

硃

道光十八年正月二十六日内閣奉
上諭林則徐等奏審辦緝私舞弊各員弁等語已革
湖北宜昌鎮左營外委黃幗祥身任武職責在緝
私膽敢節次獲鹽肥己故縱私梟玩法已極著即（著在犯事地方加枷號三個月滿日）
發往新疆（伊犁）充當苦差以示（十年期滿方准請旨）懲儆署黃州協都司試
用武進士潘正衍拏獲鹽船腳私不即送縣究辦
擅令兵丁管押致被奪犯拒捕現今究出營書復
有聽囑賄求情弊潘正衍著即革職交該督等提
同全案人證嚴行質審澈底根究已革蘄州知州
孫承恩已革吏目李應嵩於汪復興鹽船遭風淹
消一案均有勒報營私情事著該督等提案研鞫
務得確情毋稍遷就該部知道欽此

上諭 著林則徐嚴審張啓仕所告案定擬具奏

道光十八年二月初一日奉
旨此案著交林則徐親提人證卷宗秉公嚴審按律
定擬具奏原告張啟仕該部照例解往備質欽此

湖廣總督林則徐奏摺　委令尚安署理鎮筸鎮總兵

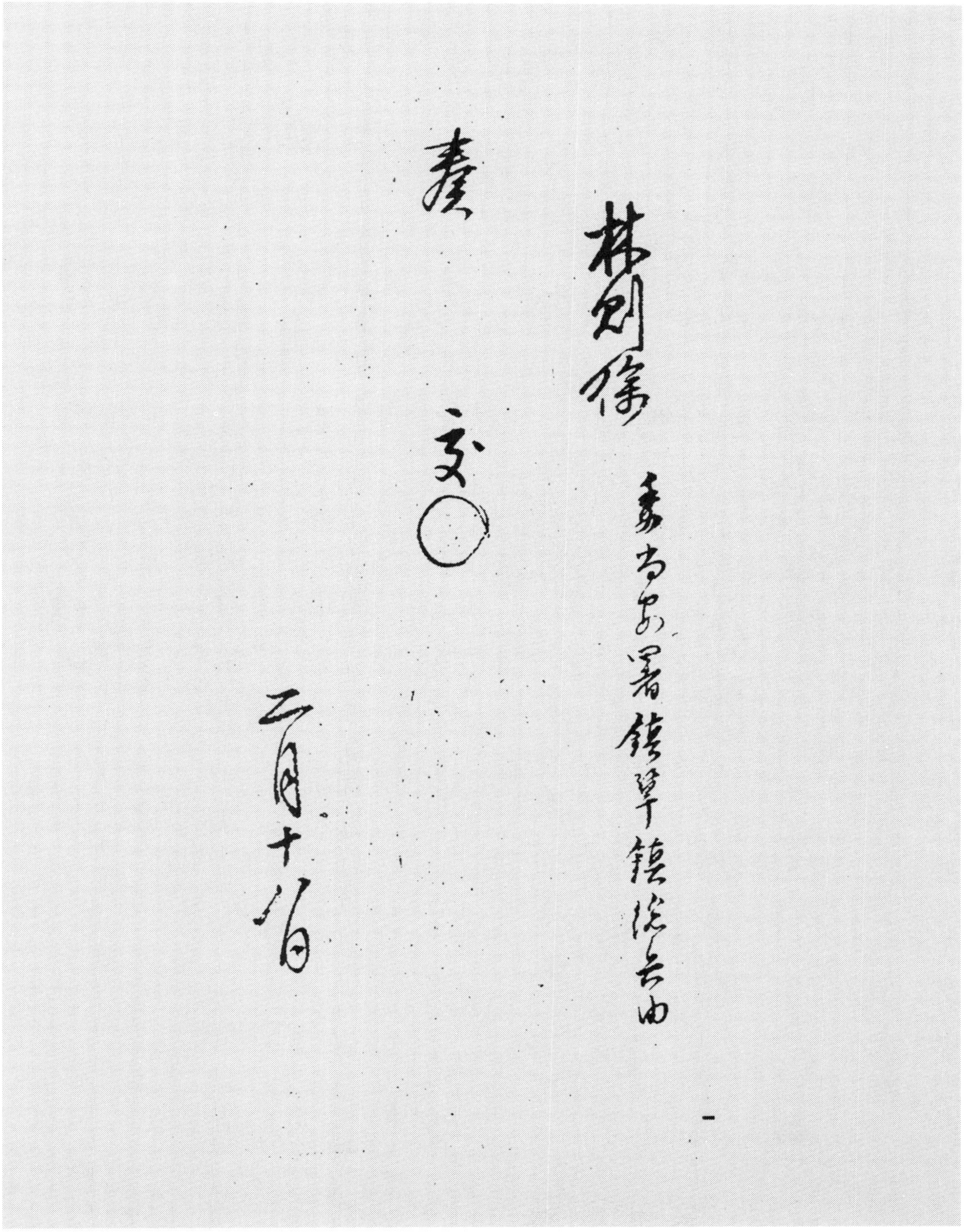
林則徐
委尚安署鎮筸鎮總兵由
交〇
奏
二月十八日

湖廣總督林則徐奏摺　委令尚安署理鎮筸鎮總兵
道光十八年二月初四日

二〇

湖廣總督林則徐奏摺 委令尚安署理鎮筸鎮總兵
道光十八年二月初四日

湖廣總督臣林則徐跪

奏爲

旨委署鎮篆恭摺奏祈

聖鑒事竊臣於道光十八年正月二十七日承准軍機大

臣字寄欽奉

上諭楊芳現已補授湖南提督所遺鎮筸總兵員缺前

經降旨以祥福調補惟念該總兵到任尚需時日

該鎮地方緊要必須委員署理著林則徐即遴

委妥員前往接署以便楊芳交卸速赴新任將

此諭令知之欽此伏查鎮筸地方居湖南楚邊陲爲

巖疆重鎮控制苗防最關緊要非老成練達

熟悉苗情之員不能以資彈壓茲查有永順協

副將尚安人係安詳苗情諳熟永順與鎮筸最
近堪以委令署理惟該協先經臣保舉堪
陞路總兵等
旨送部引見
兹奉部咨即行給咨進京茲委署鎮筸實俟交卸
再行赴部除檄飭尚安遵照外所有
令委署鎮筸緣由理合恭摺具
奏伏乞
皇上聖鑒謹
奏
道光十八年二月十八日奉
硃批依議欽此

湖廣總督林則徐奏摺 委令尚安署理鎮筸鎮總兵
道光十八年二月初四日

二月初四日

湖北湖南道光十七年行銷淮鹽引數

湖廣總督臣林則徐跪

奏為楚省行銷淮鹽一年期滿查明銷過引數恭摺奏

報仰祈

聖

鑒事竊照湖北湖南兩省每年定額應銷淮南綱鹽

七十七萬九千九百二十六引向係兩省通銷年底

合計四季銷過總數核實

奏報按引核計分數不論綱次前後歷經辦理在案

臣于上年三月到任後即督同鹽道悉心籌議

立定章程廣為疏導之方嚴賄縱之禁並將

各處卡巡酌量更易務使堵緝疏銷事事皆歸實

在一載以來梟販逐漸斂戢如北省之宜昌襄

陽南省之衡州等府久被鄰私侵占歷年降引

不銷之處現或官為領運或有商販行銷民間
始知買食淮淮鹽並云不使不敢犯法食私
茲據湖北鹽法武昌道于克襄詳稱道光十
七年自正月起至年底止南北兩省銷售大鹽七
十三萬六百六十四引按額已及九分四厘又一年之
內繳獲私鹽統共一百一萬四千八百四十斤遵
照部議變賣提課歸入銷數計二千五百三十七
引零合銷共鹽七十三萬三千二百一引零缺銷不及
一分例應免議等情詳請具
奏前來臣查前三屆銷鹽數目道光十四年銷
過七十二萬三千九百七十六引十五年銷
過六十六萬二千七百二十引十六年銷過七十

湖廣總督林則徐奏摺　湖北湖南道光十七年行銷淮鹽引數

道光十八年二月初四日

硃

三萬一百一十四引於十七年銷鹽七十三萬三千二百一引有奇較之銷數最暢之十六年分又多銷三千餘引似有進步惟鹺務總須時刻認真每恐銷縱即逝且必岸稔時和商富充裕行銷乃更有效臣不敢以銷數有加遽謂起色惟有督同鹽道飭令各屬廣招水販設法疏銷並嚴飭兩省地方文武暨各卡員弁實力緝私因勢利導務期官引日形暢旺課款益見充盈以仰副

聖主整飭鹺綱至意所有道光十七年分湖廣行銷淮鹽數目謹會同兩江督臣陶澍湖北巡撫臣周之琦湖南巡撫臣裕泰循例恭摺具

奏伏乞
皇上聖鑒謹
奏
道光十八年二月十八日奉
硃批知道了欽此
二月初四日

湖廣總督林則徐奏片　**查獲船户夾帶私鹽請將運銅委員嚴廷珏交部議處**

旨交

林則徐片　○

再銅鉛船夾帶川私入楚侵佔淮引為害

最鉅節經

奏明於湖北巴東縣之官渡口設立總卡派令宜昌

鎮標兵親督卡巡各員查驗放行在案上年

五月因貴州試用知縣童翠領運銅船

署雲南大關同知彭衍墀領運銅船先後越

過鹽卡不肯駐查經盤獲並於船幫追獲私鹽經臣

將失察之運員及不即拏究之護塘兵

奏參議處欽奉

諭旨銅鉛船復夾帶川省私鹽最為淮綱之害

著四川總督飭夔州府於各船過關查驗之便

湖廣總督林則徐奏片 查獲船户夾帶私鹽請將運銅委員嚴廷珏交部議處

道光十八年二月初四日

務將所帶私鹽一併認真查起，並嚴飭涪州、酆
都、忠州、雲陽、巫山等州縣，隨時隨地加意稽查，倘該
處場店膽敢將川鹽賣給船户，一經查出，即行
嚴拿，按律懲治，毋稍徇縱。該督等惟當以公
事為重，不分畛域，實力稽查，務期夾私諸弊
一律肅清。鹽務、銅運兩事，斷不以如致意
存朕視作雖私販充作互任其夾帶者，按獲陸續
失察之州縣及經漏之營汛，照例查參議處
外，宜將該督一併從處，并自用錯以仰見
聖主整飭鹺綱，正本清源之至意。謹即錄遵。謹
奏。欽遵檄行，道光十七年十月向擬發渡口卡
委員嚴廷珏于十月十二日有云南委員署保山縣知縣

候補同知嚴廷珏欽運銅船二十四隻泊卡候驗
當即眼同該運員挨艙澈底盤查起獲私
鹽七十三包計重三千四百觔又續獲私鹽三包
計重一百五十觔即提該運員挾帶私鹽船户
何万才舵工蘇正坤交出因運銅緊要當即
令其開行並將住作扣留鹽逕行提該船户等
到省飭委漢陽府知府楊炳堃審辦茲據訊明
該犯何万才於道光十七年九月二十日在四川
江北廳滙川門外順城街大興鹽店買鹽
三十三包復於是日又在該廳河垻僱子拖河下
向不知名姓鹽船水手買鹽三十七包均每包
約重四十七八觔攜至雲陽縣地方又在河街

合與鹽店買鹽三包共重九十餘觔連前
共重三千數百觔又該犯葛正坤於九月初
六日在江北廟大江門內朱大保鹽店買鹽
三包共重一百五十觔俱係藏放艙底用銅掩
蓋買私之多起方及經過夔關均未查出甘
情伏查該船戶何方才等膽敢於
切今森嚴之際夾帶私鹽至三千數百觔之多
實屬愍不畏法除由臣親提審明定擬咨部
覈覆並移咨四川督臣嚴查售私之各店戶
是否勾串販運分別照例究辦外至前運
銅委員署任山縣知縣候補同知嚴廷珏於
船戶夾帶私鹽雖經會同卡員搜獲即時

湖廣總督林則徐奏片　查獲船户夾帶私鹽請將運銅委員嚴廷珏交部議處
道光十八年二月初四日

將該船户交出究辦，毫不迴護，惟是於究失
覺察，應請
旨交部察議，以示懲儆。理合附片陳明，伏乞
聖鑒訓示。謹
奏。
道光十八年二月十八日奉
硃批：另有旨。欽此。

著照林則徐所請以翟誥陞署鳳凰直隸廳同知

道光十八年二月初十日内閣奉
上諭林則徐等奏揀員升署苗疆要缺同知一摺著
照所請湖南鳳凰直隸廳同知員缺准其以翟誥
升署俟扣滿年限另請實授仍照例送部引見該
部知道欽此

湖廣總督林則徐等奏片 遵旨飭委查勘采運湖南湘鄉縣硫磺

道光十八年二月初十日

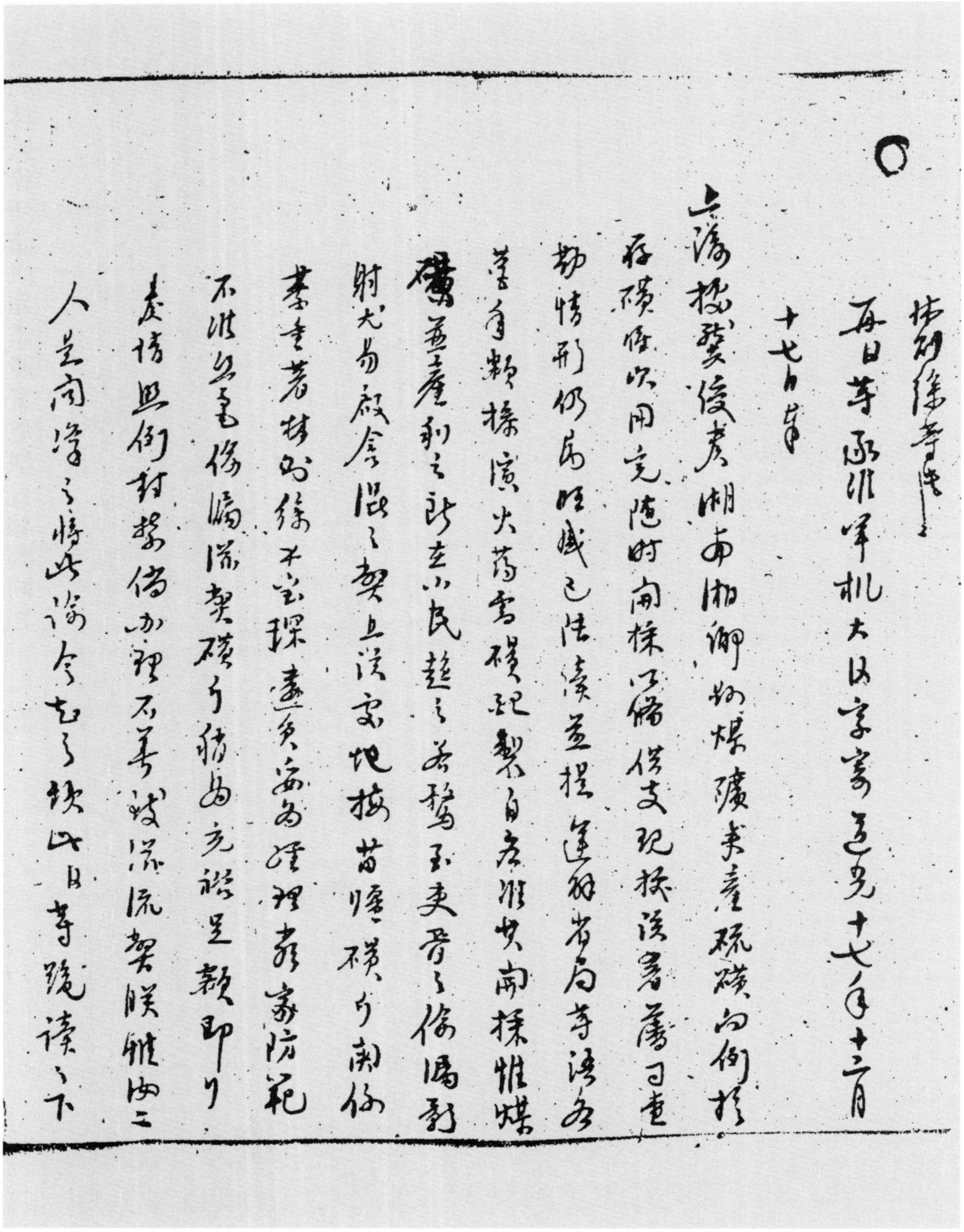
林則徐等片
再臣等承准軍機大臣字寄道光十七年十二月
十七日奉
上諭據裕泰奏湖南湘鄉縣煤礦素產硫磺向例於
存磺係供用完隨時開採以備供支現據該署藩司查
勘情形仍屬旺盛已經該道並提運省局等語各
省自數採辦火藥需磺配製自應湘南採惟煤
礦並產利之所在小民趨之若鶩至吏胥之偷漏私
販尤為啟釁[illegible]且該處地接苗疆礦丁關係
緊要著林則徐[illegible]採委員妥為經理嚴密防範
不准絲毫偷漏私販礦斤積為充裕呈報即行
奏請照例封禁倘辦理不善致滋流弊朕惟汝二
人是問將此諭令知之欽此臣等跪讀之下

湖廣總督林則徐等奏片 遵旨飭委查勘采運湖南湘鄉縣硫磺

仰見
皇上洞示周詳，無微不燭，欽悚莫名。當即飭道札
飭該府司遴委試用知縣楊佩虓往該處會
同湘鄉縣知縣黃學濬妥為經理。去後，現在已
稟報磺四萬一千餘斤運解省局驗收，其餘開
採磺砂，飭令趕緊熬提，陸續運解，以符定
數。並查該處無偏私影射情弊，除再飭該委
員等時刻加緊防範，不使絲毫含混，一俟磺斤
稍為充裕，足供數年之用，即行
奏請照例封禁，斷不許稍有逾越
外，為查辦緣由，謹會同附片
奏，伏乞

示遵謹
奏
道光十八年二月初十日
硃批知道了欽此

但明倫試用期滿堪勝知府請遇缺題補

林則徐等但明倫堪勝知府

〇安

奏

六月二十日

湖廣總督臣林則徐
湖北巡撫臣周之琦跪
奏為分發知府試用期滿，循例甄別，奏祈
聖鑒事。竊查定例，捐納知府一經選分發，俱係分別繁
簡。其由學習任用知縣並無出身正印等官者，准以繁簡
一體銓選。又准部咨，由捐納道府揀發者，令該
督撫試看一年再行請補。其循例報捐截取者
試用一年期滿，察看才具堪勝繁簡，分缺核
實具奏等因。茲查湖北試用知府但明倫，現年
五十二歲，貴州廣順州人，由嘉慶己卯
恩科進士改翰林院庶吉士，散館授編修，道光五年
補授陝西道御史，六年轉掌陝西道御史，稽
查戶部三庫，巡視南城，歷充辛巳

湖廣總督林則徐等奏摺 但明倫試用期滿堪勝知府請遇缺題補
道光十八年二月十三日

恩科戊子科湖南湖北鄉試副考官癸未科會試同考
官
京察一等奉
旨記名以道府用八年署協理京畿道事九月奉
旨補授湖南岳常澧道丁憂服闋十三年四月奉
旨補授山西河東道十五年十月奉
旨補授山東運河道任內失察匪類
之趙城縣教匪滋事降一級調用十六年十月就
在京本班道例捐納分發籤掣湖北引
見奉
旨照例發往是年十二月十六日到省歸十七年正月
十六日掣籤今以掣籤之日起扣至道光十八

年五月十六日試用一年期滿據藩臬兩司出
具考語詳請具
奏前來臣等查試用知府但明倫器局開展
才識優長歷經委辦各件均能實心經理並
因黃州之武穴一帶爲私鹽出沒要隘曾委
督緝疏銷尤能不避怨嫌掃除積弊實爲得
力可靠之員應請俟遇有繁簡知府缺出照
例題補
以資猷理合循例恭摺具
奏伏乞
皇上聖鑒謹
奏
道光十八年二月二十日奉

硃批吏部知道。钦此。

二月十三日

湖廣總督林則徐等奏摺　湖北站船礙難裁汰請循舊存留應差
道光十八年二月十三日

湖廣總督林則徐等奏摺　**湖北站船礙難裁汰請循舊存留應差**

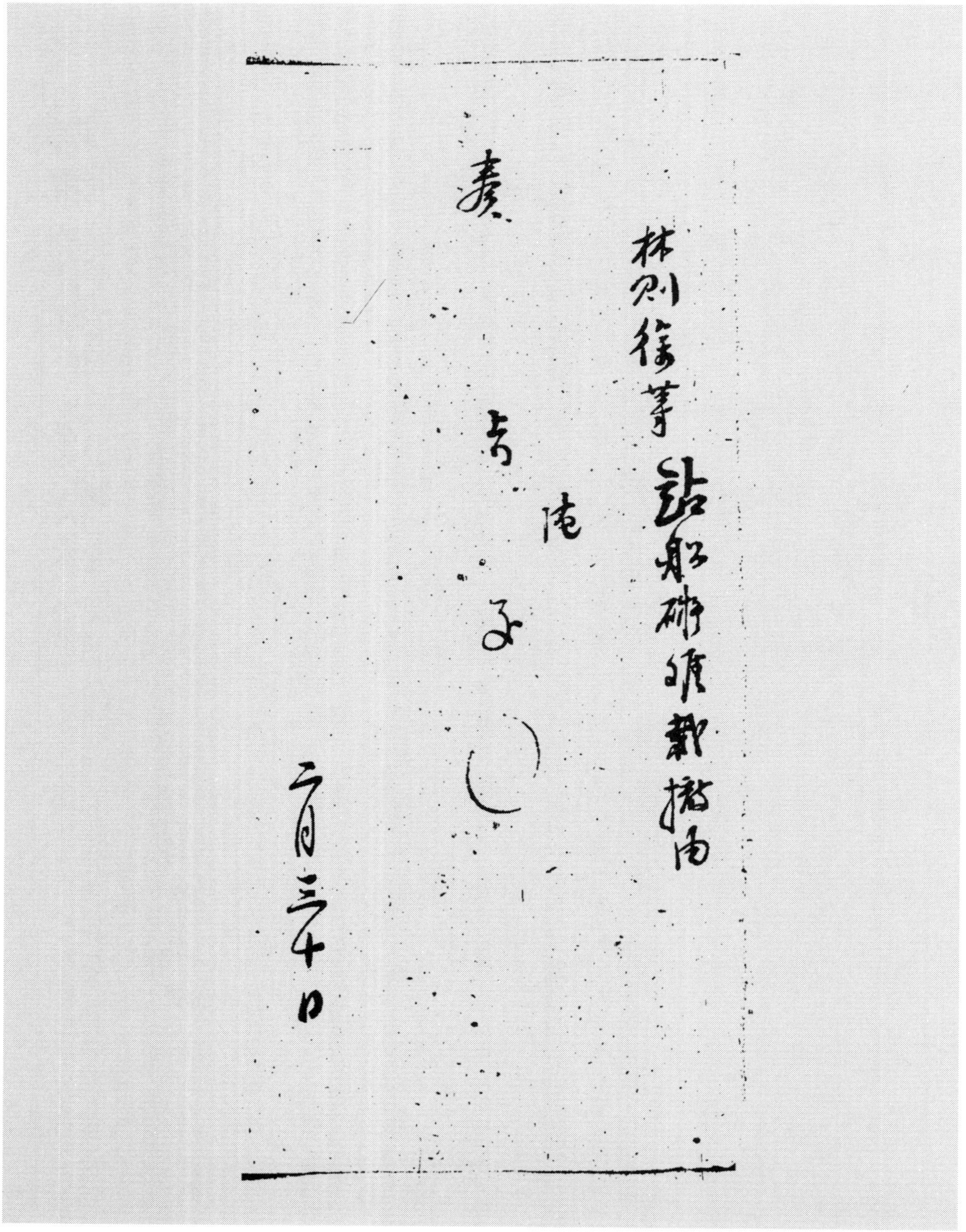
林則徐等站船礙難裁撤摺
奏
二月二十日

湖廣總督林則徐等奏摺　湖北站船礙難裁汰請循舊存留應差

道光十八年二月十三日

湖廣總督臣林則徐跪

湖北巡撫臣周之琦

奏為查明湖北站船礙難裁汰仍請循舊存留應差恭

摺奏祈

聖鑒事竊臣等接准部咨雲貴督臣伊里布

奏滇省加運兩起銅斤照正運自行雇船直運通州

並奏定礙惟湖北江寧站船兩省裁汰於該處定差

使員役不致貽誤又加運兩起由漢口至通州雇船

直運按銅數核計水腳照數裁之湖北江寧設

立站船費用是否尚有節省滇省條陳查核應

由湖北江寧查明由程其回奏

旨依議欽此轉咨到臣當飭藩臬兩司確查妥議

詳覆去後茲據湖北藩司張岳崧臬司程銓會

議此項站船礙難裁汰並將每年需用工食
修造之費因運銅水腳足敷查明詳請核
奏前來臣等伏查水驛站船原以應付勘牌差
使及護送文報然兼用裝運銅斤而設其撥
各銅差蓋因船多差少以之裝運貨物既不
致虛糜錢糧亦可一調即至之故湖北省原
設水驛站船一百隻於康熙雍正乾隆年間
節次裁減存船四十隻又湖南省原設站
船四十隻裁存船十二隻於嘉慶六年
奏明撥歸湖北省收管合計北省減存及南省
撥歸併站船共五十二隻前於嘉慶十四年經前督撫臣
以站船需費較繁船戶賠累且船多未調於江

笨滯
奏請全行撤去，由該省加運兩起銅斤所需船隻
發給水腳，該運員自行僱用，來部議覆站船
裁撤還省，留為差使並移駐設以資籌
議，又經前督撫臣將各站船一律改造便捷
運銅應差甚為得經
奏准部覆照辦理在案，現在湖北省存留站船
五十六隻，每年應付該省加運兩起京銅用船
四十隻，又撥給北南兩省糧道押運船四隻
外船八隻，預備更替修造，每船每年給工食銀一
百廿八兩，共給價銀二千兩，五十二船共工食銀六千六
百五十六兩，又查船隻屆十年拆造約計需

需造費銀八百餘兩，共計每年需需銷銀七千
四百五十餘兩。論者每年加運起銅斤自漢
口至江寧，共應給水腳銀四千九百七十餘兩，核
之湖北站船裝運，可節省銀二千四百餘兩。
惟湖北地方襟帶江湖，為九省通津，設立水驛，
船隻與陸路車馬無異，所恃惟船往來差使
無殊，未應停銅。今若因節省千四百餘兩經費，將
站船裁汰，遇有緊要差遣，勢必至於貽誤，殊
非慎重郵驛之道。況銅運自漢口至江寧，經於大
江順流而下，水程甚捷，並不羈滯。船既仍有
招募充，自雇親族充當水手，並有協運委
員往返管束照料，為之經理之至。茲再四籌

議似不若悉仍其舊庶銅運水腳兩無貽誤
其江省站船現准兩江督臣陶澍照舊辦理已
經覆
奏所有湖北站船礙難裁汰仍請循舊存留應
差緣由謹恭摺具
奏伏乞
皇上聖鑒訓示謹
奏
道光十八年二月三十日奉
硃批 欽此
三月十三日

道光十八年二月十三日

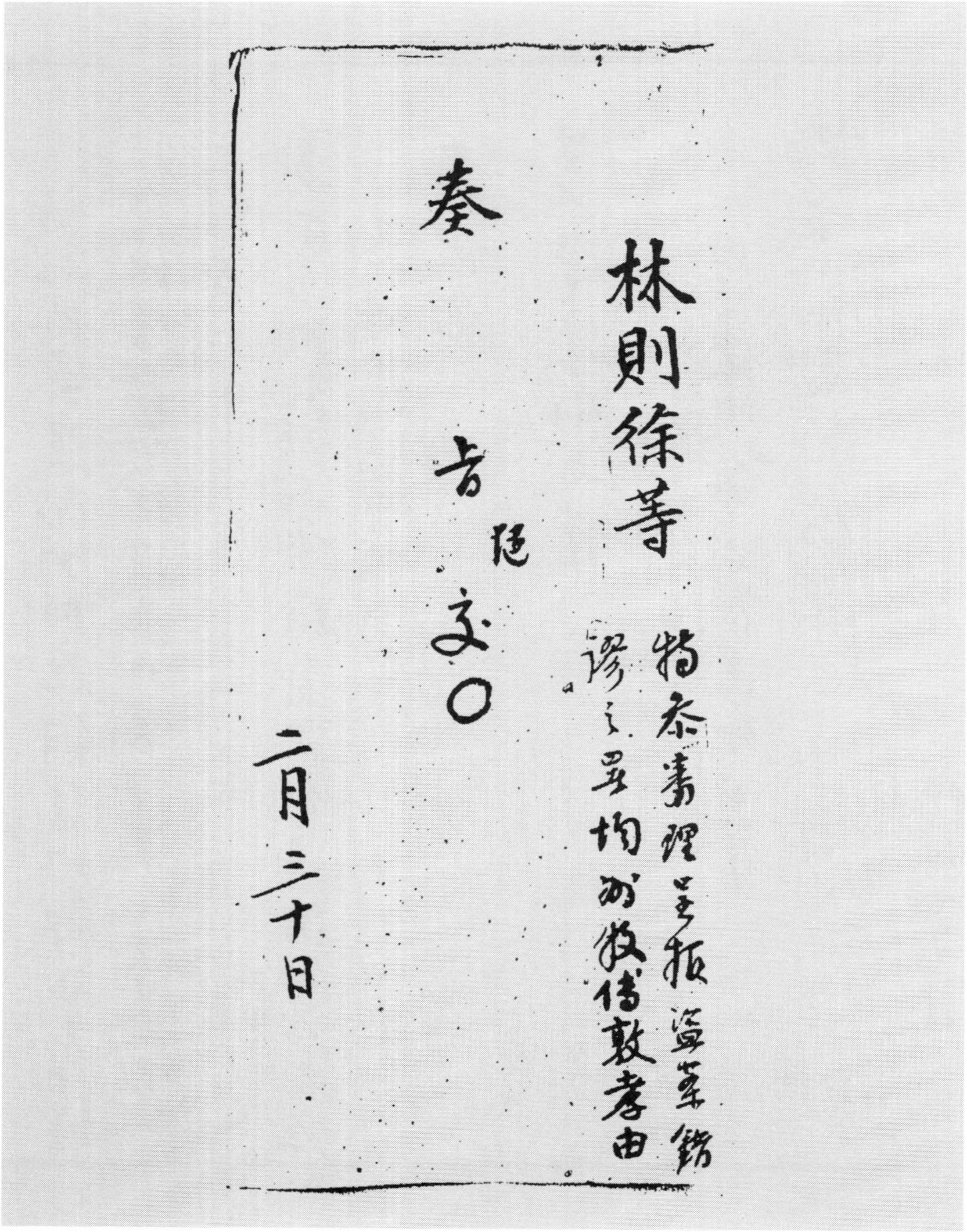
林則徐等
特參素理呈報遲錯
謬之署均州傅敦孝由
奏
旨隨交〇
二月三十日

湖廣總督林則徐等奏摺　**署均州事試用知縣傅敦孝審案錯謬請旨革職**

湖廣總督林則徐等奏摺　署均州事試用知縣傅敦孝審案錯謬請旨革職

道光十八年二月十三日

湖廣總督臣林則徐
湖北巡撫臣周之琦跪

奏為特參審理呈報盜案錯謬之署知州請
旨革職以便確審事竊據署均州事試用知縣傅敦孝
詳據民人李大成呈報道光十七年二月十一日夜被賊
行竊臨時行強將伊與雇工白繼明綑縛劫去衣物該
署州会营勘緝旋於二月二十七日據保正蕭遇春同
差役拿獲劉登榜謝建禮宋明德江興富文三五名
起獲鉄鐝一把傳到事主李大成認係被劫原物訊
據劉登榜等供認係劉登榜起意邀竊臨時行強
綑縛事主得贓俵分不諱謝建禮因帶病進監身
故詳經批飭確審隨又據該署州通詳另獲張馬
王有恃牛三名起獲原贓棉被布褂銅錫器物及

鐵鍬一把訊據張馬等供認聽從在逃之胡得廣邀
約共夥四人行竊李大成家因事主追赶張馬圖脫
拒捕並無行強情事據李大成供稱先獲鐵鍬
並非原賍前係含糊混供現獲鐵鍬各物認明均
係原物惟仍稱係被強刦與張馬等供情互異所
有先獲之刘登榜等均非本案賊犯係保正蕭匯春
嚇逼誣認等情經臣等批司飭府提審李毋去後茲據
襄陽府知府金石聲詳稱提到人卷審據張馬王有時
牛貴供聽從胡得廣行竊李大成家張馬被事主
追及扭獲推跌事主脫逃並據李大成供明實係
被賊行竊拒捕因圖急獲賊犯捏報行強其刘
登榜前曾行竊宋姓麥苗謝達禮曾在穀城

具糾同居草等行竊劉昇珠家銀穀城縣拏獲
屆州供明有案保正蕭廼春於李大成投知被劫後
因劉登榜形跡可疑執持賊遺布鞋至其家内查
詢劉登榜之妻貪小冒認為劉登榜之物蕭廼春又
見其家有宰食鴨毛李大成失竊有鴨一隻詢據
劉登榜與其妻或稱在外拾回或稱自喂宰食言
語不符遂將劉登榜送州究審劉登榜畏認糾窃
引孫將年月同行踰墻之謝建礼等供為同夥差
獲謝建礼等到案亦因畏刑誣服等情臣等查
與一省限斷是其首務盜劫重案尤應詳慎推
鞫俾無枉縱此案事主李大成被賊行窃推捕
捏報臨時捆劫該署州勘訊未得實情亦未查

驗事主有無烟痕並理已屬昧忽追經保正蕭迺
春拿獲劉登榜等到案並不虛衷研訊輒以劉登
榜等誣服之供定案通詳實爲謬妄且蕭迺春
與劉登榜素無仇隙何遽以形跡可疑將其送州
而劉登榜又何肯甘認盜劫重情其被混指之
謝達孔等亦隨同誣服致謝達孔在監病故雖
謝達孔劉登榜曾經行竊其案所犯等則供屬
平民是該署州之審理荒謬幾陷無辜重辟
實非尋常錯誤可比更恐有挾意妄拏故勘
情事即事主款供以竊報強亦恐係串捏誣報
藉圖消弭不可不徹底根究據藩臬兩司轉據
該管道府揭報前來除本任均州双全已飭令赴

任查明該署州任內經手倉庫錢糧有無虧短另再
並飭提全案人卷至府委員確審外相應據實
奏參請
旨將署均州事試用知縣傅敦孝革職以便提同犯
證研審確情照例分別定擬理合恭摺具
奏伏乞
皇上聖鑒訓示謹
奏
道光十八年二月三十日奉
硃批 欽此

月十三日

大學士管理兵部事務阮元等奏摺 **林則徐審明駐防婦女逃走案請將佐領全順等分別降級罰俸**

兵部摺議處協領全順等由
隨
奏
旨交
二月十四日

二〇 大學士管理兵部事務阮元等奏摺 林則徐審明駐防婦女逃走案請將佐領全順等分別降級罰俸

道光十八年二月十四日

經筵講官太子少保大學士管理兵部事務臣阮元等謹
奏為官員嚴議議處具奏事內閣抄出湖廣總督
林則徐奏審明駐防婦女逃走佐領防禦等官
捏報日期一案此案傅察氏於道光十七年六
月十三日逃走該佐領防禦擬具咨緝之稿因
逃走日期先未審定於稿內留空待填迨署將
軍穆精阿催稿緊急該旗協領斐星額即將前
稿送閱穆精阿以稿內係未填明逃走月日駁
令斐星額將文交全順填寫全順以傅察氏脫逃
日久始行咨緝恐與定例不符遂將左司審明
之日填作逃走之日旋聞署將軍穆精阿欲以
捏報奏參心懷畏懼當向穆精阿禀稱前稿係

由將軍諭辦又聞該署將軍因安清先未畫押
曾諭以傅察氏既經審明即應呈稿畫押以便
通詳辦理等語安清聞知案已審實亦即畫押
全順輒將傳聞誤以通詳為通融寫入稟內又
協領斐星額曾向全順言及左司既經審明可
以具稿署將軍自必從寬辦理在斐星額本係
億度之語全順亦誤會係署將軍傳諭因而具
稟剖辯查協領兼佐領全順既誤以左司審明
之日填作傅察氏逃走日期及聞穆精阿欲行
參奏乃復妄肆稟辯現雖訊據堅供實由誤會
傳聞所致並非有心揑稟而種種冒昧糊塗殊
屬謬妄應請將全順交部嚴加議處協領斐星

領防禦安清於未填月日稿內擬行畫押亦屬
率忽應交部議處出差驍騎校景星應毋庸議
等因一摺道光十八年正月二十六日奉
硃批該部議奏欽此欽遵到部　除出差驍騎校
景星毋庸議外查律載不應得為而為事理重
者杖八十私罪降三級調用又定例官員奉
旨交部嚴議者查照本例加等又定例八旗兵丁逃
走該管佐領如將月日錯寫者罰俸一年各等
語此案協領兼佐領全順因傅察氏逃走日久
始行咨緝既與例不符遂誤以左司審定之日填
作逃走日期及聞署將軍穆精阿欲行參奏乃復
妄肆彙辦經湖廣總督審明該員雖非有心捏

稟而種種冒昧糊塗殊屬謬妄奏請交部嚴加議處
應請將協領兼佐領全順照不應重律杖八十私罪
降三級調用例加等議以降四級調用係屬私罪毋
庸查加級議抵協領斐星額防禦安清於未填月日
稿內擬行畫押亦屬率忽經該督奏請交部議處應
請將協領斐星額防禦安清均比照兵丁逃走該管
佐領將月日錯寫罰俸一年例議以罰俸一年係屬
公罪例准抵銷可否准其抵銷之處恭候
欽定是否有當伏乞
訓示遵行謹
奏請
旨

大學士管理兵部事務阮元等奏摺 林則徐審明駐防婦女逃走案請將佐領全順等分別降級罰俸

道光十八年二月十四日

道光十八年二月 十四 日

經筵講官太子少保大學士管理兵部事務臣阮元

經筵講官太子太保兵部尚書公臣宗室禧恩

經筵講官尚書臣朱士彥

左侍郎臣溥治

左侍郎臣朱嶟

右侍郎臣宗室功普 未到任

右侍郎臣潘錫恩 學差

上諭　林則徐奏運銅委員嚴廷珏失察船户夾帶私鹽著交部察議

道光十八年二月十八日内閣奉

上諭林則徐奏請將運銅委員交部察議等語雲南委員署保山縣知縣候補同知嚴廷珏於船户夾帶私鹽雖經會同卡員搜獲並將船户交出究辦究屬先事失於覺察嚴廷珏著交部察議欽此

上諭 著林則徐嚴審定擬具奏並抱告龔輝等解往備質

道光十八年二月十九日奉
旨此案著交林則徐親提人證卷宗秉公嚴審按律
定擬具奏抱告龔輝民人金珍均著該部照例解
往備質欽此

湖廣總督林則徐等奏摺

衡州府通判黃柏齡未稔鹽務請與岳州府通判賈亨晉對調

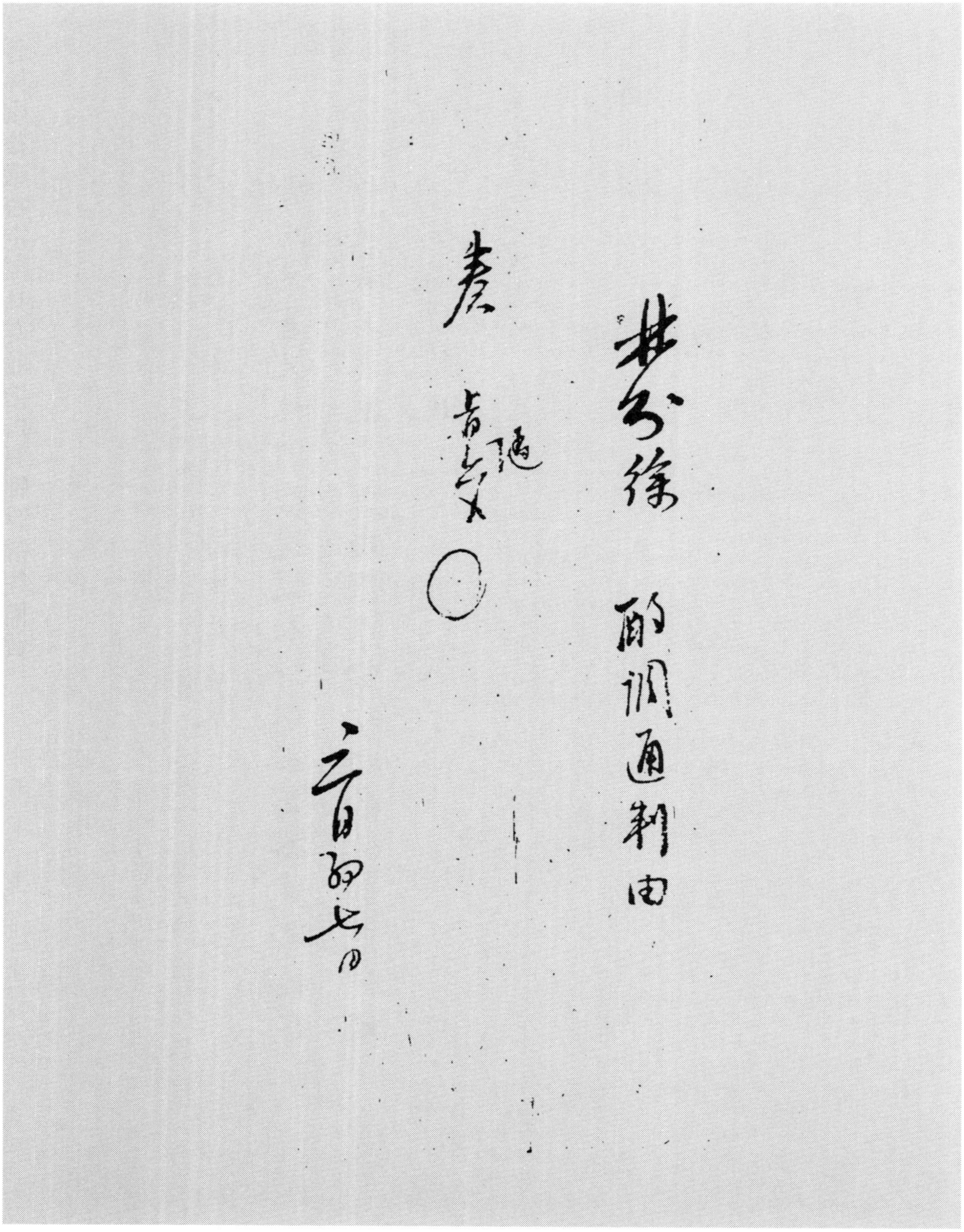

湖廣總督臣林則徐
湖南巡撫臣錢寶琛跪

奏為通判人地未宜，擬請對調，以資治理，恭摺具

奏，仰祈

聖鑒事。竊照通判一官，為佐理地方之責，其內題調缺

分，因分繁簡，即同一選缺，亦有難易及今昔

情形不侔，必須人地各得其宜，庶可相助為理。茲

查湖南衡州府通判，雖屬簡缺，而行銷淮鹽

係其專責，該府居長河上游，兩粵私入楚門戶，

必須該通判協緝得力，疏導有方，俾梟販不

致侵越，淮引得以暢行。現任通判黄柏齡年

十二年順天豐運籌備經費事例捐納通判

選補，於道光十七年正月到任，該員年力

湖廣總督林則徐等奏摺　衡州府通判黃柏齡未稔鹽務請與岳州府通判賈亨晉對調

道光十八年二月二十二日

正佐人亦勤慎供職於鹽務未能熟悉查有
現署岳州府通判賈亨晉年三十九歲山東監生
遵豫捐二卯例捐納通判分發湖南道光十年
五月到省十七年
現署岳州府通判正本部院准署該員年壯才優
精明諳練前委署理衡州府通判辦理裕如
事竣後屢委衡屬緝私勤奮出力以之調署
衡州府通判於地方鹽務均有裨益改選岳
州府通判員缺即以黃柏齡調補亦堪勝任
於此一轉移間俱可不致貽誤據藩臬兩司
會詳前來臣等往返札商意見相同合無仰懇
天恩俯准以衡州府通判黃柏齡與岳州府通判

一賈亨晉兩相對調實屬人地各得其宜如蒙
俞允賈亨晉係試用通判
該省岳州府通判今請調衡州府通判仍俟試用
看期滿另請實授該員等以簡調簡銜缺相當
毋庸送部引
見臣等為整頓鹽務起見謹合詞恭摺具
奏伏乞
皇上聖鑒訓示謹
奏
道光十八年二月
硃批
欽此
月二十二日

湖廣總督林則徐奏摺 **守備姚正剛與乾州協副將徐捷衙門爭毆請分別革職解任**

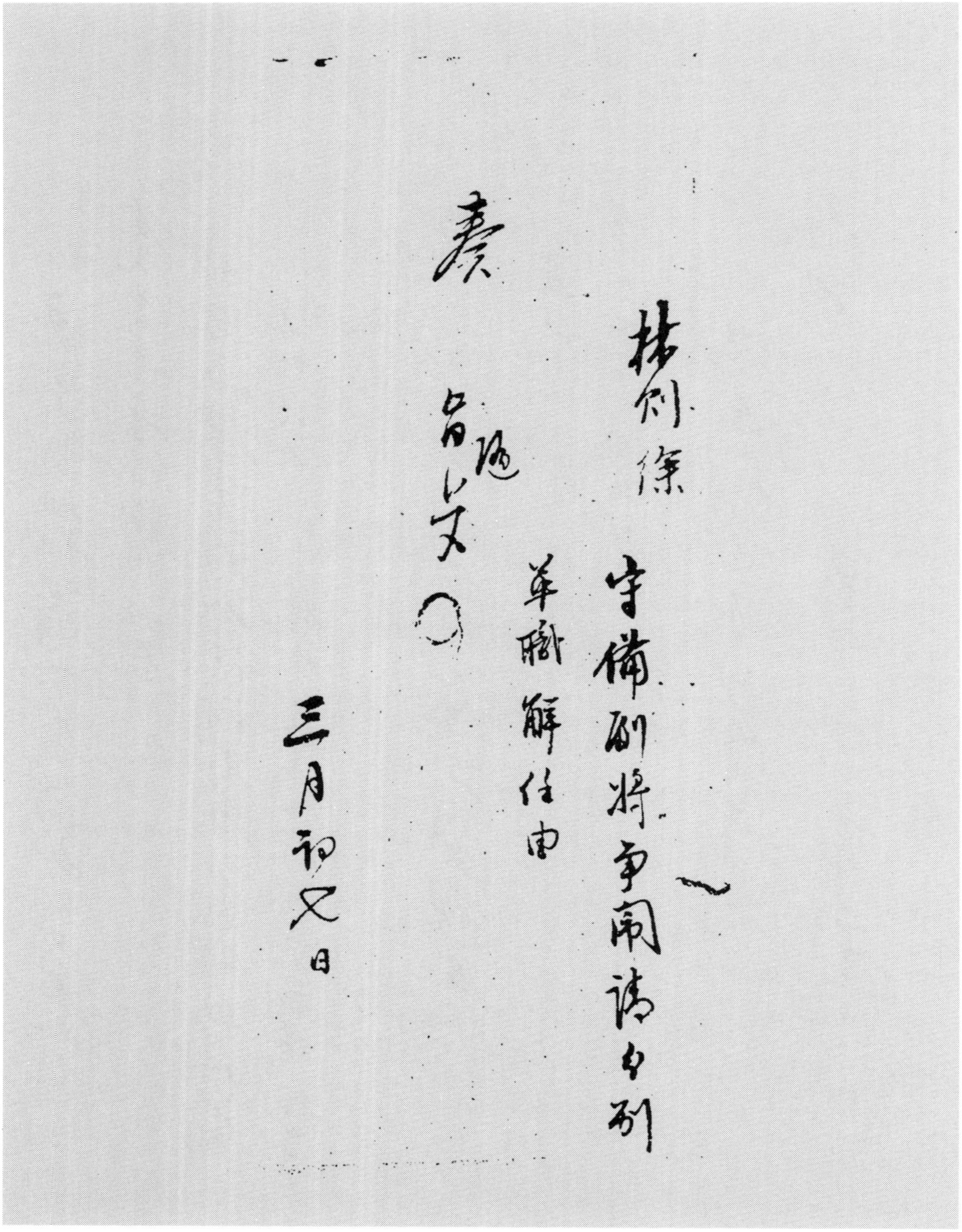
林則徐 守備副將爭鬧請分別
革職解任由
奏
旨已隨文○
三月初七日

湖廣總督林則徐奏摺　守備姚正剛與乾州協副將徐捷衙門爭毆請分別革職解任　道光十八年二月二十二日

湖廣總督臣林則徐跪

奏為軍政參劾之守備赴署副將衙門尋釁爭鬧隨

隨以被毆具字務查情詞含混請

旨分別革職解任以便質審恭摺奏祈

聖鑒事竊照道光十八年十月例應舉行軍政經臣會

撫提諸臣悉心執覈查有湖南鎮溪營守備姚

正剛性情浮躁而予革參即彙列有干六法

各員恭疏

題參在案旋于十二月內准調任湖南提臣薛陞捷

鎮溪營遊擊官色鏗額移據姚正剛呈稱該參守

備于十二月二十一日接奉飭知劾參在候委

署人員到營交卸因有經手轉糧須與乾州

湖廣總督林則徐奏摺　守備姚正剛與乾州協副將徐捷銜門爭毆請分別革職解任
道光十八年二月二十二日

協中軍都司彭立貴兩弟即于是日前往乾州送往
署副將徐捷衙門進內守謁不應往謁擅服結
之大堂該守備公服叩見徐捷以伊係被劾之員
不應于大堂晉見要言詈罵伊係伏地被徐
捷扭伊髮辮拳打足踢幸得外委石崇高等
等力勸得解現有扭落髮莖並左脚受傷可憑
又查得該守備姚正剛與都司彭立貴覆稱
往晉持稟順赴署副將徐捷衙門守謁必有傳宣
之人何以詣于大堂擅且果以禮謁見何致乎
忽反被詈毆其中顯有別故即飭該令提良並
委附近之永順協副將尚安前往確查革據
尚安等稟覆即馳抵該營驗得姚正剛髮辮圈

懇今次解衣看視傷痕按稱早已全愈惟姚
正剛于懷內取出小紙帋包內有短髮數十根稱
係徐捷扭落等語查詢起釁根由據各弁兵僉
稱是日徐捷赴馬房看馬轉回姚正剛走向
面前口稱為何將我填入軍政用頭直撞徐捷見
其來勢兇猛以手擱開退入後堂並無拳打足踢
情事惟劉外委崇高兵丁特俱得見稱姚正剛髮
辮實被徐捷扭落等情臣查該守備姚正剛于軍
政被參檢舉後言之後如果心懷不服原許逕愬
請旨勅部
見參後
欽定乃藉稱與都司彭三貴衙署任乎持權輒至該署

湖廣總督林則徐奏摺　守備姚正剛與乾州協副將徐捷衙門爭毆請分別革職解任　道光十八年二月二十二日

副將衙門爭鬧，自係懷挾私嫌忌肆洩忿，此風斷
不可長。而該署副將徐捷以三品大員，如果與
奏劾屬備在大堂扭毆，亦屬大乖體制。惟實在
因何起釁，及姚正剛果否被毆扭落辮髮，均查情
詞含混，必須徹底審訊，亦以肅法紀而正營規。相
應據實
奏參，請
旨將軍政奏劾之原任鎮溪營守備姚正剛並革職，署乾州
協副將鎮筸鎮標右營游擊徐捷解任，以便提
同人證由司就審錄供，確情據實究辦。理合恭摺具
奏，伏乞
皇上聖鑒訓示。謹

奏

道光十八年二月初九日奉

硃批　欽此

二月二十二日

湖廣總督林則徐等奏摺　**請動商捐生息銀修築黃梅縣隄塍**

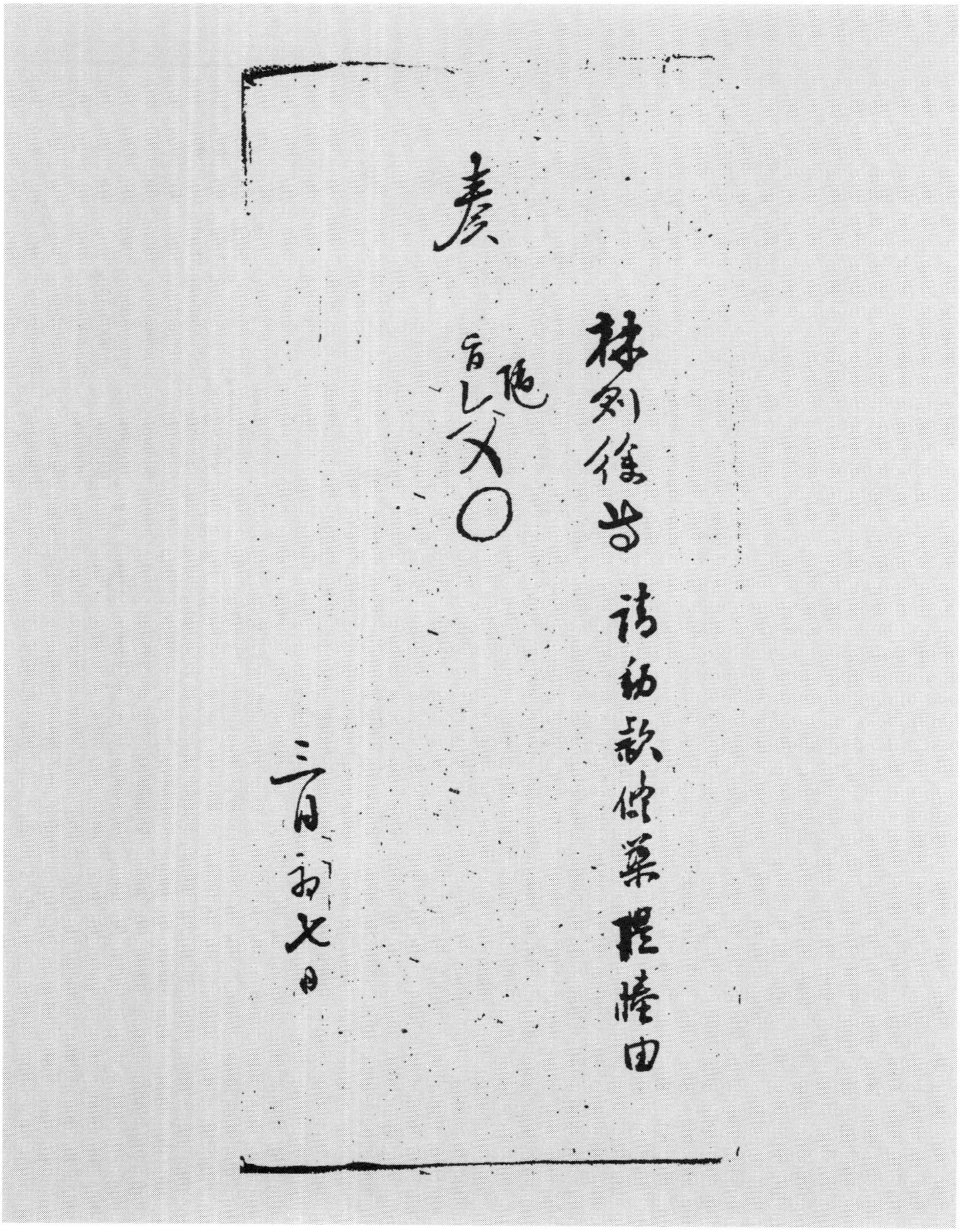
奏

林則徐等　請動款修築隄塍由

三月初七日

湖廣總督林則徐等奏摺　請動商捐生息銀修築黄梅縣隄塍

道光十八年二月二十二日

湖廣總督臣林則徐跪

湖北巡撫臣周之琦

奏爲請動商捐外款修築緊要隄塍以資保障恭

摺奏祈

聖鑒事竊照湖北黄梅縣與江西德化安徽宿松二縣接壤

因從前所屬之桐公隄殘缺多年民力未能修復以致

江湖倒灌疊被浸淹前於道光十五年間經前督

楚省籌款將石板橋以上隄塍先行酌修稍資捍

衛無如界連三省江岸綿長此堤纔開接築一律

堅密無過夏秋江漲田廬仍皆淹浸連年未

獲年收節經勘明被水情形歸入秋災案內奏蒙

恩旨展緩在案濱江窮黎固已感戴然於蕩析離居之

後猶令自謀捍衛實爲力所不能亟當細加體察以

須設法籌款補築封隄，俾免泛溢之患。即經飭委湖
北候補道查炳華前往，督同署黃梅縣知縣秦樹
勳確切履勘，酌擬守處，歷濱江一帶相度地勢，
應於該縣與蘄州衛及德化、宿松毗連之董家
口以下黃家嘴搭過源溪，余歷陳家巷張家口
接至大田尾，補築新隄一道，計長一千五百八十九丈五尺，
高九尺及一丈，寬五丈不等，順水工段頂面寬二丈，迎水
工段頂面寬一丈五尺，核節估計實需土夫、碎工等
銀八千四百八十一兩八錢四分五釐。該隄築成，不特黃梅
一邑藉為保障，即德化、宿松、蘄州各衛咸資
利賴。其大田尾以下至橫堤頭隄段，亦係宿松業
民修築，並擬蘄州衛、德化、宿松軍民公具呈請

情願將所築新隄完工之後永遠自行歲修保固甘
情批據藩司情無捏飾查雖覈請動商捐隄河
生息款內給辦詳請具
奏前來臣等查該處為湖北安徽江西三省交界
之坡各段長亙相聯理宜修之不致於不修糾雜
上下游皆有江隄而中間獨留空隙使江湖仍得
乘虛直灌勢必愈刷愈寬並上下各隄亦恐難以防
護況黃梅連年水患民情困苦已皆常困安知段
戶未潤以致田廬淪為巨浸殊堪憫惻擬請將董
家口以下補築新隄一千五百八十九丈零接至大田
庵以資捍禦實屬必不可緩之工所估需銀八千四百
兩零竊考浮隄者查乾隆卅三年該縣石板橋築隄

七百廿八丈估銀一万六千餘兩奏請借動公項分年攤還

欽奉

諭旨該處地濱江湖所有隄工自應及時補修但念黃梅縣叠頻年偏被水災閭閻不無竭蹶借項攤工按年攤扣民力終多拮据若加恩即動公項責成地方官實力妥辦毋庸扣還等因欽此欽遵在案此次所估工料較前減縮僅及半仍毋再致遲誤請

部另辦惟查商捐隄河一款本係汗岸鹽商捐辦河隄用剩經費於嘉慶十五年先後

奏明仍發漢商生息之款前道光六年前督臣李鴻賓

奏請動墊 欽奉

上諭前借商捐隄河息銀一万五千六百五十一兩即於本款

開銷無庸歸臣等因飭令於梅林以下尤係積年被
淹之地隄工最為緊要民力又極拮据所有估需大
工費另相應奏請
天恩准於商捐隄河生息款內照數動支俾如照案定
其歸臣感戴
皇仁倘蒙允准臣等即飭該道查炳華親赴工次
督同該署知縣楊樹勳會集紳耆首士分段領辦並
為稽查務令層土層硪不准稍有偷減工竣覈實
驗收以後歲修工程從擬該紳民公具呈請情願出
資捐辦應即責令於工竣後自行保固並咨會江
西安徽兩撫臣轉飭德化宿松二縣督令受益軍
民人等議定分年輪修章程一律循照妥理如於

永臻鞏固利賴有資以仰副
聖主慎重江防保衛民生之至意其此項工程既歸民辦
該民人未請敍例可否免其造冊報銷之處出自
恩施臣等謹合詞恭摺具
奏伏乞
皇上聖鑒訓示謹
奏

道光十八年三月初七日奉
硃批另有旨欽此

二月廿二日

湖廣總督林則徐等奏摺　署蘄州知州愛祿不能彈壓州試文童爭鬧請先行解任

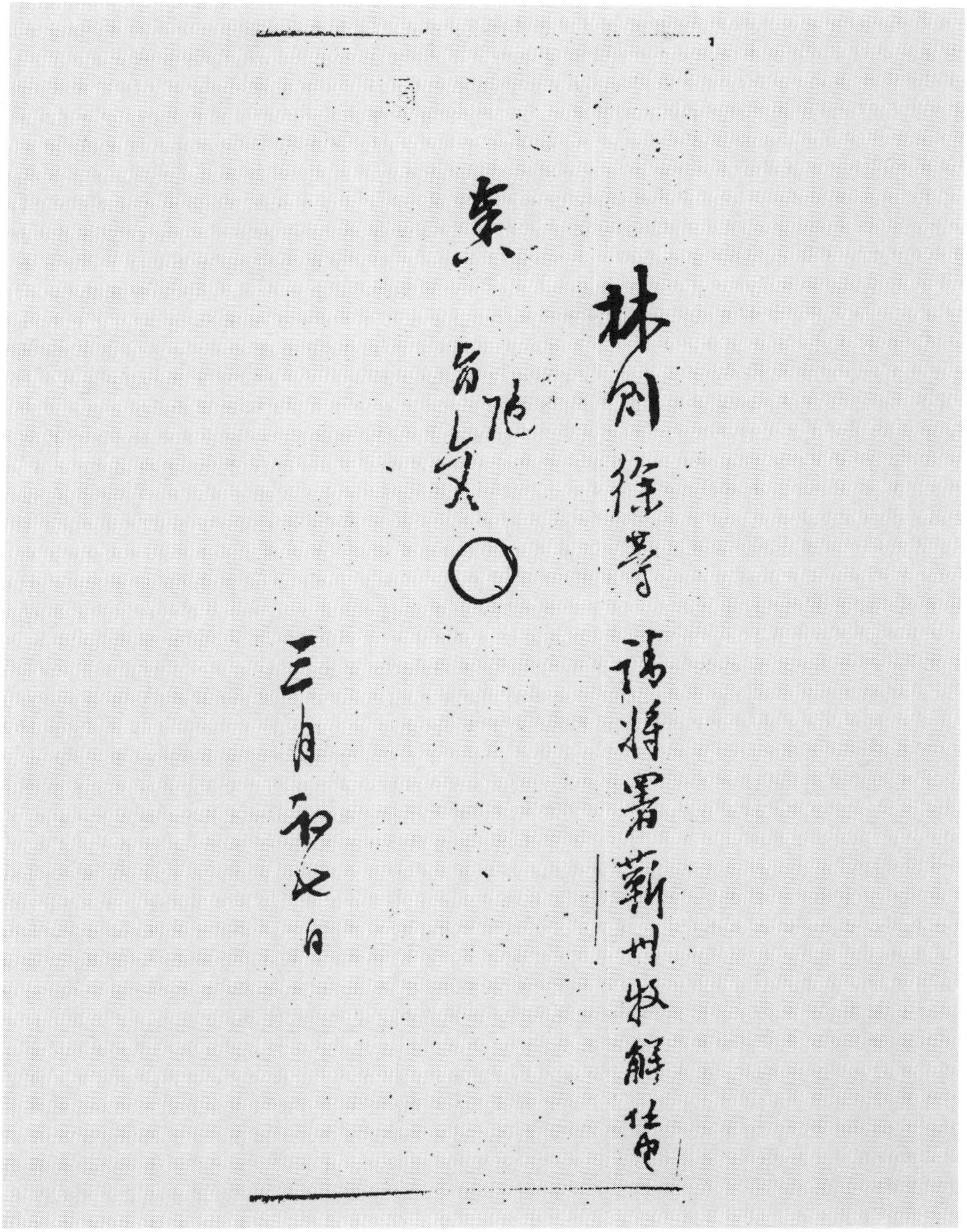
林則徐等　請將署蘄州牧解任

奏

旨依議○

三月初七日

湖廣總督臣林則徐
湖北巡撫臣周之琦跪
奏為州試文童請退指摘卷價與書役爭鬧誤傷事
並請
將不能彈壓之該州先行解任以儆溺職恭摺具
奏仰祈
聖鑒事竊據漢黃德道慶霖暨同黃州府知府楊庚年
據署蘄州知州愛祿稟稱該州考試文童向由禮房
書吏辦理所試卷各童備價向買道光十六年前
州知州恩任內有童生周學易情願捐錢一千四百
五十千文發典生息以作歲科兩考諸童卷價
經該州承恩具報批准立案嗣周學易物故未呈繳錢
屆考試之前據生員毛美之等童生張元鑑

等字請旨飭催該署州諭以此項錯文仍應查辦
未經加以追究並出示本屆試卷古為指摘攔
給隨示諭正月十八日開考該署州定於十七日
前往試院有童生多人直入考棚仍請署州追辦
文並未聲稱如不革追必須該署州指攻縣州書
役人等因見該童生等出言無狀當向喝斥該
童生等即與書役爭鬧並指名飭挪該署州
上前辯歷遂被挪傷右額角又因觀看人多擁擠
稽余龍門經自戕文武考試該童生等均書逃
散其餘安分諸童仍出席考試並情該署州為之
即赴州辯歷縣州該署州之友詠右額角受有
石傷尚不甚重其該查其肆情判與州一案內屠拍

日前即委員嚴獲爭鬧各童數名解省究
辦其情臣等披閱之下不勝詫異查各考童生
膽敢藉端挾制地方官搶燒考棚于考試之
前一日聚衆直入考棚任書差阻擋毆逞
蠻爭鬧搬石拋擲以致誤傷誤斃角寔房目
兵法紀非常底試卷院任語外出示指備誤
童生甘何所用其爭挽試其尚有被挾制情而
如係與童生爭鬧時誤附從不能當場彈壓設
擲不誤傷大局猶以之爲因循苟且庇
縱亦以備底已而略微戒係責先行提已獲人犯
解省審出鞫學未獲各犯併解質究外按屬
具奏日將核議實差之官摺抄案來相應請

湖廣總督林則徐等奏摺　署蘄州知州愛禄不能彈壓州試文童爭鬧請先行解任

道光十八年二月二十二日

旨將署蘄州知州愛祿先行解任以便提同犯證研審

確情分別定擬究辦理合恭摺具

奏伏乞

皇上聖鑒訓示謹

奏。

道光十八年三月初六日奉

硃批

欽此

二月二十二日

湖廣總督林則徐題本　**題請周玉富調補保靖營守備易聯甲調補綏靖營守備羅文彪留任**

該部議奏

題

湖廣總督林則徐題本　題請周玉富調補保靖營守備易聯甲調補綏靖營守備羅文彪留任

道光十八年二月二十三日

兵部尚書兼都察院右都御史總督湖廣等處地方軍務兼理糧餉臣林則徐謹
題爲守備人地相宜懇請調補以裨營伍事竊臣
看得湖南綏靖鎮標中營中軍守備員缺先經
臣請以綏靖鎮標中營左哨千總周玉富歷署
因該員係永綏直隸廳人例應迴避當與鎮筸
鎮標前營中軍守備羅文彪兩相對調恭疏具
題并飭取該員等履歷呈請咨部嗣據鎮筸鎮總
兵官楊芳具稟守備羅文彪現署前營都司於
此間人地極其相宜請仍留前營藉資熟諳等
情臣正在覈辦間復據綏靖鎮總兵官明海稟
據署保靖營叅將萬飛鵬稟稱查現署保靖營
中軍守備之綏靖鎮標中營左哨千總周玉富

到營已有半載經管兵馬錢糧均皆認眞人地
又甚相宜該員業已奉文題陞守備如蒙調留
保靖營中軍守備俾營中得人以資辦公可收
指臂之助所遺守備應請卽以擊陞守備易聯
甲調補等情由鎭轉稟到臣臣查守備羅文彪
周玉富既據鎭筸綏靖兩鎭具稟人地俱各相
宜辦理營務亦皆熟諳似應均如所請准其調
留所遺綏靖鎭標中營中軍守備壹缺應卽以
擊陞保靖營中軍守備易聯甲調補如此一轉
移則人地各得其宜相應仰懇
聖恩俯准以周玉富調補保靖營中軍守備易聯甲
調補綏靖鎭標中營中軍守備羅文彪仍留鎭

草鎮標前營中軍守備之任庶於苗疆營伍俱
有裨益如蒙
俞允守備周玉富應於陞補守備案內俟部臣覆准
後給咨送部引
見守備易聯甲等均係對品調補應遵例毋庸再行
送部又周玉富係湖南永綏直隸廳人今請調
保靖營中軍守備易聯甲係湖南長沙府善化
縣人今請調綏靖鎮標中營中軍守備均籍隸
隔府別營各任內俱無違礙事故與例相符除
飭取該員等履歷清冊另咨送部外臣謹會同
湖南提督臣楊芳合詞恭疏具
題伏乞

湖廣總督林則徐題本　題請周玉富調補保靖營守備易聯甲調補綏靖營守備羅文彪留任

道光十八年二月二十三日

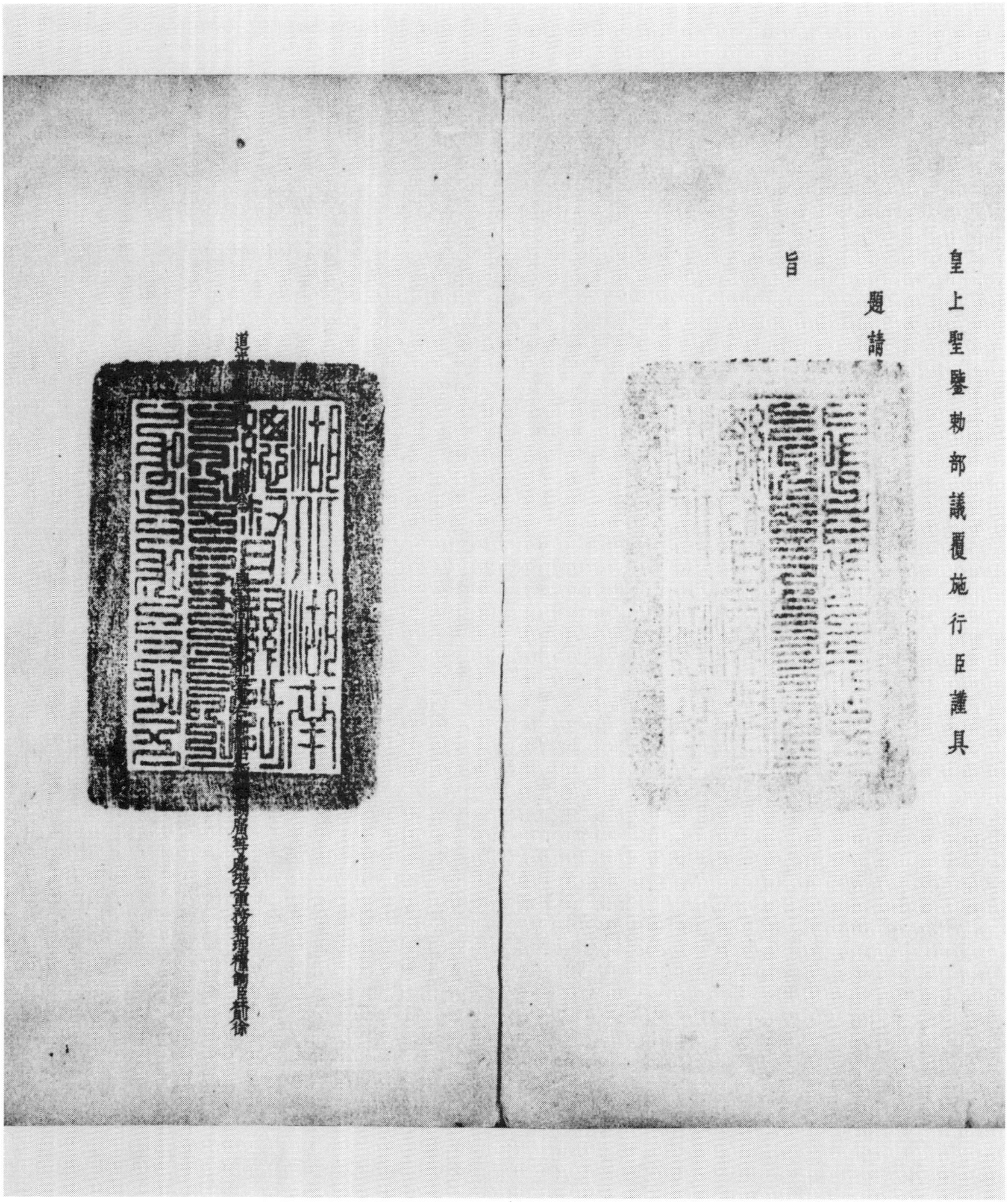
皇上聖鑒勅部議覆施行臣謹具
題請
旨

湖廣總督林則徐題本 題請周玉富調補保靖營守備易聯甲調補綏靖營守備羅文彪留任

道光十八年二月二十三日

兵部尚書兼都察院右都御史總督湖廣等處地方軍務兼理糧餉臣林則徐謹
題為守備人地相宜懇請調補以裨營伍事該臣
看得湖南綏靖鎮標中營中軍守備員缺先經
臣請以綏靖鎮標中營左哨千總周玉富陞補
因該員係永綏直隸廳人例應迴避當與鎮筸
鎮標前營中軍守備羅文彪兩相對調恭疏具
題并飭取該員等履歷呈請咨部嗣據鎮筸鎮總
兵官楊芳具稟守備羅文彪現署前營都司於
此間人地極其相宜請仍留前營藉資熟諳等
情臣正在嚴辦間復據綏靖鎮總兵官明海稟
據署保靖營參將萬飛鷹稟稱查現署保靖營
中軍守備之綏靖鎮標中營左哨千總周玉富
到營已有半載經管兵馬錢糧均皆認真人地
又甚相宜該員業已奉文題陞守備如蒙調留
保靖營中軍守備俾營中得人以資辦公可收
指臂之助所遺守備應請即以擊陞守備易聯
甲調補等情由鎮轉稟到臣臣查守備羅文彪
周玉富既據鎮筸綏靖兩鎮具稟人地俱各相
宜辦理營務亦皆熟諳似應均如所請准其調
留所遺綏靖鎮標中營中軍守備壹缺應即以
擊陞保靖營中軍守備易聯甲調補如此一轉
移間人地各得其宜相應仰懇
聖恩俯准以周玉富調補保靖營中軍守備易聯甲
調補綏靖鎮標中營中軍守備羅文彪仍留鎮
筸鎮標前營中軍守備之任庶於苗疆營伍俱
有裨益如蒙
俞允守備周玉富應於陞補守備案內俟部臣覆准
後給咨送部引
見守備易聯甲等均係對品調補應遵例毋庸再行
送部除飭取該員等履歷另咨送部外臣謹會
題請
旨

湖廣總督林則徐題本　請以烏林太補授湖南宜章營參將

道光十八年二月二十三日

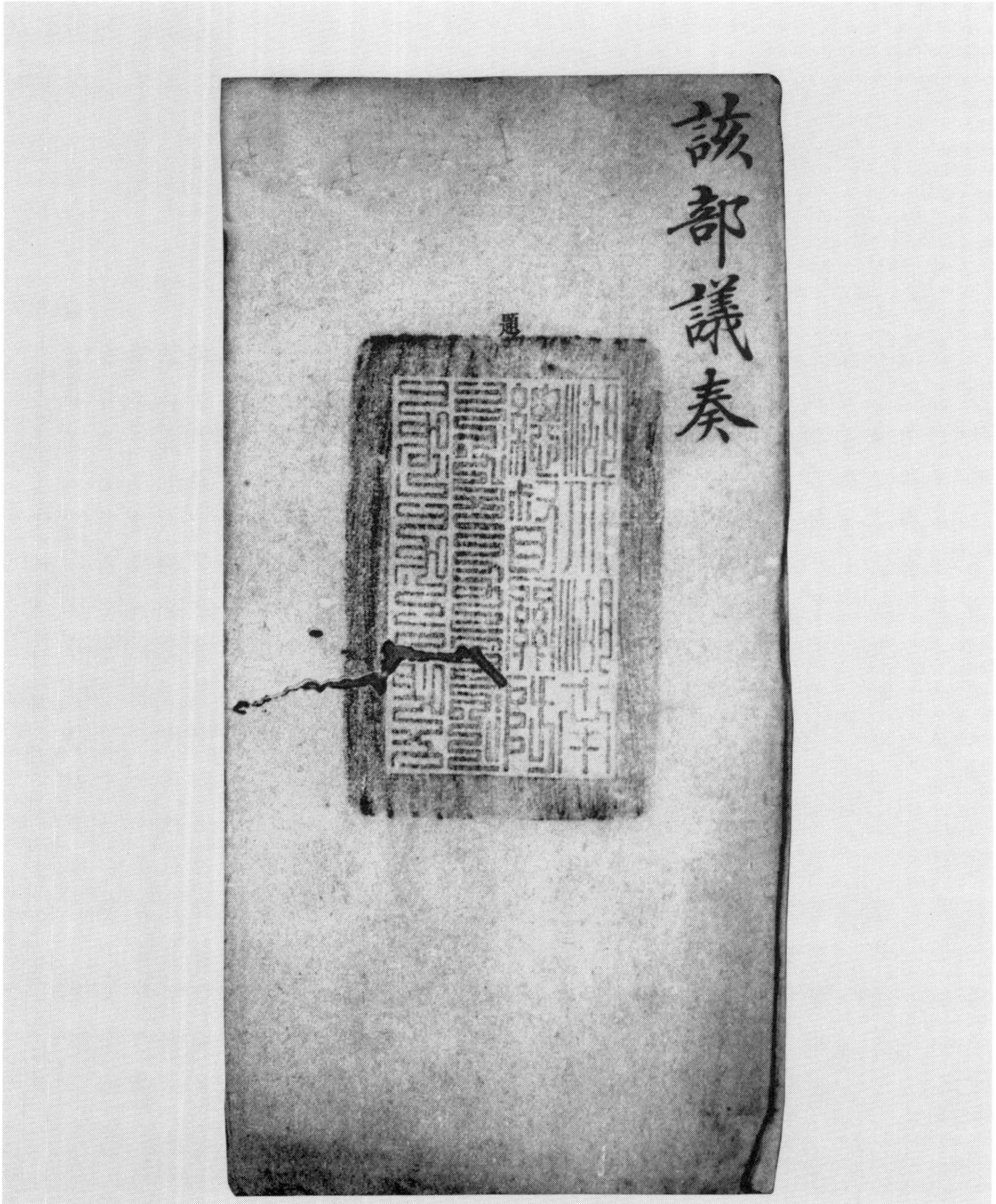

湖廣總督林則徐題本　**請以烏林太補授湖南宜章營參將**

湖廣總督林則徐題本 請以烏林太補授湖南宜章營參將
道光十八年二月二十三日

兵部尚書兼都察院右副都御史總督湖廣等處地方軍務兼理糧餉臣林則徐謹
題爲請補邊疆參將[illegible]缺以裨營伍事該臣看得
湖南宜章營參將麻國慶接准部咨欽奉
硃筆補授湖南衡州協副將所遺宜章營參將員缺
係題調之缺行文照例揀員題調等因臣謹在
於湖南通省內地各參將內逐一查覈或現居
要缺或人地不甚相宜實無堪以調補之員復
於合例遊擊內詳加揀選查有湖南提標左營
遊擊烏林太年伍拾柒歲正藍旗蒙古德英額
佐領下人由烏鎗護軍曾經出師河南打仗出
力歷補協尉道光[illegible]貳年叁月內經兵部帶領
引

湖廣總督林則徐題本 請以烏林太補授湖南宜章營參將

道光十八年二月二十三日

見奏
旨烏林太著揀發湖廣以遊擊差遣委用欽此補授
今職於道光拾伍年叁月貳拾柒日領劄任事
道光拾柒年拾壹月內經臣於薦保案內恭疏
保
題在案臣查該員弓馬嫻熟營伍諳練歷俸已滿
貳年任內並無親喪遲誤事故相應仰懇
聖恩俯准以烏林太補授湖南宜章營參將員缺洵
屬人地相宜於邊疆營伍實有裨益如蒙
俞允俟部覆至日照例給咨送部引
見除飭取該員履歷清册另咨送部外臣謹會同湖
南提督臣楊芳合詞恭疏具

湖廣總督林則徐題本 請以烏林太補授湖南宜章營參將
道光十八年二月二十三日

題伏乞
皇上聖鑒勅部議覆施行再照湖南提標左營遊擊
員缺係題補之缺俟部臣行文至日再行照例
辦理合併陳明臣謹具
題請
旨

道光十八年二月二十三日[illegible]湖廣等處地方軍務兼理糧餉臣林則徐

湖廣總督林則徐題本　請以烏林太補授湖南宜章營參將

道光十八年二月二十三日

兵部尚書兼都察院右都御史總督湖廣等處地方軍務兼理糧餉臣林則徐謹
題爲請補邊疆參將[illegible]缺以裨營伍事該臣看得
湖南宜章營參將周國慶接准部咨欽奉
硃筆補授湖南衡州協副將所遺宜章營參將員缺
係題調之缺行文照例揀員題調等因臣謹在
於湖南通省內地各參將內逐一查覈或現居
要缺或人地不甚相宜實無堪以調補之員復
於合例遊擊內詳加揀選查有湖南提標左營
遊擊烏林太年伍拾柒歲正藍旗蒙古德英額
佐領下人由烏鎗護軍歷補今職臣查該員弓
馬嫻熟營伍諳練歷俸已滿貳年任內並無親
喪違礙事故相應仰懇
聖恩俯准以烏林太補授湖南宜章營參將員缺洵
屬人地相宜於邊疆營伍實有裨益如蒙
俞允俟部覆至日照例給咨送部引
見除飭取該員履歷清冊另咨送部外臣謹會
題請
旨

湖廣總督林則徐等奏摺

請以楊明善調補湖北竹山縣知縣

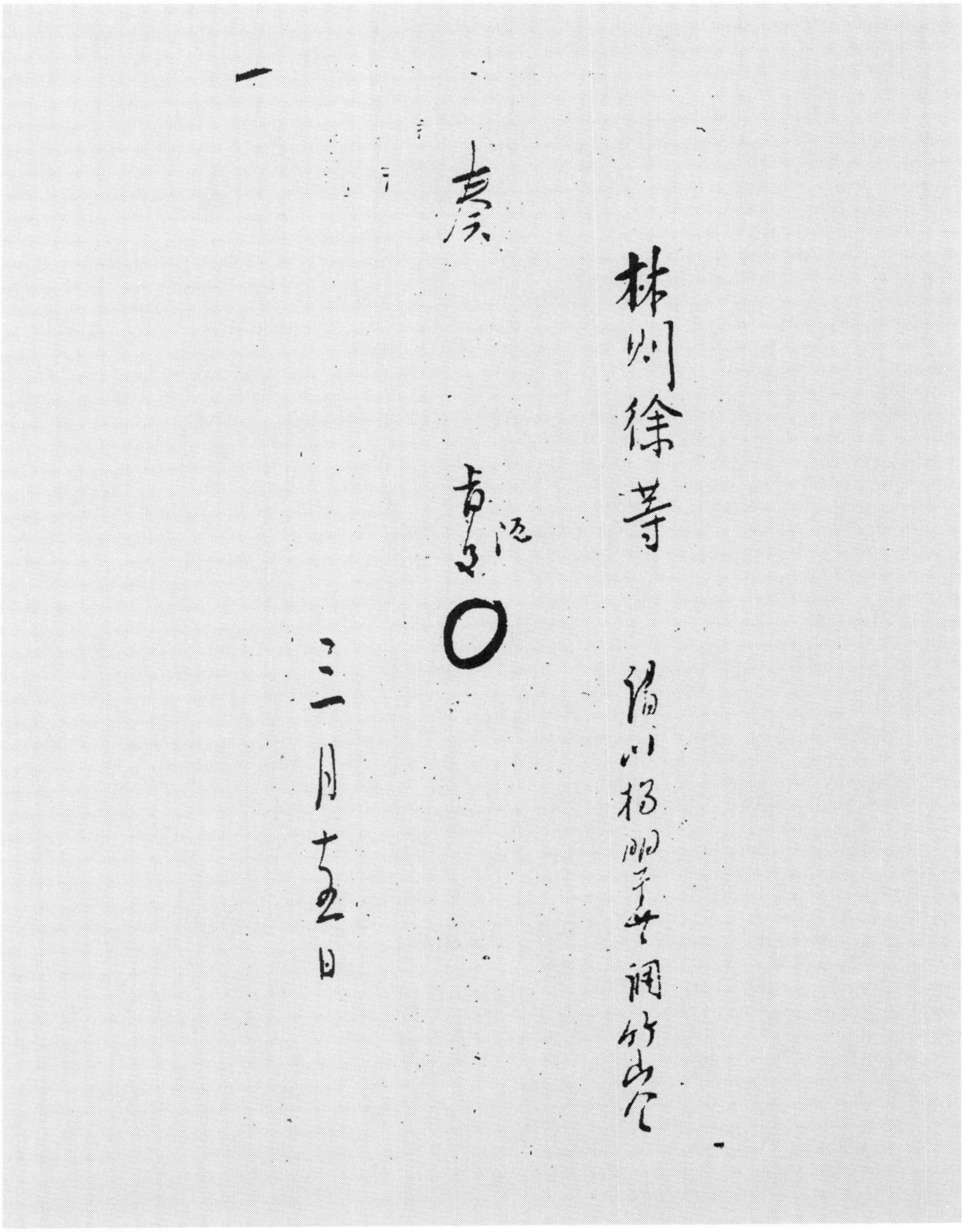
林則徐等
請以楊明善調竹山
奏
硃批 ○
三月十五日

湖廣總督臣林則徐
湖北巡撫臣周之琦 跪
奏爲要缺知縣揀選人地相宜之員奏懇
聖恩俯准調補以資治理事竊照湖北竹山縣知縣徐
秦鈞患病于道光十七年十月初九日出
題開缺聲明所遺竹山縣知縣係繁疲難題
缺容另行揀選員請補在案查定例應題缺出
先儘候補人員題補如候補無人准以應升人
員內保題酌用如應升人員內再無合例堪以題
升之員始准于現任人員內揀選調補等語
臣等與藩臬兩司查核湖北省現在雖有即用
候補知縣但均到省未久其佐貳應升人員

內尚無才堪升用之員惟查有施南府屬之咸
豐縣知縣楊明善現年四十四歲順天宛平
縣人祖籍江蘇道光六年進士引
見奉
旨以知縣即用欽此簽掣湖北是年十二月到省九
年丁父憂回籍服滿起復于十二年五月到省
題補今職十三年六月初四日到任該員年強
才裕勤慎細心兼署竹山縣事于該處民風吏
情深爲熟悉歷俸已滿三年以之調補竹山
縣知縣實堪勝任惟題缺請調與例稍有未
符但人地實在相需例得專摺奏請據藩
臬兩司會詳前來謹恭摺奏懇

天恩俯念員缺緊要准以咸豐縣知縣楊明善
調補竹山縣知縣實于地方有裨並無違例
請
旨敕部查核如蒙
俞允該員係現任知縣請調知縣銜缺相當毋庸送
部引
見至該員任內並無查違礙處分案件所有因公
處分均遵例毋庸核計俟徵罰俸銀兩咨部
銷案所遺咸豐縣知縣簡缺湖北省現
有應補人員容另揀選員請補理合恭
摺具
奏伏乞
皇上聖鑒訓示謹

湖廣總督林則徐等奏摺　請以楊明善調補湖北竹山縣知縣
道光十八年二月二十九日

奏
道光十八年三月十五日
硃批　欽此
二月廿九

上谕　著照林则徐所请毋庸裁减站船

道光十八年二月三十日内閣奉

上諭前據伊里布奏請裁減站船當經部咨各該省查明辦理旋據陶澍奏請仍照舊章礙難裁汰所有江寧站船一項已降旨毋庸裁汰茲據林則徐等奏稱湖北站船應付一切往來差使並非專應滇銅儹將此項裁汰遇有緊要差使必至貽誤等語兩省情形相同該督等前後查議均屬相符所有湖北站船亦著毋庸裁減並著林則徐等仍遵前旨責成管解運員沿途約束舵工水手人等毋許藉端滋事以肅運站而昭畫一欽此

上諭　署均州事試用知縣傅敦孝著即革職交林則徐等審擬具奏

道光十八年二月三十日内閣奉

上諭林則徐等奏請將審理呈報盜案錯謬之署知州革職研審一摺湖北署均州事試用知縣傅敦孝於該州民人李大成被賊拒捕捏報綑劫一案勘訊未得實情迨經保正蕭迎春稟獲劉登榜等到案並不虛衷研訊輒以誣服之供定案通詳無辜幾陷重辟難保無授意妄拏及串捏改報藉圖消弭情事自應澈底根究以成信讞傅敦孝著即革職交該督等提同犯證秉公嚴審按律定擬具奏其署任經手倉庫錢糧有無虧短著查明照例辦理欽此

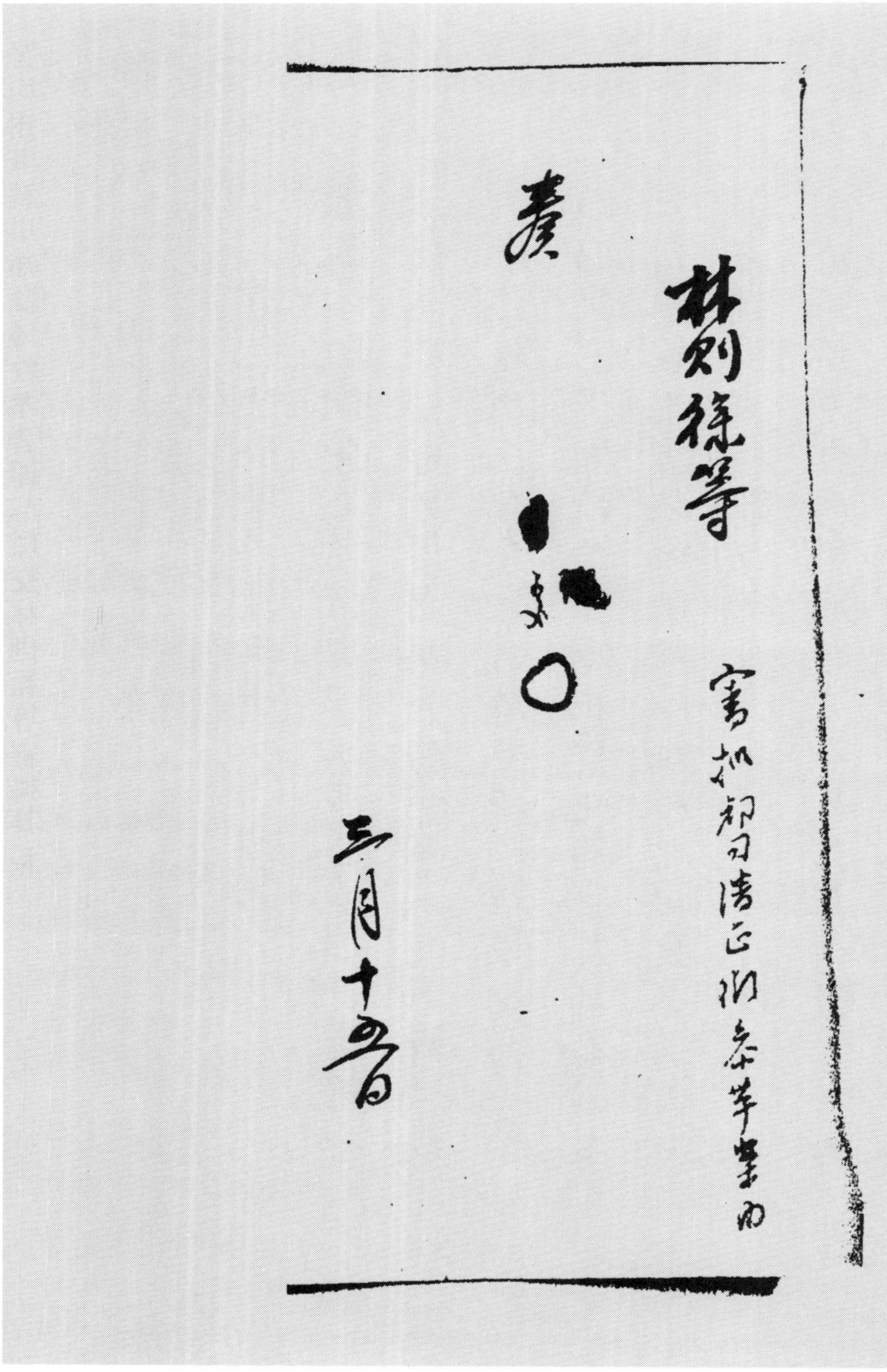
林則徐等
審擬都司潘正衎參革案由
奏
三月十四日

湖廣總督林則徐等奏摺　**遵旨審明潘正衎緝私人犯被奪案分別定擬**

湖廣總督林則徐等奏摺 遵旨審明潘正衔緝私人犯被奪案分別定擬 道光十八年三月初二日

湖廣總督臣林則徐
湖北巡撫臣周之琦 跪
奏為遵
旨審實擬議恭摺奏祈
聖鑒事。竊照黃州協都司職用武進士潘正衔帶獲
鹽犯解押不即送究,亦擅令兵丁看押,致被
奪犯拒捕傷官,出堂書役聽嘱縱放情弊,經臣等
彙案
奏參,欽奉
諭旨:潘正衔即革職,交該督等提同全案人證嚴行
質審,徹底根究等因。欽此。欽遵轉行去後,茲據委
員武昌府知府黃素菁訊擬,由藩司張岳崧、
臬司程鍾督同武昌道于克襄覆審詳解前

東卜等犯私提研鞫緣洪達標洪達榮洪達青
洪宗基劉士任劉悰耀均籍隸興國州洪達標
族兄洪達貴有漁船一隻船名洪添長交洪達
標代為管駕雇洪達榮甘元壽和廖志洪伙
黃州協都司營書羊道光十七年三月內洪達標在
江南仍復攬載係詳咸高楚山客引羅玉湘
北漢岸交卸劉士任劉悰耀在江南地方各自
收買零星鹽斤分裝包收藏艙內以冀圖詰
賣漁利是月初九日船抵廣濟縣武穴地方守風
停泊十一日早劉士任劉悰耀各提鹽包上岸
售賣適該管委員潘正衍巡江遇見令兵丁黃
開榜龍占元上岸拘拿劉悰耀棄鹽脫逃將劉

士任進堃掌獲訊供認與劉悻雄各自帶私
鹽實不諱潘正衍疑其走私不止此數令熊占元
將劉任看押候問出實情送縣究辦熊占元
即將劉士任帶至小划船內看候潘正衍坐船
詎有曹許劉宗雄逃回本船向洪遠桂告知劉
士任被獲情由洪遠桂與劉士任到官詢究要由
洪遠蝶前往查探見劉士任在划船內僅止熊
占元一人看守洪遠桂起意奪回商允洪遠蝶一同
上船將劉士任拉扯上岸逃走熊占元喊捕潘正衍
衍聞即帶同兵丁黃開榜船戶田宗希携帶
竹篙木棍跟蹤追捕維時洪遠書洪宗嘉在
遠之船手祖書云馬永向聞大模各帶篙棍趕

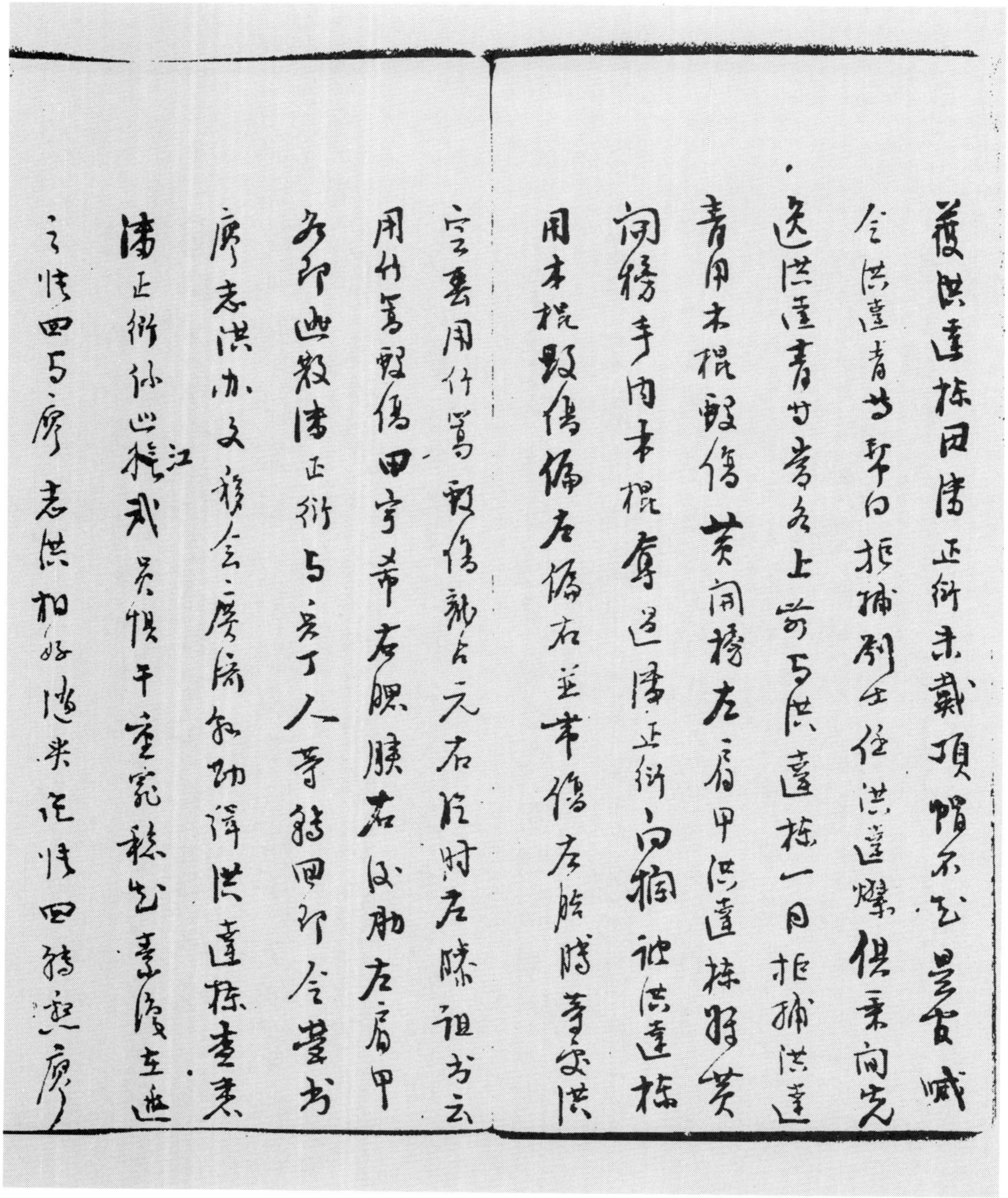
獲洪達梳因潘正衍未戴頂帽不知是官喊
令洪達青幫同拒捕劉壬仔洪達燦俱乘間先
逃洪達青廿當各上前與洪達梳一同拒捕洪達
青用木棍毆傷黃開榜左肩甲洪達梳將黃
開榜手內木棍奪過潘正衍向攔被洪達梳
用木棍毆傷偏左偏右並常傷右腋肋等處洪
宗泰用竹篙毆傷龍占元右胳肘右膝祖均云
用竹篙毆傷田守希右眼胞右肋左肩甲
各即逃散潘正衍與兵丁人等轉回即令地保
廣志洪亦父務令二廣協同緝拿洪達梳查案
潘正衍仍回江營將兵丁查究稟後去逃
二情四與廣志洪相好隨來往情回轉述廣

湖廣總督林則徐等奏摺 遵旨審明潘正衍緝私人犯被奪案分別定擬

道光十八年三月初二日

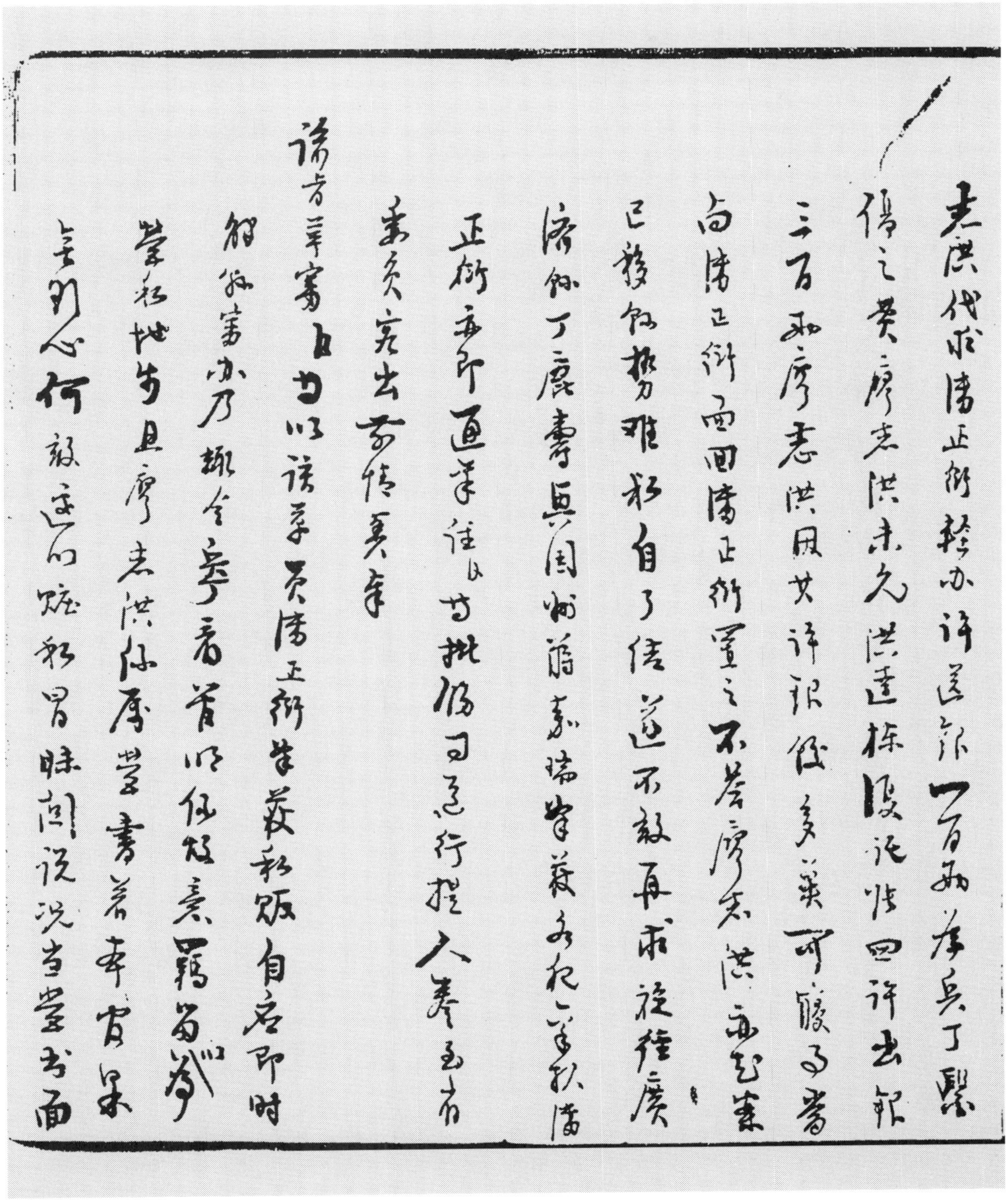

回之時該華英即應當完乃僅置之不答甚至
究默爲心許更難言救應當之咎該即情契
係白首之居諸救該華英望稍先發私做剛士
任官日甚淺步然有不實不盡正擬銀作罷
即一經發覺忽被奪於非捕之即移知勘示追
嘗書傳志洪所屬孫所立備文移知之成好
伊果有救足嘗於何肯即時移送至傳志洪面
回之時伊因洪達稱其奪於非捕傳灰京目睹
到案後還就究結是以未經答理具票之移知
不能無格格有更不待言者伊無許何文直至
請派只將詳情其請傳之傳春洪永稱洪達
稱其係回託伊向傳正衍問說伊因從中與指姑

而陳等見潘正衍不理，即不願再說，若係潘正衍
授意，正可據實供於閩，經正犯何肯承認此語
捏白。全案犯證細加覆訊，供俱符，案無遁飾。
查律載：官司差人捕獲罪人，有僅止一二人中
途打奪者，與論首，傷差為首者杖一百流三
千里，為從者減一等。又律載：犯罪事發逃走拒捕
者，於本罪上加二等，為從者減一等。又軍民毆死本
管三品以上官傷者杖一百徒三年，毆傷九本
管五品以上官者減二等。又律載：犯茶無引私茶者杖
一百徒三年。又例載：商人以財行求及說合過付
者，官吏計所與之贓，與受財人同科，無祿人減
一等。又律載：有祿人枉法贓八十兩絞，各枉語之

業據洪達祿等當將鹽船押派水手劉士仁吳甫松押送巡
江武弁營獲案兵丁看首報敵言向知其洪達燦
將劉士仁強奪棄隨因被追捕等膽敢喊同洪達青等
拒傷官兵殊屬不法惟奪犯僅止二人拒捕
已在予以罪名當有逼劫、其從犯將罪都月
潘正衍毆傷因潘正衍未戴頂帽不知係屬武
弁其毆傷犯等罷五品以上官律止杖徒其為從
詐財豈非未成亦係從犯自應查向擬洪
達祿合依罪人拒捕奪犯人僅止一二人中途打奪
未傷者係差為首者杖一百流三千里例再加
拒捕罪二等發邊遠充軍洪達燦奪犯為從
並未在場拒捕應于拒捕為從之洪達青洪宗

春指於洪遠樓牢霸上減一等杖一百徒三年劉
士佺於洪遠已樓拒捕時業已乘間逃逸該犯與
劉惜耀同買零鹽圖利轉賣均合依犯私引鹽
鹽者杖一百徒三年律杖一百徒三年廖志洪
充當書辦碰罪犯陳託代向本省許只業求
實屬藐玩雖事屬未成惟該犯既許洋三百兩已
有糧數是已轉為求說應即照衙役職官問擬廖
志洪應照以財行求說事已錄其實計所與之
贓與受財人同科為科人減一等例於受財人枉
法贓八千兩絞為科人減一等滿流上減一等
杖一百徒三年劉士佺廖志洪雖據供執為
丁字姓一係鹽船水手夫第私鹽以致拒捕傷

湖廣總督林則徐等奏摺 遵旨審明潘正衍緝私人犯被奪案分別定擬

道光十八年三月初二日

旨一併革去頂戴，俾昭炯戒。其李占春情節較重，均
不准其查求與洪逆林供犯於責出黨洪
逸犯口訴承辦免其再行追賠，協都司識用
外委潘正衍訊明尚無私情，惟該革員
疏於防範，列士任聽拿獲不即送營究，令兵
丁皆押回營，應照例與革去，志沈辨財，亦復
不究，雖無受財實據，應革該營汛革職，應
毋庸議。所獲私鹽照例變價，分別提解充賞。
逸犯祖書云等緝獲另結。全案供招咨部
外，所有審明定擬緣由，謹會同湖南撫臣具
奏伏乞
皇上聖鑒，敕部核覆施行。謹

湖廣總督林則徐等奏摺　遵旨審明潘正衍緝私人犯被奪案分別定擬　道光十八年三月初二日

奏

道光十八年三月十四日奉

硃批刑部議奏欽此

三月初二日

湖廣總督林則徐奏摺　**遵旨審明馮茂勳京控學政蔡錦泉案分別定擬**

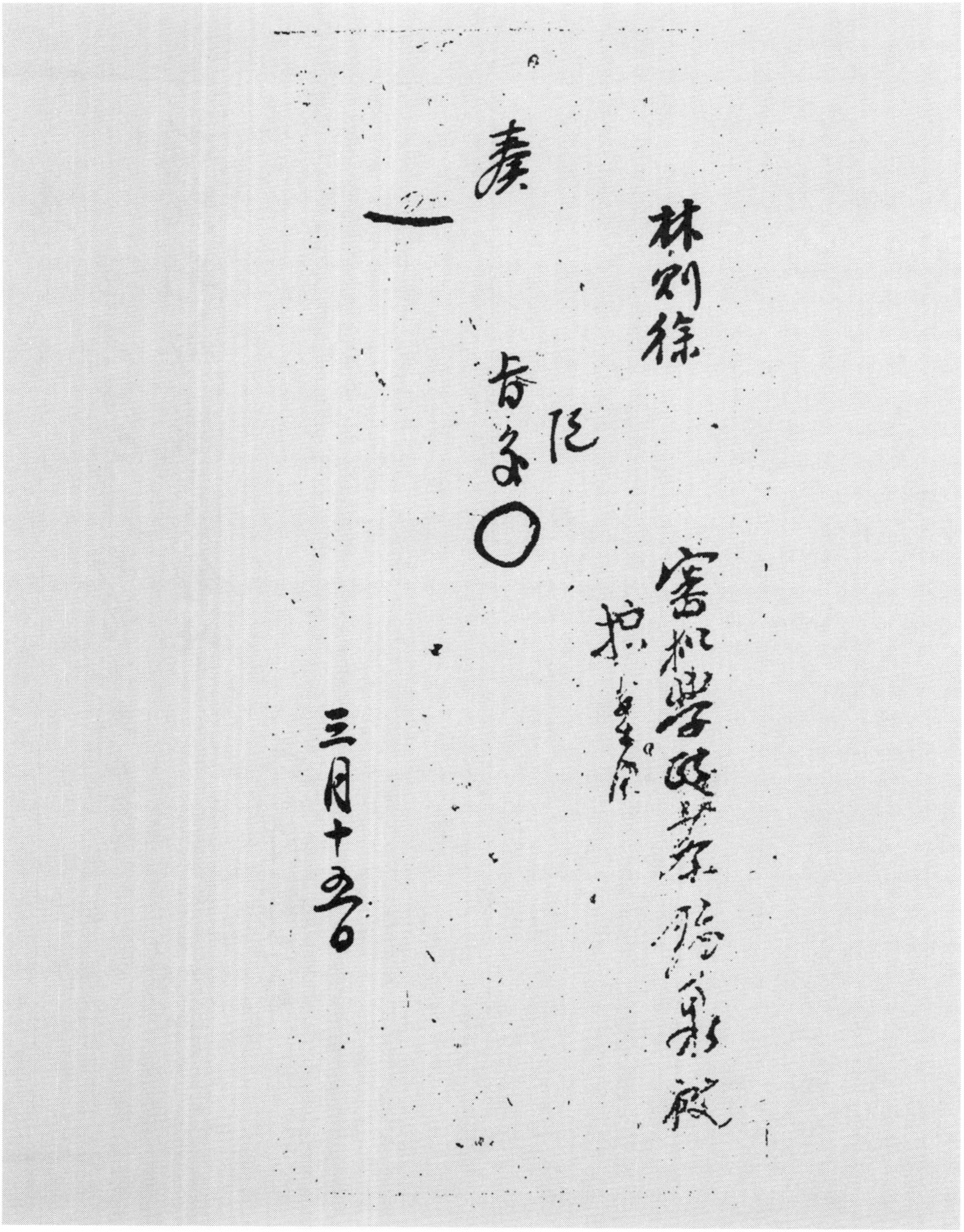

湖廣總督林則徐奏摺　遵旨審明馮茂勳京控學政蔡錦泉案分別定擬　道光十八年三月初二日

湖廣總督臣林則徐跪

奏為遵

旨嚴審定擬恭摺具奏祈

聖鑒事竊據已革生員湖南永順縣民馮茂勳

遣抱馮宝以祖尊柳畀勳借故勒昔情列款

赴都察院衙門具控學政蔡錦泉一案奉

諭旨此案著交林則徐親提人證卷宗秉公嚴審按

律定擬具奏抱告馮宝該部照例解往備質欽此

並准將該抱告同所遞呈詞一併咨解來楚遵

臣當飭湖南按劉某任當即就近提訊因人卷

一未齊馮茂勳供詞狡執臣亟須回署再提審訊

卷即行提人證卷宗解至湖北飭委員畢同程

銓候補道劉肇紳、嚴孝訊供並委武昌府
同知陳天澤馳赴通順會同該府將馮茂勳
到程各款嚴審確查學政嗣因案未訊結
該學政蔡錦泉任滿旋進京後
命經臣奏奉
諭旨前任湖南學政蔡錦泉著暫留楚候
查訊等因欽此欽遵轉行去後茲據委員
武昌府同知陳天澤等查明學政並據湖北
臬司程銓候補道劉肇紳督同委員武昌
府知府宗室善濟漢陽府知府楊炳堃候補知州
府知府成善訊明擬議詳經並取具前任湖南
學政蔡錦泉親供前來臣復親提研訊緣馮茂

查係湖南大挑知縣，道光十五年三月委署永順
縣事。查自該縣文童馮慶雲經馮茂勳取入書
院肄業，認為師生。十六年九月該學政蔡錦
泉案試該府生童，馮慶雲未經取錄，隨即按
行科試。馮茂勳因維慶雲之父馮學堅平日
急公好義，維時經該士民捐修西門外橋工，作學
堅即極力捐助，馮茂勳冀以科試出即如能將馮慶雲
求取進學，亦以教勵伊父，將來地方遇有公事必
更踴躍。是月初七日早，前赴考棚，出都將前情向提
調官永順府知府王鳴球告述，懇其轉求學政
將馮慶雲取錄無訛一名，係屬應交王鳴球遞於
進見學政時，轉為陳述。該學政以其言涉請託

二〇　湖廣總督林則徐奏摺　遵旨審明馮茂勳京控學政蔡錦泉案分別定擬

道光十八年三月初二日

一查將名條擲還拒絕復有充當學政巡捕之
永順府典史張運陞諭以丁榮升靜回學政
取進武童一二名亦經該學政當時嚷斥覆
事關學政試務回省將前情向前藩司裕泰面述
即經
奏參將王鳴球馮茂勳等併革職提問王鳴球
又嘗該學政按試永順府時所取新進童生每
名出錢六千四百文以三千文繳入內署餘錢給為
當差人等伙食之用等情復經裕泰奏奉
諭旨着該撫傳到該學政蔡錦泉及巡捕官門斗人等秉
公究訊等因欽此旋經裕泰審擬具奏請將
馮茂勳照遣隨發往新疆王鳴球發往軍
臺均効力贖罪學政蔡錦泉失察書役人等

以字新進童生者錄請
旨交部嚴議處嗣經接准部咨奉
旨依議欽此欽遵在案馮茂勳於定案後以伊為杜
廖雲代求進學係因地方公事起見乃被開褫
遂成心懷不甘且知該學政考試武童時騎射
改看步箭文武童篇不庠三四篇落也又貴三
篇
取進入學並風聞該學政所取文童男首首被人
首告之事遂捏稱多款復誣砌學政需索規費
情事假作新寧銅貴武童馮寶進京赴都
察院衙門具控冀翼等
諭旨咨解來楚經臣親提按款逐一研鞫如所控
學政縱令書役在明倫堂收示取進新童

每名繳錢六千四百文一款，卷查此款先據
王鳴球等經前撫臣　札東訊據承順前署提
李象濤署植務訓導譚國懋供，以就近
生員因考試之日差役求討賞錢，由門斗收
取送至學政衙門承差，以三千文幫貼書差
飯食，其餘三千四百文發給紗班人役，亦有發生
只給錢一二千文或全不付給，相沿已久，嗣學
內家丁等涉，亦未聞學政叢堂吟詠，業經集訊據
旨收提學政之部議更定章程，另飭提督按李象
濤等至貴親供，覆加前供相同，並提到承
差門斗人等，再四隔別研訊，供出一轍，質之馮
茂勳，亦無指證，惟稱因王鳴球等許立免

湖廣總督林則徐奏摺　遵旨審明馮茂勳京控學政蔡錦泉案分別定擬　道光十八年三月初二日

湖廣總督林則徐奏摺 遵旨審明馮茂勳京控學政蔡錦泉案分別定擬 道光十八年三月初二日

原審祖護學政尚有不實是以仍行叙入
今蒙質訊心已甘服其餘又所控童試前一
日學政帶出卷票每張取錢八九十文不等
如無卷票不准進場一款據學政蔡錦泉
親供童生試卷皆由提調及禮房經承進與學政
衙門無干至有卷票每因陋規
索錢現復研訊承差門斗等僉稱實無其事
惟究出考童買卷時另備有同考五童互
結一張向承差門斗等所賣每張取錢三五
十文至廿文作為紙張及臨棚燈燭之費十六年
永順府考試有童生蕭省三因門斗所取
互結錢文多少不等曾經以控霸童附

湖廣總督林則徐奏摺 遵旨審明馮茂勳京控學政蔡錦泉案分別定擬

道光十八年三月初二日

和[illegible]閙，隨即公同議定每館[illegible]錢二千文[illegible]

[illegible]久該館訓導高大鈞先因[illegible]閙[illegible]向[illegible]學

[illegible]隨口應允[illegible]文[illegible]擡結高大鈞即[illegible]程調是

年經已革永順府王鳴球批准提究，因人證

未齊，未經審結，現在提[illegible]省三訊明

[illegible]童互結，並非學政所責[illegible]

擡結撕閙之事，而[illegible]議[illegible]書[illegible]公[illegible]呈[illegible]

費六千銅[illegible]之語，查訊合案人證，皆無所聞，並

館楼[illegible]現任永順府楊鎮源[illegible]查無[illegible]語

[illegible]馮茂勳供認誤聽傳言砌入詞內。又

所控考試武童收[illegible]賄[illegible]前一[illegible]

學政蔡錦泉親供，因大雨連旬，水淹馬道

該官等皆以武童資參無多難以久待乃出
即借收馬箭帶同步箭並移往居處有此
通融辦理是以雖行其說當經密詢新任學
政蔡良城據送四案細加查覈據前亦有
將滿馬道中馬箭所考步箭之事實有毅
武庠係另給童文所控考童首告寄物
賄賣案首擲詞不收一款據學政蔡錦泉
親供考童永順時有梁植聶文童二人擠與
遞呈口稱屢考未進求於按試之日提堂
當鄉面試因其違例遞詞即飭迴避並令
首告賄賣案首之李卜因馮茂勳既指
有前署永順府韓曜龍出為監學隨考試

湖廣總督林則徐奏摺　遵旨審明馮茂勳京控學政蔡錦泉案分別定擬
道光十八年三月初二日

求公之語無從確究即使嚴格防查拔誤爲多
呈遞親供韓耀歲考案首繼良玉科考案
首彭昭信嚴學淮歲考案首向繼元科考案
首黃一淮楊作懸文嚴錫並標承順首楊鎮深
羅承順爲趙璽傳到庠生黃山羅運余洪範等訊
取供詰令稱繼良玉等並各結實舉首情弊
適省承順生員黃起宇楊維袁遂其因案並
省臣復親行訊問據稱繼良玉等實係雖
文之士屢考前茅文餘據委員取具前同知
陳天肆等經承順會同現署該府穆清陽就
近傳到繼良玉等面試文藝內試卷解送到臣
覆其文理俱尚明順質之馮茂勳自認捏控

牽砌並無實據又所控勒索供應棚規及濫
用人夫船隻二款據學政蔡錦泉親供進考
棚後關防嚴密日用菜蔬不能不給發代
買俱經發價給領至出棚時水陸所用夫船亦
俱按程發價取有印領均應照送查覈所
稱通省棚規及一字千金之語實屬毫無影響
訊之馮茂勳則稱考試供應並非稱來夫船
自係局中領價承辦出有印結供係菌種揀物
第實不能將價細開帳致有賠累因被參後心懷
忿恨隨檢出學政所發買物件單牽砌具
控又所控徇情取錄多寡不清等又歲考之武
童一款據劉承順外生翁正庠查訊實係息

役之子因十五年九月內有文童田垣一挾翁
正庠借錢不遂之嫌風聞翁正庠身家不
清赴永順縣具稟旋經查知翁正庠堂
兄翁高先前充民壯並非皂役隨即具結呈懇
銷又提到田垣供認如前並飭據永順縣傳到翁
正庠之族鄰翁正富等供結無異質之
馮茂勳稱因聞有田垣一稟案是以牽敘至
三籌原呈又黃三籌據學政蔡錦泉親供翁
正庠先射三箭俱係著靶該童跪地哭求再
射三箭該學政見其情伏軒岸年壯力強姑
准再射而末場弓刀石三項俱能出色因該童
武童技勇多失之弱故於翁少而技優者取

一二以示添功等語。以上所訊情節，計控告得實者
二款，因控而究出先是發者一款，其餘訊係虛揑
控者尚據。複查原審此案卷宗，該省將馮
茂勳所呈親供均有花押，並於紙上騎縫之
處亦皆畫押，是其供皆切實，惟恐被人抽換者，不
何以事不經稽核，竟赴京翻控，稱為逼勒故勘。即
如慶雲拜認師生一層，亦不承認，向其逐細研
詰，馮茂勳初猶狡飾，迨提集慶雲與之質對，
始據供認因如慶雲資質可造，令伊寫課文章，
隨時送閱批改，遂以師生相呼，至代求取進一
節，後提到開寫各條之號房書吏細加質
明，實係馮茂勳令其書寫，承順寫就文章，如慶

雲字樣轉交王煥球接給並有得言勸阻之
幕友杜學本到署驗對馮茂勳年貌不稍類
惟字係首認冒並無緩呈無親筆供詞存
卷再三究詰眾供僉同察核始終此案已
革買監葉順昌誠用知物馮茂勳與本署文
童傳慶雲認為師生已干例禁復敢面
懇本管代為轉求學政徇情取錄實屬膽大
妄為應擬從新律勸力贖罪本年應擬
乃猶心懷不服架砌情詞謊稱赴京翻控尤
屬刁詐惟查所控學政蔡錦泉收賄舞弊各
節並無實據應詹三為不中又責三
餘兩款業已得實其所指勒索規費及藩

聚賭索費各款訊屬子虛第未確指姓名
數遽付負販生徒經查核實報府詳撥普新
疆事係從重辦理應請作速發往配所完
當其差不使藉稽延轉遂其圖緩之計
承差門斗等向童生索取每童互結紙張
錢文均屬不應為照不應重律杖八十分
別杖責革役所得錢文訊無確數且經分
散無可著追此後應令提調官收互結隨
意辦給不准另索以杜需索因坦一誤擬翁
西庠子字不清應照不應輕律笞四十折責
普藏貞犯王鳴球准運附從查照原擬分
別解配餘均照原擬辦理其干未盡二節

經湖南學政蔡錦泉失察書差得受新
進童生袁欽業經前撫臣裕泰
奏請議處茲復訊出失察差役索取童生
互結錢文並收號射段府考卷武童卷
正庫三篇府也漆貴三篇均有應得之咎
應請
旨交部再行照例議處俟奉到
諭旨再令進京聽候部議除全案供招咨部
外所有審定擬緣由理合恭摺具
奏伏乞
皇上聖鑒敕部覈覆施行謹
奏

湖廣總督林則徐奏摺　遵旨審明馮茂勳京控學政蔡錦泉案分別定擬　道光十八年三月初二日

道光十八年三月十五日奉

硃批　欽此

三月初二日

上諭 著照林則徐所請賈亨晉調補署衡州府通判遺缺以黃柏齡對調

道光十八年三月初七日內閣奉
上諭林則徐等奏通判人地未宜酌請對調一摺著
照所請賈亨晉准其調署衡州府通判仍俟試看
期滿另請實授其所遺岳州府通判員缺即以黃
柏齡對調該部知道欽此

上諭 著解任署蘄州知州愛禄嚴審文童爭鬧案

道光十八年三月初七日内閣奉

上諭林則徐等奏州試文童與書役爭鬧誤傷本官一摺此案湖北蘄州應考童生膽敢藉端挾制地方官捐賠卷價聚衆爭鬧拾石抛擲以致誤傷該州額角實屬目無法紀有無起衅别情自應確切審訊據實覈辦署蘄州知州愛禄著先行解任交該督等提同人證卷宗並勒拏未獲各犯秉公嚴審務得確情按律定擬具奏欽此

上諭　著照林則徐所奏黃梅縣修築隄工銀兩於商捐隄河生息款內動支

道光十八年三月初七日內閣奉

上諭林則徐等奏請動款修築緊要隄工一摺湖北黃梅縣石板橋以下地方積歲被淹隄工最關緊要自應及時補築所有估需工銀八千四百八十一兩零著准其在於商捐隄河生息款內如數動支此項工程係商捐民辦著毋庸歸還並免其造冊報銷該部知道欽此

道光十八年三月初七日内閣奉

上諭林則徐奏守備被劾赴副將衙門争鬧一摺湖南軍政劾叅之原任鎮溪營守備姚正剛著革職署乾州協副將鎮筸鎮標右營游擊徐捷著解任交該督親提人證嚴行審訊務得確情據實定擬具奏該部知道欽此

湖廣總督林則徐奏片　**挐獲拒傷千總戕殺弁兵江西梟犯解審情形**

林則徐片

再楚地南方江湖遼闊山路紛歧且與粵江西
交之犬牙相錯梟匪尤為最易潛藏疊經臣
等督飭所屬保甲實力巡防不任稍有疏漏上
年十二月間訪聞江西泰和縣有私梟拒捕致斃
弁兵多名案內要犯逃逸恐其竄入楚境當又
嚴飭毗連各州縣慎密堵緝務獲去後茲據茶陵
州知州鄒楷等禀稱本年正月十六日訪知查
有外來數人形跡可疑於安仁縣會營同典史
各帶丁役跟蹤追獲鍾倚通鍾幗清譚璐園
鍾運任鍾九崇五名實係江西泰和縣保役羅升等
鍾玉隴係梟販拒殺千總郭剛等案內要犯訊

拏鍾九崇供認用石塊打傷千總郭剛並用刀砍傷兵丁蔡住，又拏鍾運隆供認點放鐵砲轟傷兵丁彭姓，拏楊清供認伊見同夥仗械拒殺一兵，伊亦挑砍數刀，拏鍾德隆供認用刀刺傷千總郭剛右乳脅地，又刀砍該千總右腳一下，惟謝瑞開僅認在場並未下手，該犯因原案係在江西，請即解歸審辦等情。臣等伏查該犯鍾德隆等膽敢販私拒殺弁兵多名，情罪重大，亟應解歸犯事地方質審，以憑速正刑誅，以彰法紀。即經行司派委妥員督率兵役小心護解，一面仍飭該府營一體勤奮嚴緝此案逸犯，務期全名弋獲歸案究辦，不稍鬆勁外，理合附片陳明，伏乞

湖廣總督林則徐奏片　拏獲拒傷千總戕殺弁兵江西梟犯解審情形

道光十八年三月初七日

聖鑒謹

奏。

道光十八年三月初七日奉

硃批：嚴行懲辦。欽此。

湖廣總督林則徐等奏摺　查辦湖南旗丁欠完蕪湖關稅請援案分限扣解

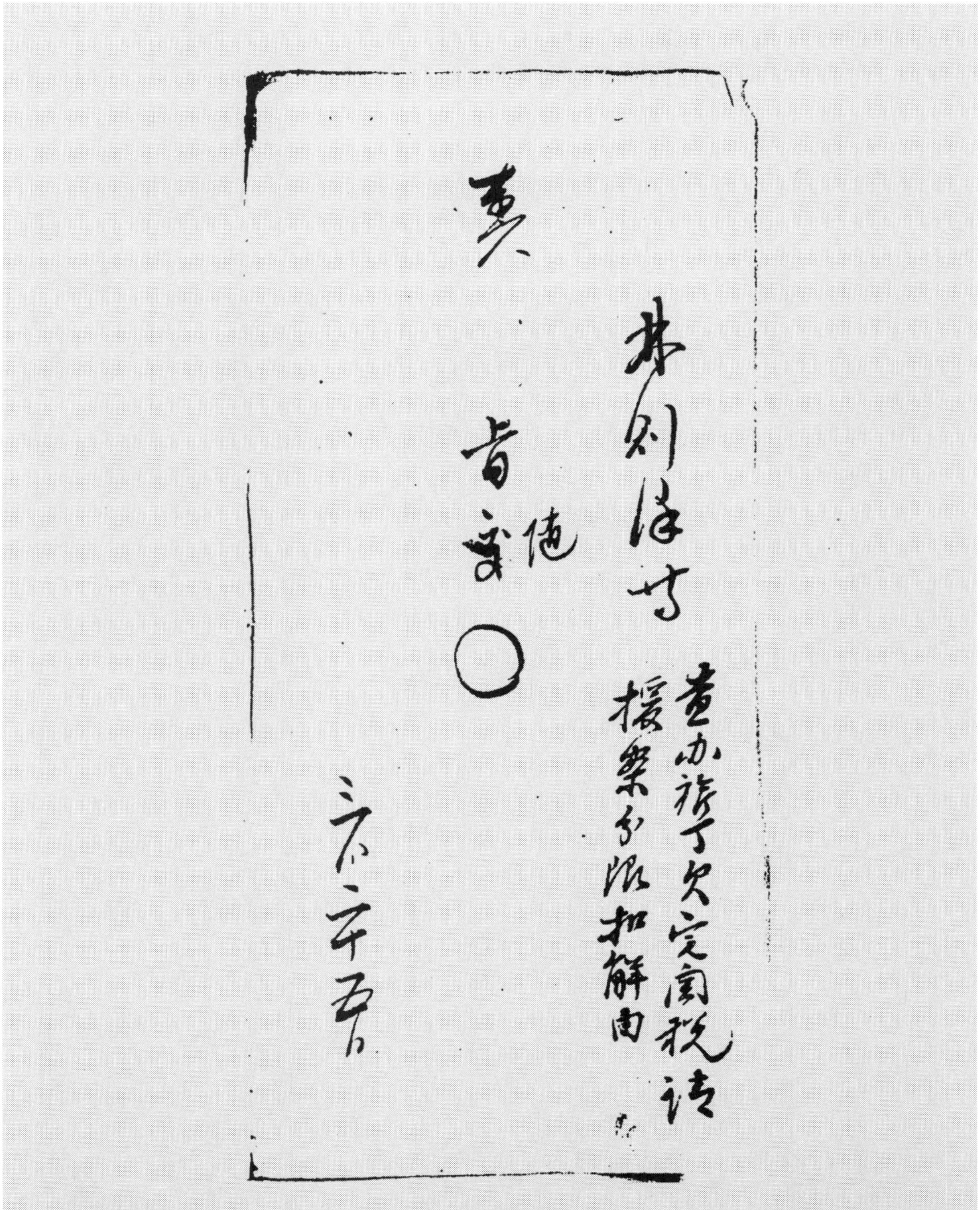

奏

林則徐等

查辦旗丁欠完關稅請

援案分限扣解由

湖廣總督林則徐等奏摺　查辦湖南旗丁欠完蕪湖關稅請援案分限扣解

道光十八年三月初十日

兩湖總督臣林則徐跪
湖南巡撫臣錢寶琛
奏為旗丁欠完關稅遵
旨飭追已繳一半餘兩幫仍請援案分限扣解以紓丁力
恭摺
奏祈
聖鑒事竊照湖南糧艘於道光十六年欠完蕪湖關
木稅下二幫三千一百零八兩零十七年欠找木
稅下五千七百七十五兩零經前撫臣訥爾經額
奏奉
諭旨著林則徐訥爾經額嚴飭該糧道查明照數催
追完繳遲速報聞毋再遲延等因欽此當即欽遵飭
飭查追上年十二月臣錢寶琛到任正值該艘歸次

復又查案內僅蒙札委候補知府方傳穟飭赴岳
州水次會同糧道唐鑑第提各丁勒限比追去
後茲據該道等會同詳稱現已三帮各丁先後呈
繳銀一萬九千八百四兩零俟逐振閱無欠補
解統計十八十七兩年各經解一萬七千九百餘
兩屢經咨催撫標押追捉剿汚弁撤守催解
斌才等標該頭一萬六千六大般旂丁王化劉秀
芳李洪卿等幫糧湖南運道饒之佐省屬為
官遠近年屯田被水災情形苦累又華河
道艱阻田賣洗擊每年購帶木植藉資濟
運繼補逃閑處秒糧不問多寡慣十六年積逐
年闔科負糧下一萬三千餘兩被時因期限緊

迫赴鄂造口未及清算以致耽延歸次係又值
屯田被災未獲豐收十七年欠繳蕪湖關稅下
二千七百七十餘兩帶撥造口後將所帶土宜
賣價殘虧係上年適遇河道淺阻湖南三幫
年船尤剩運遲丁力益形竭蹶以致不能繳解實
私為費挽延所有欠交稅下一萬七千六百餘兩
限查赴廠封運一時實難措齊請援案
分四年扣解歸款俾丁力稍得寬紓等情
由該糧道及該委員等查係實在情形會詳請
奏前來臣等伏查道光十四年湖南衛幫欠交九江
關木稅除清完外仍欠銀五千四百兩經前撫
吳榮光

奏請查照大江關暨浙海關原奏分限四年於
各丁應領生息項下扣解完款在案
嗣後准左營前項口兩計道光十八年止可全數扣
清今奉部於丁欠繳十六年十七兩年蕪湖關
稅共下二萬八千八百餘兩除現據追繳下一萬九
百六十餘兩外尚未完下一萬七千九百餘兩既
經
議造册節次嚴追因屯丁積欠甚多恐難遽
責難全數清完詳請援照成案分限四年扣繳
自未便再令此追以致有誤運務且查現在各
丁欠繳已無餘道光十四年分息兩僅有將不
分限六四年尚不為遲合無仰懇
皇上天恩俯念丁力拮据准將十六十七兩年欠完蕪關

稅只一萬七千九百餘兩按照成案自道光十九年
起分限四年在糧各丁應領節息項下按年
扣解蕪湖關照收解部歸款俾
此項有着稅課不致虛懸而丁力稍得寬舒亦
臻安逸感沐
皇仁無既矣所有臣等酌議查辦緣由謹合詞
恭摺具
奏伏乞
皇上聖鑒訓示謹
奏
道光十八年三月初五日奉
硃批　該部議奏　欽此
三月初十日

上諭　著照林則徐所請以楊明善調補竹山縣知縣

道光十八年三月十五日內閣奉
上諭林則徐等奏請調補要缺知縣一摺著照所請
湖北竹山縣知縣員缺准其以楊明善調補該部
知道欽此

上諭　著照林則徐所奏將前任湖南學政蔡錦泉交部議處

道光十八年三月十五日内閣奉

上諭林則徐奏審擬學政被控各款一摺前任湖南學政蔡錦泉著再行交部照例議處即來京聽候部議餘著刑部議奏欽此

委令陳師魯署理蘄州知州印務

林則徐等片

再署湖北蘄州知州吳祿現因該州文童與書役爭

閙誤傷本夜經臣等專摺

奏請解任澈審所遺蘄州知州印務應行委員接署查

該州地方遼闊民情刁悍緝捕鹽務均須整頓非精

明幹練之員弗克勝任查有棗陽縣知縣陳師魯

年強才敏歷練有為堪以飭委署理據藩臬兩司

具詳前來除檄飭遵照外謹合詞附片奏

聞伏乞

聖鑒謹

奏

道光十八年三月十五日

硃批　覽　欽此

湖廣總督林則徐奏摺　**遵旨審明江西民人劉登培等京控命案分別定擬**

湖廣總督林則徐奏摺　遵旨審明江西民人劉登培等京控命案分別定擬

道光十八年三月十五日

湖廣總督臣林則徐跪

奏為遵

旨審案定擬恭摺奏祈

聖鑒事竊照江西金谿縣民人劉登培東鄉民人用美

等以會匪謀衆害挖殺命分別赴都察院呈控

湖北南漳縣革生周輝均等一案奏奉

諭旨此等案着交林則徐親提人證鞫審秉公定案

據律定擬具奏原告劉登培用美虎負石沉卑

出例解往備質欽奉准摺該原告當遵所遞呈

閱並飭來楚當即行委提人證至省審辦并

批查南陽府知府揚炳瑩隨陽府同知陳墩以

該原告劉登培于未審之前呈明所控杜季化等

殺斃人命據於婦女訟才用金連劃奪先犯周摩

均若緩不去會黨情均係誤控首悔訛訟擬由身

司提鞫伏審擬解前來臣隨親提研鞫緣李明成

姚士云、王德治、李咏发均籍隶南漳县，罗琇、贵何全
仪[illegible]先为原籍隶襄阳县，赵如得籍隶宜城县，刘登
培籍隶江西金谿县，同父刘发蓉迁居南漳，与先随
徒李滋逃之十一年外逮遣目改落刘发蓉手指成
废加逃罪向流教世观改伤杨南手指手伏问法先
父在途在配脱逃于十五年十一月二十日均僧回南
漳，刘发蓉叙捕学送方此达书闻知起意同登
忍逃欠教世观并其座弟此建得应李蕴向定二
十七日在早李蕴会商刘发蓉查知十一欲其弟刘
发德及子任雇工人廿赶至李蕴门首喊骂绝放
乌筵打伤此建书扒骰马右眼此建书乾知李
蕴等同莫想刚车闻仪切在襄阳府公同呈告地
方如有逃隆唯公贤官司靠办经该前府批准出
有解泥来人听贝指使印当允李蕴隋向公呈五人
并镶精邀向李从书廿共四十人分携器械前至
刘发蓉屋后点放竹銃燒然草堆刘发蓉同弟

劉發洽子劉敬壎堂侄劉以及劉四傳唐士任收儉
萬禿子鄭人偕代用楊以成九人走出先逵青刀砍
劉發容偏右將劉發容右扭住令眾人解下捆
綁拉走至曹士林鄭士浩門首劉發容看青扯
為將逵青起意一併致死向平唐漢洪逵得馬玉林
陳如太謝井羅珍賢起如得王德得李明發洪萬益
何金仪十八人畏懼走散李萬幼均即允從洪逵青喝
令動手亡兩自用刀砍傷劉發容肩死李明成刀砍
劉敬壎發文早刀砍劉發洽李萬刀砍槎收洽楊
以成均即身死因鄭上淸喊叫將劉友扯至附近
何力郝完四刀砍劉及劉四傳姚七云刀砍潘代周
萬樊明狼劉萬禿子咽喉均各殞命年僅姚傳
盛將謝才與鍋萬萬士成五人在場助勢並未加功
當將逵青七將劉發容屍拉走付劉咽喉萬以發周七
陳狗並不知姪居屯店二人趕出投戎報魏李文
捆住致打袁李成魏李文李琉璃三爲必殞斃三

甚大。惟孫和尚、宋遠振、李群林、宋得貴、甘名受戳致傷
劉幗賢爲以發用七陳狗及不知姓名乞丐二人，先因
張帝貝、敖世兆、陳亭、王加典、姚飛明、楊陞、于陞達喜
即往查，劉發容甘時先已走救，李存出行放竹銃燒斃
草，唯延燒劉姓姦房屋六間，並賦逮至夜，同茂房
屋八間、對面王夏幗陳房屋二間及翁家什物一併
燒燬。姚達貴甘陸即赴查，陞地鄰人均將火救滅。據
代理知縣蔡在中當即訪聞，會營馳往查拏，屯逮
被傷正凶，戴星根尋誤查勘，驗明孫尚等傷情，將劉發
容屍禿子咽喉傷痕誤作自縊，劃代爲裏門府尹
到州府以知住公磷六經訪聞，馳往獲李興兆
以等教首，鞠名犯解省，經臨日周之琇親提審明
奏請
旨，命將此逮案部院照分別讞擬題決，宋得貴尹擬以斬
筆底佳杖
責，經部發遣，按廢發遣犯曾士成一名，又經解省審

湖廣總督林則徐奏摺 遵旨審明江西民人劉登培等京控命案分別定擬 道光十八年三月十五日

亦詳咨行在案兩檄南康縣將先後獲到逸犯李明
成姚士云王德治李明義又緝獲陳立城二犯解省
訊據李明成為陳續峰家逸犯姚士云等兩防賊赴
以詳情會同汛弁詳報姚士云此下盡于汛弁以
在家在逃者故則提李明成切究著各亦在案
先是作逕書分至列發委行提尋毆放火夾鄉人
彭枝佑廿名赴吳漢捉楊壽力擒乾妻子才物
兩風亂夏胴寅伏日互國人李不蔡擬莫己矣
的名致誤控杜李代以扎殺死刘帼照廿克犯前致案內
以財與往來茂汛明揚青廿並無據起情刀杜李
杜廿物非案內亡充又以代收衰丙府刀焦家鏈
前赴該縣由峰隆病兇指挑多犯黃獲刻王德
平閑開檢李杯另郊麥林柴得飛王名仙訛從
前分呈出碑五人解省審辦又前代收蘭降縣案
在中峰獲閑澤均訊據伊于阪保省鞠所有陳士
是分呈碑記而往出示禁革被刂毀除貝已五陸

王炳連青查無遺存才產無憑斯付族衆差劉幾
寄家爲帷已故王李悠出名承爲李悠寃應培被
焚屋償價不八十千文李悠寃力難獨培開鄭
士茂劉道貴李發貴李淮雄亦付同具保呈之
人未經治罪李悠寃特託其戚匡華武生周隆
均令鄭士茂以爲幫不文未允劉發客王長子劉
登培與家同茂錦縣周美濤催索屋價李悠寃
大全周隆均以李璐王貴藍劉飛濤陸續叩詢
王貴並杜李高楊林彝向鄭士茂出逃至王貴家
商勸陵不鄭士茂出亦未允許劉登培周美濤題仆周
降均勿差役劉飛書出安御内王貴家數不入已不
賠屋價心懷忿恨各起意毒害並約逃族問降
廿重數發文圖主令善令名目不知寫因周開
祠以業已杜杖壽銬劉登培深爲未經治罪釋放
上稅劍武我開全議並逆殷實債及殺死伊父
之已老兆違青毀棄橋方王玉老數世林供仆周
重堤底好希圖索詐糧穀數世林焼違青焚燒

其家均致用金陵刻書職遞伏將李占以前有
嫡及李學詩周玉成林成剛劉選爲貢士支
楊林必忠范玉明楊早黃忠淳王才王大成劉選
華姚侍賢等供指為行兇之人並將夏帽陞
等漢扶杜李化等來人又彭裕階等漢扶楊青等
據指妻子才揚已經王宗一併牽列做就詞
出錄彭裕階等均案一同進京赴都察院呈控
奏等

諭旨交原審提犯證等省傳以顯提彥劉俊英等情如
伏查杜李化楊青梅石老王佳年王德芳程承
隨丁宗漢鄧玉成王華周啟勝仍仙布等其
尚五人全劉登培等供認先把情罪出入甚能斷
不容稍任徇隱必須秉公速覈以期水落石出
提鞫該案幾劉發培之李明成及所科日強王要
珍貴等隨別堯隍魏俊高以現達素牌允若聲其四
十一人惟馬方因被劉燦寶能傷右眼在李登家

斃息，余俱同張，並無杜孝化廿在內。此案杜孝化廿
同在場，該犯廿業已自認重罪，何肯代為隱諱
殯之該孝芳劉登培廿俟秋因酉夏帽張廿曾
挑性孝化等人伊廿赤膂屢毀，漢川李列兩手
未出之先，李仙漢揪住，即向鞠訊之，余等人張來
俟氣節同究，詰不移，係各逸歸，夫等李以成此犯
逸去，漢、秦劉熾剛等廿九命，謹擬為從加功余死
列熾，原以子列扣殺一命，何在照律，向擬李明成
合依李泰非死罪三人，為從加功者斬律，擬斬立
決，照例先行判字。姚士云所從姚逆表弟氣烈熾等
少該犯並未下手，只李死，諸代用一命，豈須檢拿
加功。李諸代用仙劉熾，兹鄭人並非一家，姚士云除
所從姚逆表弟劉熾，兹廿一家三命人並未加
功，罪止擬絞，輕罪不議外，應照律李人從而加功
者，從犯係律擬絞，照係業已在逃，應俟拿獲，母存
致死。本道查羅珍賢起此，傅李明發、王光得、何全

仍六犯于此逃者。除李劉煥彰等均畏懼查覆，惟
聽從劉經致釀重案，雖未傷人，實屬倡兇，將方
盈羅珍賢、趙由得、李少英、王老馮、何全仗，將此四
元兇重犯，依例量減一等，擬杖一百，徒三年。劉登
培所控杜孝化等架人命，擄搶婦女財物，訊非
罪告無證，惟捏控用金確擄犯，似告重尸不
實之控，按，查例載誣告十人以上者，不分首從，仍全
還十人以上，未于未審之先，投首悔罪，其自應
自應按律辦理，向擬將劉登培合依誣告起
京告重事不實，並全誣十人以上之發邊遠充軍
例量減一等，擬杖一百，徒三年。以上擬徒各犯陳
時下發回在籍，應請毋庸取外，余照例折責
發落。其用藥傷害各情，並非單照經告實屬
實事，查出中證不實，例杖一百，節士茂劉運發
李光貴未經雄遍，本地方推避，係可隨時傳究
拘究，乃先與分別情由，遂送返情殊多，已革

武生周庠坊與其堂侄劉百層陞生卿佑干貲陞至
郡士民等其族仆是公罪之人並不安分與挑女撥殺
婦如今瑞亦屬不合應各照不應重律各杖八十
分別折責革役李世安通到店鋪劉登層女
毆殺焚屋命貸爲清查劉登培女與服罪從無隆苟
士民逞其公舉查執殘逞因不合並令各固
以致僚公琦私聽成能害業經久今將其主碑石
打燬椎地方營周喚出朱德澤積理又以與收回
墓係偏歷然始再加確查如亦並次碑盡行毀
燒如在不理王心敢其居地保女族由其加其印
陵寺拔偏案以杜隨禁劉登培同因案劉周劉氏
之子周玉輝被東角伐分李繫一案查仍送至十二
年五月與十五年不遠查澤李劉登居女命等
相瑞年久並在干澤兵經撥名重此府就近提
集人證審明應即分案按例擬理免致一
仍解京以省牲累鍘寄楚等所外所有審訊

定擬緣由理合恭摺具
奏伏乞
皇上聖鑒飭下部核覆施行謹
奏
道光十八年三月十五日奏
硃批刑部速議具奏欽此

湖廣總督林則徐題本　題請潘玉援案陞署宜昌鎮標水師後營中軍守備

道光十八年三月二十二日

湖廣總督林則徐題本　**題請潘玉援案陞署宜昌鎮標水師後營中軍守備**

湖廣總督林則徐題本 題請潘玉援案陞署宜昌鎮標水師後營中軍守備
道光十八年三月二十二日

兵部尚書兼都察院右都御史總督湖廣等處地方軍務兼理糧餉臣林則徐謹
題爲請補水師守備員缺以裨營伍事該臣看得
案准兵部咨湖北宜昌鎮標後營內河水師守
備登缺並無俸滿回任候題并卓異千總行令
題補等因臣查例載內河水師缺出遇輪用應
題人員先儘歷俸貳年以上者揀選保題實授
如合例人員不敷保題准於未滿年限員弁內
揀選保題歷署仍俟扣滿貳年再行題請實授
又廣東省內河水師守備缺出先儘隔府別營
入員保題歷用如無合例可題之員准於籍隸
本府人員內題請歷補其由本營兵丁出身者
仍不准保題各等語又道光拾貳年宜昌鎮標

湖廣總督林則徐題本　題請潘玉援案陞署宜昌鎮標水師後營中軍守備
道光十八年三月二十二日

後營水師守備缺出因無合例應陞之員曾經
前督臣盧坤援照廣東例案以轄屬本府之宜
昌鎮標水師後營左哨千總郭本觀
題請陞補接准部覆在案今湖北省額設水師千
總伍員內除宜昌鎮標水師前營千總郭尚友
業已勒休漢陽營水師千總李仁安荊州水師
營千總周得明均係宜昌鎮標水師後營兵丁
例不准保題外只有宜昌鎮標水師後營千總
潘玉武步蟾貳員內潘玉歷俸已滿貳年係東
湖縣人籍隸同府武步蟾雖係江南通州人惟
歷俸未滿貳年俱與例稍有未符此外實無合
例應陞之弁臣查宜昌鎮標水師後營守備員

缺駐劄巴東縣界連川省營伍操防在在均關
緊要不得不援例將籍隸同府千總揀選題補
以實營伍查宜昌鎮標水師後營左哨千總潘
玉年肆拾叁歲湖北宜昌府東湖縣人由宜昌
鎮標水師前營兵丁歷拔今職於道光拾肆年
玖月貳拾肆日受劄任事該員年強技熟諳悉
水師歷俸早滿貳年並無親喪參罰事故合無
仰懇
聖恩俯准援照廣東省內河水師守備缺出如無合
例可題之員准於籍隸本府人員內題請陞補
之例及從前湖北省千總郭本覲准陞成案即
以潘玉陞署湖北宜昌鎮標水師後營中軍守

備員缺洵屬人地相宜於水師營伍實有裨益
如蒙
俞允俟部覆至日照例給咨送部引
見除飭取履歷清冊另咨送部外臣謹會同湖北提
督臣羅思舉合詞恭疏具
題伏乞
皇上聖鑒勅部議覆施行再照湖北省額設水師守
備叁缺內除宜昌鎮標水師後營守備壹缺外
尚有漢陽營水師守備黄錦星係由宜昌鎮標
水師後營守備甫經揀調今職又荊州水師營
守備劉大愷又係宜昌府東湖縣人揀調亦不
合例合併陳明臣謹具

湖廣總督林則徐題本 題請潘玉援案陞署宜昌鎮標水師後營中軍守備

道光十八年三月二十二日

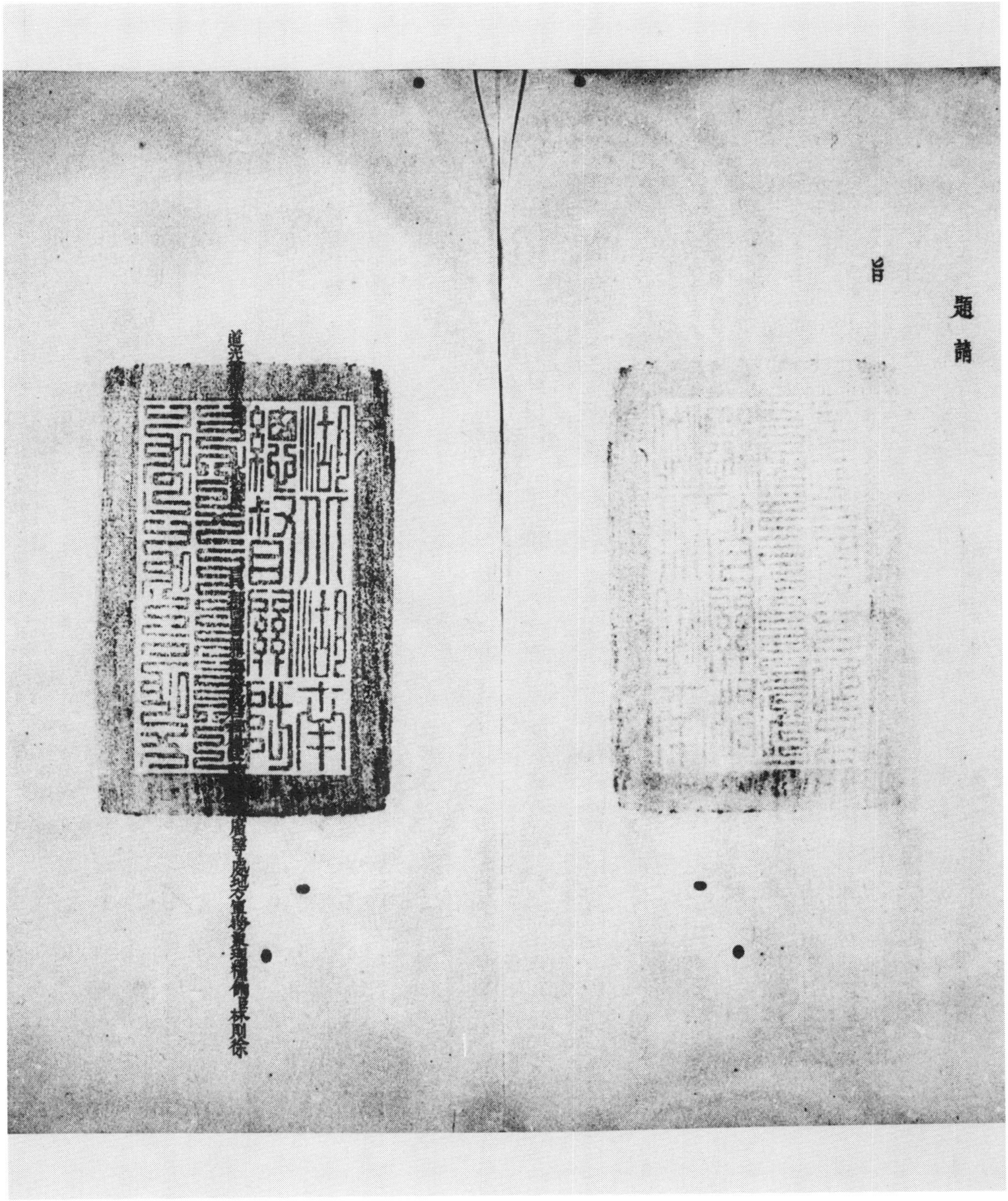

題請

旨

廣等處地方軍務兼理糧餉臣林則徐

二〇

湖廣總督林則徐題本　題請潘玉援案陞署宜昌鎮標水師後營中軍守備

道光十八年三月二十二日

兵部尚書兼都察院右都御史總督湖廣等處地方軍務兼理糧餉臣林則徐謹
題
爲請補水師守備員缺以裨營伍事該臣看得
案准兵部咨湖北宜昌鎮標後營內河水師守
備壹缺並無停滿回任候題弁卓異千總行令
題補等因臣查例載內河水師缺出遇輪用應
題人員先儘歷俸貳年以上者揀選保題實授
如合例人員不敷保題准於未滿年限員弁內
揀選保題陞署仍俟扣滿貳年再行題請實授
又廣東省內河水師守備缺出先儘隔府別營
人員保題陞用如無合例可題之員准於籍隸
本府人員內題請陞補其由本營兵丁出身者
仍不准保題各等語又道光拾貳年宜昌鎮標
後營水師守備缺出因無合例應陞之員曾經
前督臣盧坤援照廣東例案以籍隸本府之宜
昌鎮標水師後營左哨千總郭本覲
題
請陞補接准部覆在案今湖北省額設水師千
總伍員內除宜昌鎮標水師前營千總郭尚友
業已勒休漢陽營水師千總李仁安荊州水師
營千總周得明均係宜昌鎮標水師後營兵丁
例不准保題外只有宜昌鎮標水師後營千總
潘玉武步嫺貳員內潘玉歷俸已滿貳年係東
湖縣人籍隸同府武步嫺雖係江南通州人惟
歷俸未滿貳年俱與例稍有未符此外實無合
例應陞之弁臣查宜昌鎮標水師後營守備員
缺駐劄巴東縣界連川省營伍操防在在均關
緊要不得不援例將籍隸同府千總揀選題補
以實營伍查宜昌鎮標水師後營左哨千總潘
玉年肆拾叁歲湖北宜昌府東湖縣人由宜昌

湖廣總督林則徐題本 題請潘玉援案陞署宜昌鎮標水師後營中軍守備 道光十八年三月二十二日

鎮標水師前營兵丁歷拔今職於道光拾肆年七
玖月貳拾肆日受劄任事該員年強技熟諳悉
水師歷俸早滿貳年並無親喪參罰事故合無
仰懇
聖恩俯准援照廣東省內河水師守備缺出如無合
例可題之員准於籍隸本府人員內題請陞補
之例及從前湖北省千總郭本觀准陞成案即
以潘玉陞署湖北宜昌鎮標水師後營中軍守
備員缺洵屬人地相宜於水師營伍實有裨益
如蒙
俞允俟部覆至日照例給咨送部引
見除飭取履歷清冊另咨送部外臣謹會
題請
旨

湖廣總督林則徐題本　**請以沈占鰲陞補鎮筸鎮標左營遊擊舊案帶於新任**

湖廣總督林則徐題本　請以沈占鰲陞補鎮筸鎮標左營遊擊舊案帶於新任

道光十八年三月二十二日

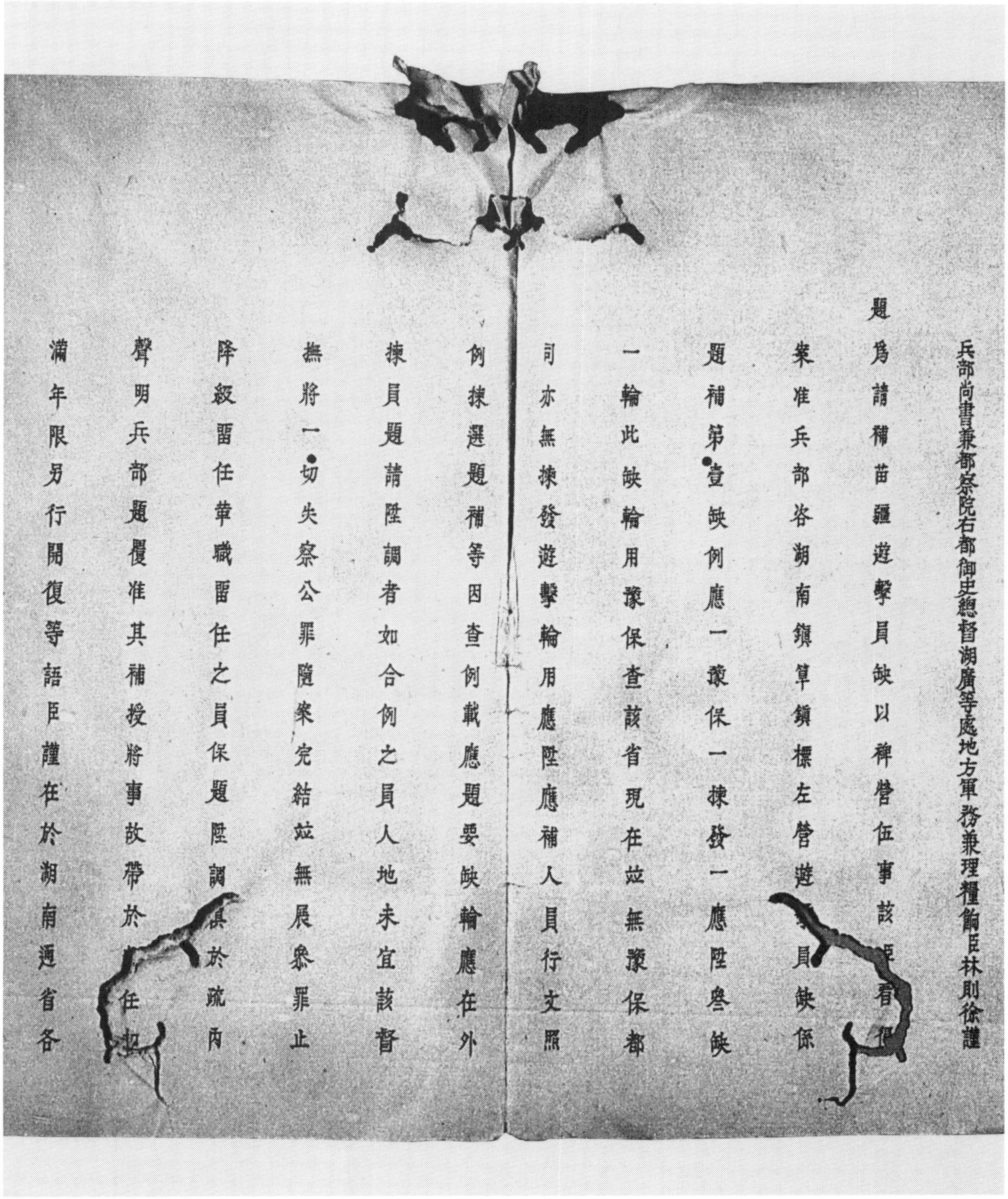
兵部尚書兼都察院右都御史總督湖廣等處地方軍務兼理糧餉臣林則徐謹

題為請補苗疆遊擊員缺以裨營伍事該臣看得

案准兵部咨湖南鎮筸鎮標左營遊擊員缺係

題補第壹缺例應一豫保一揀發一應陞叅缺

一輪此缺輪用豫保查該省現在並無豫保都

司亦無揀發遊擊輪用應陞應補人員行文照

例揀選題補等因查例載應題要缺輪應在外

揀員題請陞調者如合例之員人地未宜該督

撫將一切失察公罪隨案完結並無展參罪止

降級留任革職留任之員保題陞調俱於疏內

聲明兵部題覆准其補授將事故帶於新任扣

滿年限另行開復等語臣謹在於湖南通省各

湖廣總督林則徐題本 請以沈占鰲陞補鎮筸鎮標左營遊擊舊案帶於新任

道光十八年三月二十二日

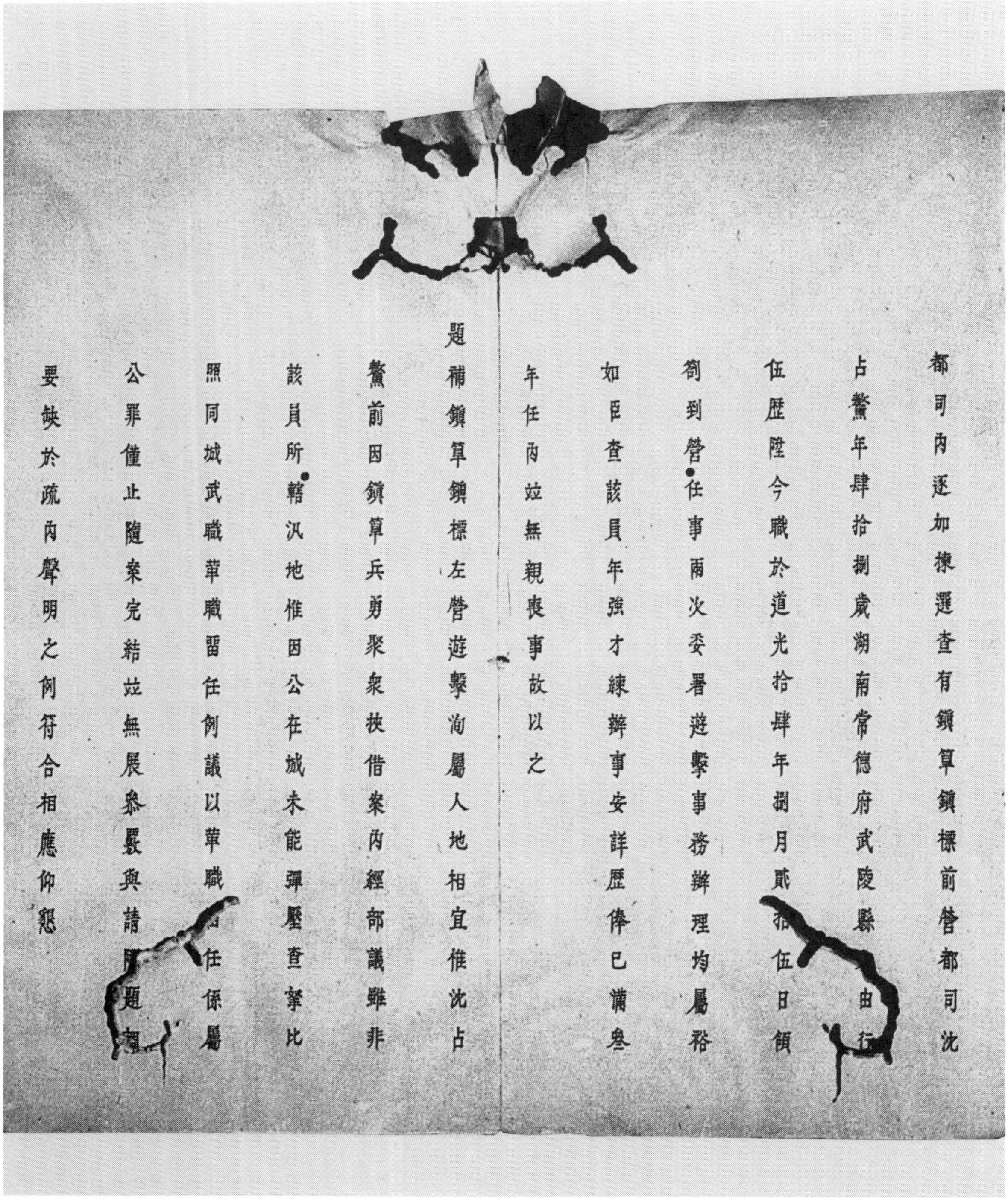
都司內逐加揀選查有鎮筸鎮標前營都司沈
占鰲年肆拾捌歲湖南常德府武陵縣人由行
伍歷陞今職於道光拾肆年捌月貳拾伍日領
劄到營任事兩次委署遊擊事務辦理均屬裕
如臣查該員年強才練辦事安詳歷俸已滿叁
年任內並無親喪事故以之
題補鎮筸鎮標左營遊擊洵屬人地相宜惟沈占
鰲前因鎮筸兵勇聚衆挾借案內經部議雖非
該員所轄汛地惟因公在城未能彈壓查叅比
照同城武職革職留任例議以革職留任係屬
公罪僅止隨案完結並無展叅嚴與請旨題補
要缺於疏內聲明之例符合相應仰懇

聖恩俯准以沈占鰲陞補湖南鎮筸鎮標左營遊擊
於苗疆營伍實有裨益如蒙
俞允俟部覆至日照例給咨送部引
見所有該員革職留任之案照例帶於新任俟扣滿
年限另行開復至沈占鰲係湖南常德府武陵
縣人今陞補鎮筸鎮標左營遊擊籍隸在伍百
里以外與例相符除飭取履歷清冊送部外臣
謹會同湖南提督臣楊芳合詞恭疏具
題伏乞
皇上聖鑒勅部議覆施行再所遺湖南鎮筸鎮標前
營都司員缺係題補之缺輪用何項人員俟部
臣行文至日遵照辦理合併陳明臣謹具

二〇

湖廣總督林則徐題本　請以沈占鰲陞補鎮筸鎮標左營遊擊舊案帶於新任

道光十八年三月二十二日

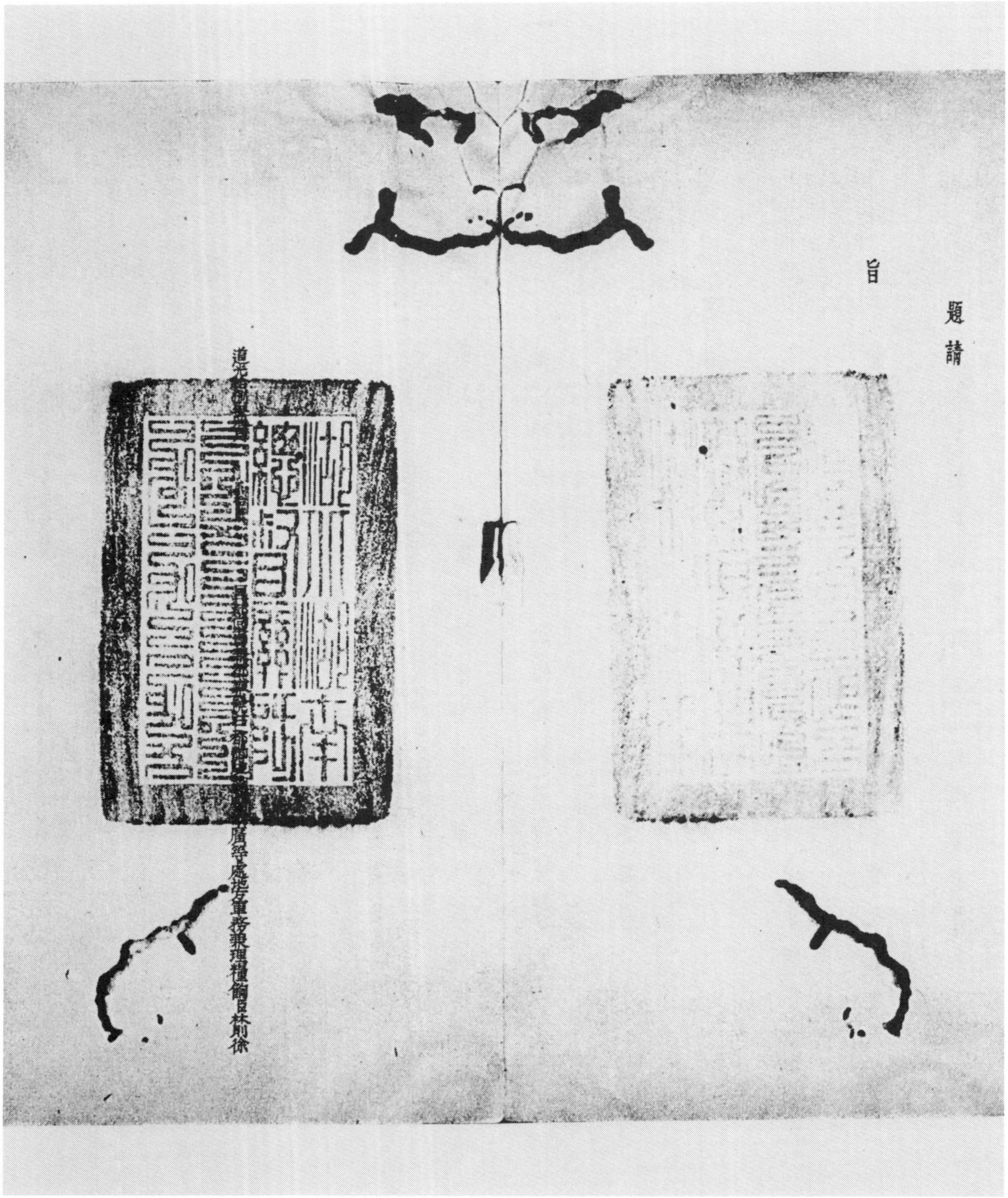
題請

旨

兵部尚書兼都察院右都御史總督湖廣等處地方軍務兼理糧餉臣林則徐謹
題
題爲請補苗疆遊擊員缺以裨營伍事該臣看得
案准兵部咨湖南鎮筸鎮標左營遊擊員缺係
題補之缺輪用應陞應補人員行文照例揀選
題補等因查例載應題要缺輪應在外揀員題
請陞調者如合例之員人地未宜該督撫將一
切失察公罪隨案完結並無展參罪止降級留
任革職留任之員保題陞調俱於疏内聲明兵
部題覆准其補授將事故帶於新任扣滿年限
另行開復等語臣謹在於湖南通省各都司内
逐加揀選查有鎮筸鎮標前營都司沈占鰲年
強才練辦事安詳歷俸已滿叁年任内並無親
喪事故以之
題補鎮筸鎮標左營遊擊洵屬人地相宜惟沈占
鰲前因鎮筸兵勇聚衆挾借案内經部議雖非
該員所轄汛地惟因公在城未能彈壓查拏比
照同城武職革職留任例議以革職留任係屬
公罪僅止隨案完結並無展參覈與請陞題調
要缺於疏内聲明之例符合相應仰懇
聖恩俯准以沈占鰲陞補湖南鎮筸鎮標左營遊擊
於苗疆營伍實有裨益如蒙
俞允俟部覆至日照例給咨送部引
見所有該員革職留任之案照例帶於新任俟扣滿
年限另行開復除飭取履歷清冊送部外臣謹
會
題請
旨

湖廣總督林則徐題本　請以沈占鰲陞補鎮筸鎮標左營遊擊舊案帶於新任
道光十八年三月二十二日

湖廣總督林則徐題本　**題參湖北提標後營把總錢定禄等疎防竊案屆滿贓犯未獲**

錢定祿等著議處具奏該部知道

題

湖廣總督林則徐題本 題参湖北提標後營把總錢定禄等疎防竊案屆滿贓犯未獲

道光十八年三月二十二日

兵部尚書兼都察院右都御史總督湖廣等處地方軍務兼理糧餉臣林則徐謹

題爲報明事據湖北按察使程銓詳稱案據襄陽

縣知縣陳師魯詳稱道光拾柒年玖月初捌日

據民人黄四牛報稱玖月初伍夜伊家被賊挖

洞入室竊去錢文衣物伊母黄陳氏驚醒起捕

被賊拒傷開門逃逸理合開呈失單報乞勘驗

緝究等情據此隨即會同營弁詣勘情形驗明

傷痕訊供通詳批飭緝究詳參去後兹據襄陽

府知府金石聲轉據棗陽縣知縣陳師魯詳稱

此案例限屆滿贓賊未獲理合開列疎防職名

由府詳參到司并准提標後營咨送武職職名

請參前來該湖北按察使程銓查得棗陽縣通

詳民人黃四牛家於道光拾柒年玖月初伍夜
被賊挖洞入室竊去錢文衣物伊母黃陳氏驚
醒起捕被賊拒傷一案先經該縣會營勘驗訊
供通詳批飭緝究詳參茲例限屆滿贓賊未獲
移行開報疎防職名詳參前來除仍移飭勒緝
贓賊務獲解報并文職疎防職名另詳呈請
撫
題參外所有疎防武職專汛係提標後營左哨二
司把總錢定祿兼轄係提標後營都司李達元
相應據文開報伏候查覈
題
題參再失事地方離縣城肆拾里竝未安設兵丁
墩鋪亦無貼防外委專汛與兼轄不同城在百

里以內此案應以道光拾柒年玖月初伍日失
事計限起扣至拾捌年正月初伍日滿肆個月
疏防例限合併聲明等情呈詳到臣該臣看得
棗陽縣通詳民人黃四牛家於道光拾柒年玖
月初伍夜被賊挖洞入室竊去錢文衣物伊母
黃陳氏驚醒起捕被賊拒傷一案先經該縣會
營勘驗通詳批司飭緝詳參去後茲據湖北按
察使程銓以例限屆滿贓賊未獲移行開報疏
防職名請參前來除仍飭勒緝贓賊務獲解報
并文職疏防職名聽撫臣
題參外所有疏防武職專汛係提標後營左哨二
司把總錢定祿兼轄係提標後營都司李逵元

相應據詳指參再失事地方離縣城肆拾里既
未安設兵丁墩鋪亦無貼防外委專汛與兼轄
不同城在百里以内此案應以道光拾柒年玖
月初伍日失事計限起扣至拾捌年正月初伍
日滿肆個月疎防例限合併陳明臣謹會同湖
北巡撫臣周之琦湖北提督臣羅思舉合詞恭
疏具
題伏乞
皇上聖鑒勅部議覆施行臣謹具
題請
旨

湖廣總督林則徐題本 題參湖北提標後營把總錢定禄等疎防竊案屆滿贓犯未獲

道光十八年三月二十二日

道光拾捌年叁月[illegible] 兵部尚書兼都察院右都御史總督湖廣等處地方軍務兼理糧餉臣林則徐

兵部尚書兼都察院右都御史總督湖廣等處地方軍務兼理糧餉臣林則徐謹

題為報明事。該臣看得漢陽縣通詳民人黄四牛家於道光拾柒年玖月初伍夜被賊挖洞入室竊去錢文衣物，伊母黄陳氏驚醒起捕，被賊拒傷一案，先經該縣會營勘驗通詳，批司飭緝詳參去後，茲據湖北按察使程銓以例限屆滿，賊未獲，移行開報疎防職名請參前來。所有疎防武職專汛係提標後營左哨二司把總錢定祿，兼轄係提標後營都司李達元，相應指參。臣謹會

題請

旨

湖廣總督林則徐題本　題參武昌城守營千總鄧長青等疎防竊案屆滿贓犯未獲

道光十八年三月二十二日

湖廣總督林則徐題本

題參武昌城守營千總鄧長青等疎防竊案屆滿贓犯未獲

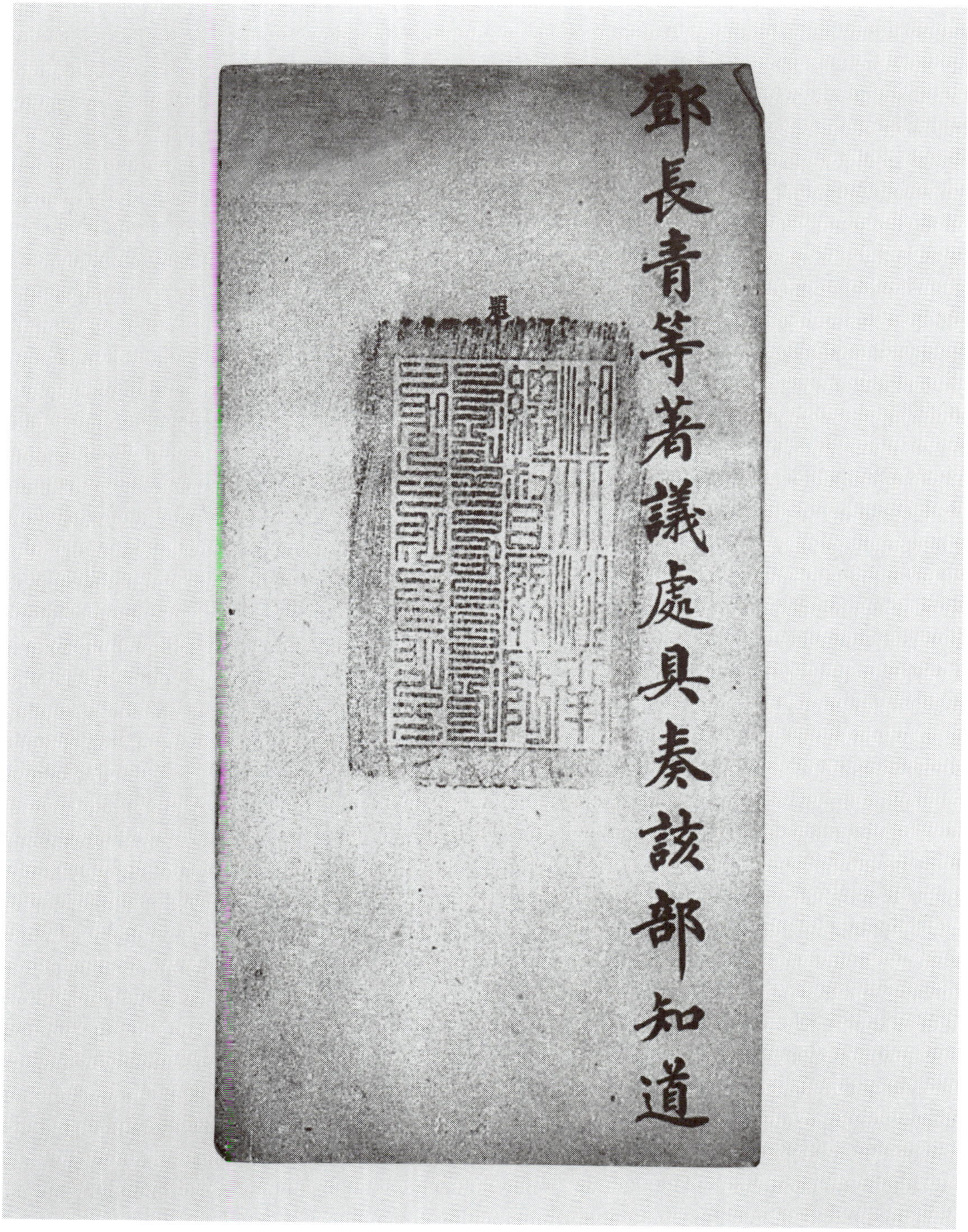
鄧長青等著議處具奏該部知道

題

湖廣總督林則徐題本　題參武昌城守營千總鄧長青等疎防竊案屆滿贓犯未獲

道光十八年三月二十二日

兵部尚書兼都察院右都御史總督湖廣等處地方軍務兼理糧餉臣林則徐謹

題爲報明事據湖北按察使程銓詳稱案據江夏

縣知縣曠成春詳稱道光拾柒年玖月初肆日

據民人邴九潢具報伊家於捌月叁拾日夜被

賊乞牆入室竊去錢文衣物伊媳劉氏起捕被

賊拒傷報乞勘驗緝究等情據此隨會同營弁

詣勘情形驗明傷痕訊供通詳奉批飭緝詳參

去後玆據武昌府知府崇善轉據江夏縣知縣

曠成春詳稱此案例限屆滿贓賊無獲開列疎

防職名由府詳參到司并准武昌城守營咨送

武職職名請參前來該湖北按察使程銓查得

江夏縣通詳民人邴九潢家於道光拾柒年捌

月叁拾日夜被賊行竊錢文衣物拒傷與媳劉
氏一案先經該縣會營勘驗訊供通詳批飭緝
兇詳參茲屆例限屆滿贓賊未獲移行開報疎防
職名詳參前來除仍移飭勒緝贓賊務獲解報
并文職疎防職名另詳呈請巡撫
題參外所有疎防武職專汛係武昌城守營左哨
千總鄧長青協防係武昌城守營左哨二司外
委鄧永煊兼轄係武昌城守營參將金萬全相
應據文開報伏候查覈
題參再失事地方離縣城陸拾里並未安設兵丁
撒鋪專汛與兼轄同城此案應以道光拾柒年
捌月叁拾日失事計限起扣至拾貳月叁拾日

滿肆個月疎防例限合併聲明等情呈詳到臣
該臣看得江夏縣通詳民人邢九滿家於道光
拾柒年捌月叁拾日夜被賊行竊錢文衣物拒
傷伊媳劉氏一案先經該縣會營勘驗訊供通
詳批司飭緝詳參去後茲據湖北按察使程銓
以例限屆滿贓賊未獲移行開報疎防職名請
參前來除仍飭勒緝贓賊務獲解報并文職疎
防職名聽撫臣
題參外所有疎防武職專汛係武昌城守營左哨
千總鄧長青協防係武昌城守營左哨二司外
委鄧永煊兼轄係武昌城守營參將金萬全相
應據詳指參再失事地方離縣城陸拾里並未

安設兵丁墩鋪專汛與兼轄同城此案應以道
光拾柒年捌月叁拾日失事計限起扣至拾貳
月叁拾日滿肆個月疎防例限合併陳明臣謹
會同湖北巡撫臣周之琦湖北提督臣羅思舉
合詞恭疏具
題伏乞
皇上聖鑒敕部議覆施行臣謹具
題請
旨

湖廣總督林則徐題本　題參武昌城守營千總鄧長青等疎防竊案屆滿贓犯未獲

道光十八年三月二十二日

道光[illegible]兵部尚書兼都察院右都御史總督湖廣等處地方軍務兼理糧餉臣林則徐

兵部尚書兼都察院右都御史總督湖廣等處地方軍務兼理糧餉臣林則徐謹
題爲報明事該臣看得江夏縣通詳民人邢九濱
家於道光拾柒年捌月叁拾日夜被賊行竊錢
文衣物拒傷伊媳劉氏一案先經該縣會營勘
驗訊供通詳批司飭緝詳參去後茲據湖北按
察使程銓以例限屆滿贓賊未獲移行開報疎
防職名請參前來所有疎防武職專汛係武昌
城守營左哨千總鄧長青協防係武昌城守營
左哨二司外委鄧永塏兼轄係武昌城守營參
將金萬全相應指參臣謹會
題請
旨

湖廣總督林則徐題本　請以潘啓光承襲潘大用雲騎尉世職
道光十八年三月二十二日

湖廣總督林則徐題本　**請以潘啓光承襲潘大用雲騎尉世職**

湖廣總督林則徐題本　請以潘啓光承襲潘大用雲騎尉世職
道光十八年三月二十二日

兵部尚書兼都察院右都御史總督湖廣等處地方軍務兼理糧餉臣林則徐謹
題爲請襲事該臣看得案准兵部咨開原任湖南
鎮筸鎮標中營守備潘大用勦捕楚省苗匪打
仗陣亡議給雲騎尉世職襲次完時給與恩騎
尉世襲罔替今該督既經查明該故員潘大用
並未生子止有胞弟潘大受現年貳拾柒歲例
應承襲等語查與定例相符潘大受應准其承
襲雲騎尉世職俟
命下之日應令該督驗看就近發標學習准食全俸扣
至叁年期滿照例出具考語給咨送部引
見其襲職
勅書行文吏部照例辦理等因於嘉慶伍年捌月貳拾

捌日題玖月初壹日奉
旨依議欽此相應知照該督可也等因當將該世職潘
大受分發撫標左營學習嗣潘大受因前在苗
疆出師打仗身受槍傷舉發醫治驟難就痊懇
請辭退等情又經咨准兵部咨覆准其辭退飭
查接襲之人另行辦理等因轉行查辦去後茲
據湖南布政使龔綬詳稱准兼署撫標中軍參
將王鏞移據守備轉據千總呈據潘劉氏稟稱
氏翁潘大受承襲雲騎尉世職候補有年氏夫
潘肇豐係潘大受嫡子承繼潘大用爲嗣例得
接襲緣患瘋癲不能承襲氏夫現有嫡子潘啓
光係潘大用嫡長孫現年伍歲懇請照例接襲

雲騎尉世職等情移縣查與定例相符理合取
造宗圖冊結由營加結轉齎到司查例載應襲
廕者令嫡長子孫無嫡長嫡次子孫許令弟姪
承繼等語今原任湖南鎮筸鎮標中營守備潘
大用勦捕苗匪打仗陣亡奉部議給雲騎尉世
職襲次完時給與恩騎尉世襲罔替該故員潘
大用並未生子止有胞弟潘大受照例承襲發
標學習期滿在營候補守備因病辭休例應行
查接襲之人照例詳辦去後茲准撫標查明該
故弁原繼潘大受之次子潘肇豐爲嗣因患瘋
癲不能承襲潘肇豐有嫡子潘啓光現年伍歲
係潘大用長孫例應承襲造具宗圖冊結并移

寄籍長沙縣查取戶鄰甘結加具印結該營復
加印結送司覈與定例相符潘啓光應准其承
襲雲騎尉世職現年伍歲照例給予半俸自奉
旨准其承襲之日起按年支食造報俟及歲時再行
照例辦理相應將送到宗圖冊結詳請覈
題并請將繳到
勅書送部查辦等情前來臣覆覈無異除宗圖冊結送
部并將
勅書揭送吏部外臣謹會同湖南巡撫臣錢寶琛湖南
提督臣楊芳合詞恭疏具
題伏乞
皇上聖鑒勅部議覆施行臣謹具

湖廣總督林則徐題本　請以潘啓光承襲潘大用雲騎尉世職

道光十八年三月二十二日

題請

旨

道光[illegible]月[illegible]日兵部尚書兼都察院右副都御史總督湖廣等處地方軍務兼理糧餉臣林則徐

二〇

湖廣總督林則徐題本　請以潘啓光承襲潘大用雲騎尉世職

道光十八年三月二十二日

兵部尚書兼都察院右都御史總督湖廣等處地方軍務兼理糧餉臣林則徐謹
題
爲請襲事該臣看得案准兵部咨原任湖南鎮
筸鎮標中營守備潘大用勦捕苗匪打仗陣亡
議給雲騎尉世職襲次完時給與恩騎尉世襲
罔替今既查明該故員並未生子止有胞弟潘
大受現年貳拾柒歲應准其承襲雲騎尉世職
發標學習等因當將該世職分發撫標左營學
習嗣潘大受因傷舉發醫治驟難就痊懇請辭
退又經咨准兵部咨覆准其辭退飭查接襲之
人另行辦理等因轉行查辦去後茲據湖南布
政使龔綬詳稱准撫標查明該故弁原繼潘大
受之次子潘肇豐爲嗣因患瘋癲不能承襲潘
肇豐有嫡子潘啓光現年伍歲係潘大用長孫
例應承襲造具宗圖冊結并移長沙縣加結送
司覈與定例相符潘啓光應准其承襲雲騎尉
世職現年伍歲照例給予半俸自奉
旨准其承襲之日起按年支食造報俟及歲時再行
照例辦理相應將送到宗圖冊結詳請覈
題并請將繳到
勅書送部查辦等情前來臣覆覈無異除宗圖冊結送
部并將
勅書揭送吏部外臣謹會
題請
旨

湖廣總督林則徐題本　湖南遊擊員缺常德城守營中軍都司唐首選堪膺預保

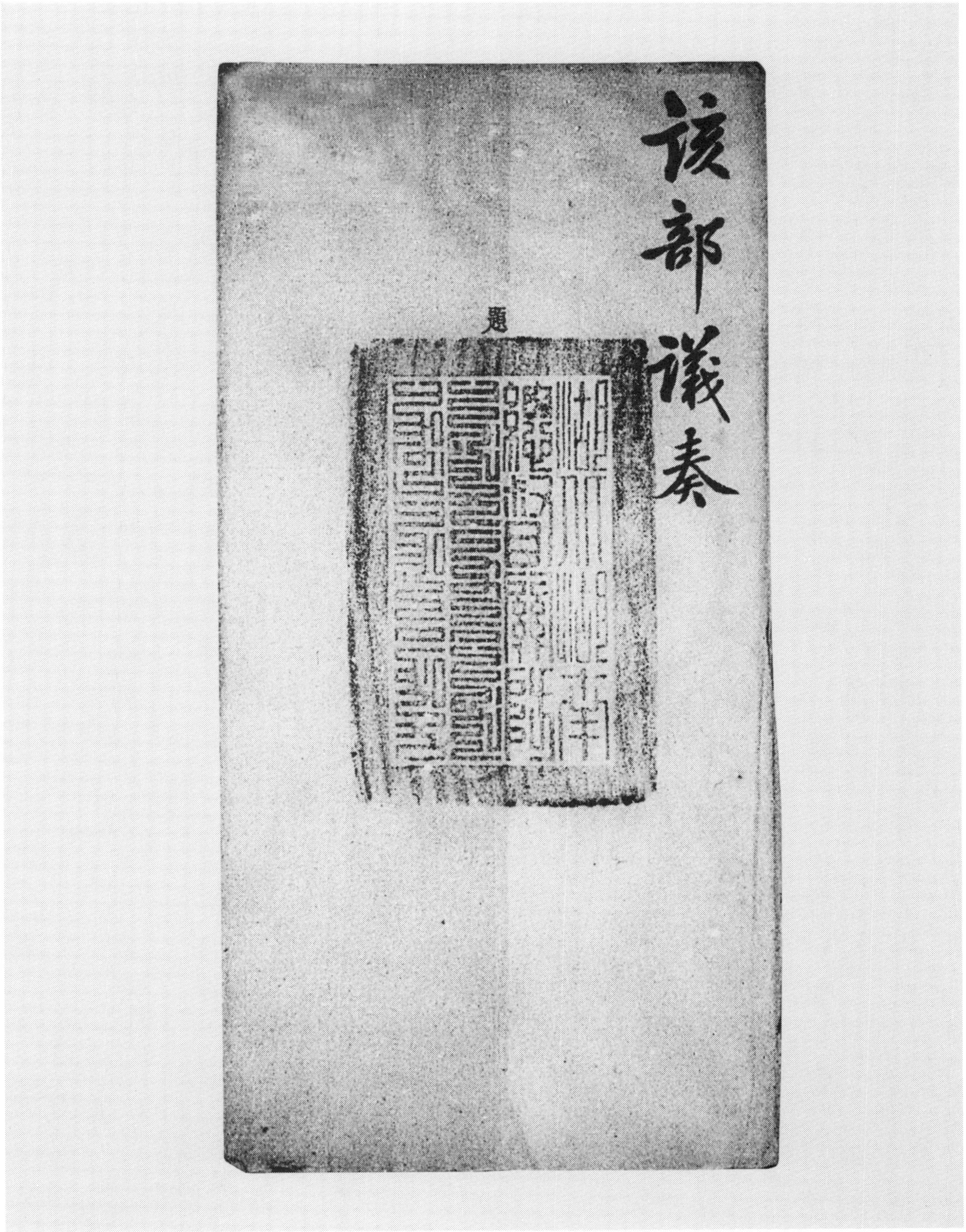
該部議奏

題

湖廣總督林則徐題本　湖南遊擊員缺常德城守營中軍都司唐首選堪膺預保

道光十八年三月二十二日

兵部尚書兼都察院右都御史總督湖廣等處地方軍務兼理糧餉臣林則徐謹
題爲豫保武職人員事該臣看得案於道光拾柒
年玖月貳拾貳日准兵部咨湖南省豫行保舉
應陞遊擊之都司現已無人行令於現任合例
都司内保題如有應行引
見者給咨送部以備遇缺題補等因當經移行遵照
去後茲准湖南提督臣薛陞咨稱考驗得署提
標右營遊擊事常德城守營中軍都司唐首選
年健技嫻諳悉營伍出師苗疆永州廣東堪膺
豫保連員咨送前來臣隨考驗得都司唐首選
年健技長營務明暢歷俸已滿叁年任内並無
親與參罰事故與豫行保舉之例相符理合恭

疏保
題候部臣覆准後再行給咨送部引
見應否准其註冊恭候
欽定再此外合例都司容臣考選如有堪膺豫保之
員另疏保
題合併陳明臣謹會同湖南提督臣楊芳合詞恭
疏具
題伏乞
皇上聖鑒勅部議覆施行臣謹具
題請
旨

湖廣總督林則徐題本　湖南遊擊員缺常德城守營中軍都司唐首選堪膺預保

道光十八年三月二十二日

道光

湖廣等處地方軍務兼理糧餉臣林則徐

兵部尚書兼都察院右都御史總督湖廣等處地方軍務兼理糧餉臣林則徐謹

題爲豫保武職人員事該臣看得案准兵部咨湖

南省豫行保舉應陞遊擊之都司現已無人行

令於現任合例都司内保題如有應行引

見者給咨送部以備遇缺題補等因當經移行遵照

去後茲准湖南提督臣薛匪咨稱考驗得署提

標右營遊擊事常德城守營中軍都司唐首選

年健技嫻諳悉營伍出師苗疆永州廣東堪膺

豫保建員咨送前來臣隨考驗得都司唐首選
年健技長營務明暢歷俸已滿叁年任内並無
親喪參罰事故與豫行保舉之例相符理合恭
疏保
題俟部臣覆准後再行給咨送部引
見應否准其註冊恭候
欽定臣謹會
題請
旨

上諭　著照林則徐所奏湖南旗丁所欠關稅銀分限四年於生息銀項下扣解

道光十八年三月二十五日内閣奉

上諭林則徐等奏旗丁欠完關稅銀兩酌請援案分限扣解一摺湖南各幫漕船於道光十六十七等年欠完蕪湖關木稅銀兩前經降旨著該督等飭催完解兹據查明除節經追繳外仍欠關稅銀一萬七千九百餘兩實因該幫丁等屯坐被災現又趕辦新運未能全數清完加恩著照所請所有未完銀兩准其援照成案自道光十九年起分限四年在於各丁應領生息項下按年扣解蕪湖關兑收解部清款以紓丁力該部知道欽此

湖廣總督林則徐等奏摺

請將湖南提督常駐辰州府城以資彈壓

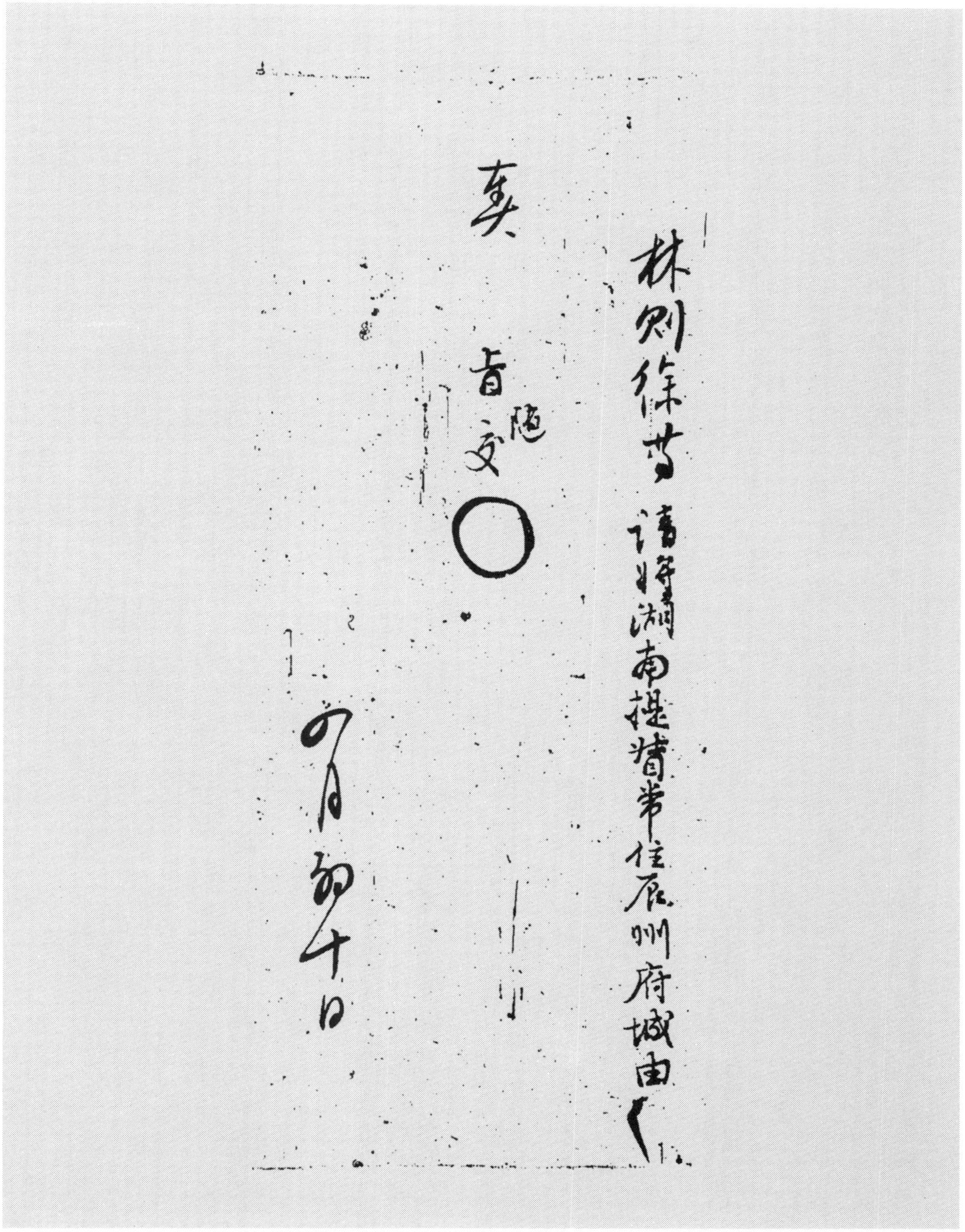

林則徐等 請將湖南提督常住辰州府城由

奏

隨旨交

四月初十日

湖廣總督林則徐等奏摺　請將湖南提督常駐辰州府城以資彈壓

道光十八年三月二十五日

湖廣總督臣林則徐
湖南巡撫臣錢寶琛跪
奏爲申明舊章請將湖南提督常駐辰州府城以
資彈壓恭摺奏祈
聖鑒事竊照湖北湖南兩省營務總歸湖廣總
督統轄另設提督駐劄湖南之常德府城爲
兩省適中之地惟於嘉慶二年會籌苗疆
善後事宜案內准吏部咨以前督臣畢沅奏
稱辰州常德均爲雲貴往來孔道而辰州逼近
苗疆爲鳳凰永綏乾州三廳門戶距常德稍
遠未免鞭長莫及苗疆甫經戡定必得提
督常駐辰州稽查彈壓等語應如所請辦理
仍俟一二年後察看苗地情形安靜再令提
督每年分作上下半年在辰州常德往來駐

湖廣總督林則徐等奏摺　請將湖南提督常駐辰州府城以資彈壓
道光十八年三月二十五日

劉菁情奏事
硃批依議速行欽此遵於辰州府城建設提督衙署
以資駐劄亦已逐案奏咨一年之經
奏准移設湖北提督欽奉
諭旨所有原駐辰州之湖廣提督著改為湖南提督
專管湖南通省營伍事宜等因欽此欽遵在
案是湖南專設提督既不兼轄湖北自應
常駐辰州惟因辰州通處苗疆常德近在
都會歷任提督每多駐劄常德是以閱之年
不到辰州者今定章程殊未符合茲新任
湖南提臣楊芳係由鎮筸鎮總兵嘗
恩簡擢於苗疆事宜最為熟悉民苗俱極
愛戴雖現在苗地甚為安靜惟距郡
約二千里即距長沙亦千里而遙控制必

防不得不倍加慎重臣等察覈辰常二府
形勢辰州自較常德更為扼要且兩處俱建有提
標衙署兵制亦久經均派一切無須更張應請
申明原定章程以湖南提督常駐辰州以資
彈壓仍於季底馳赴常德駐劄一半月亦不
致顧此失彼臣等與提臣楊芳往返札商意
見相同謹合詞恭摺具
奏伏乞
皇上聖鑒訓示謹
奏
道光十八年四月初十日奉
硃批
欽此

三月二十五日

湖廣總督林則徐等奏摺　當陽縣知縣王朝栟倡捐挑築沮漳河道隄塍請交部從優議敘

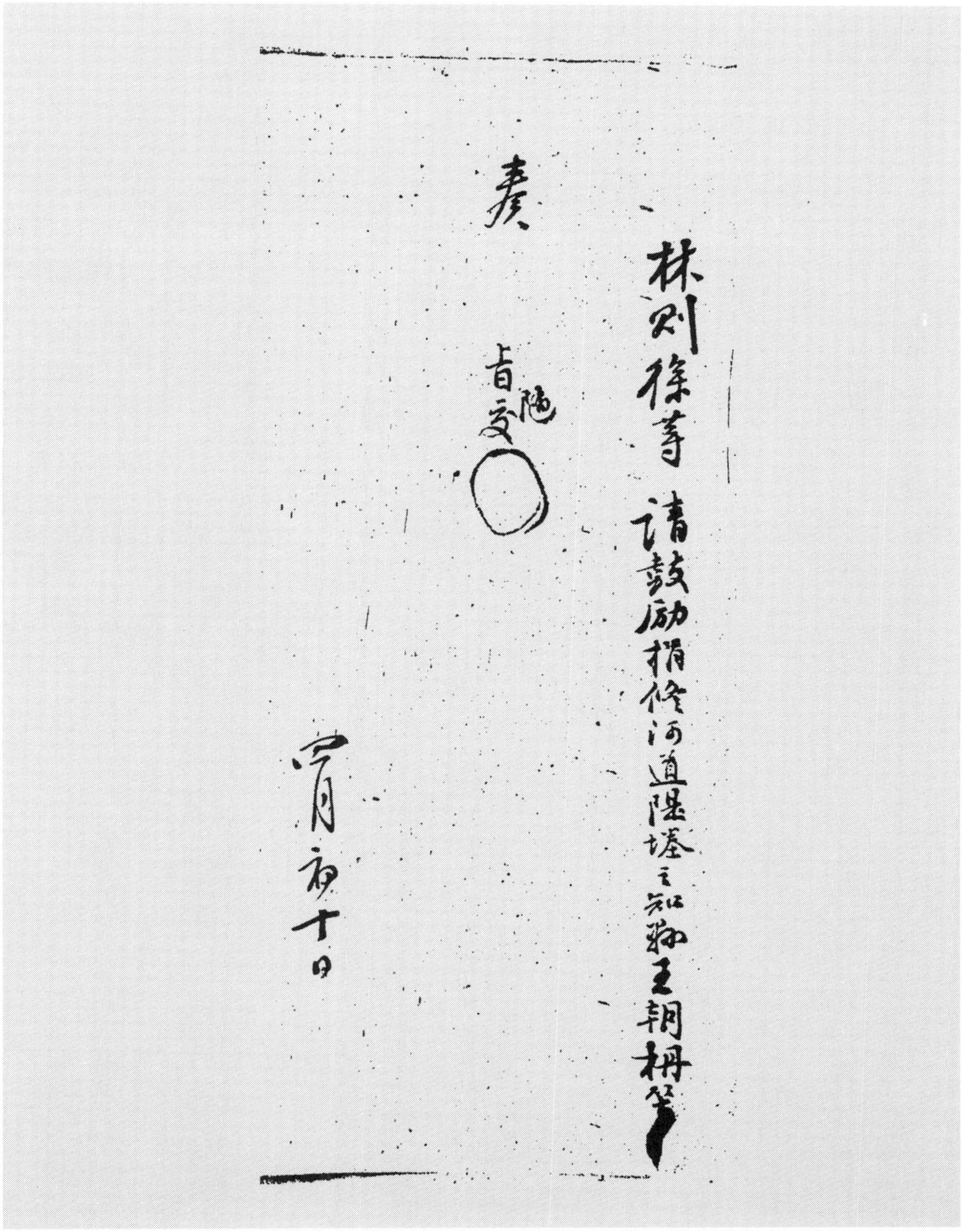
林則徐等請鼓勵捐修河道隄塍之知縣王朝栟等

奏

隨旨交

四月初十日

湖廣總督林則徐等奏摺　當陽縣知縣王朝栟倡捐挑築沮漳河道隄塍請交部從優議叙

道光十八年三月二十五日

湖廣總督臣林則徐
湖北巡撫臣周之琦跪
奏為捐挑沮漳河道並修築隄塍驗收如式請將
倡捐籌辦之知縣
恩從優議叙以示獎勵恭摺具祈
聖鑒事竊照湖北當陽縣境有沮漳二河中夾一洲
漳河自南漳縣發源至洲北縈繞該縣河溶鎮
而東沮河自遠安縣發源至洲南亦繞至東與
漳河合流名為兩河口直達荊州之筲箕窪入
江左傳有云江漢沮漳楚之望也以沮漳為江
漢對舉則其為經流之大故可知溯查道光六年
當陽亦受蛟水泛漲沮漳二河不能容納汛溢之
出致荊州萬城大隄昆連之後據紳民隄沖

潰。經前撫臣楊懋恬
奏咨該項係籌無款，茲因楚北濱臨江河各處
頻遭水患，因係須築隄塍藉資保障，尤必開濬
河道，庶得疏銷。節經諄飭各州縣實力講求籌
辦去後，茲據當陽縣知縣王朝栟詳稱：該縣河
瀦鎮一帶因沮河淤塞，水無兩岸，道光六年東
洲潰口，漳水併入沮河。查沮河本已淤淺，加以
漳水合流，更易漫淹，應將潰口築隄以攔漳
水，並挑疏河身，俾資宣洩。因經費難籌，勘估
工需銀一萬四千四百八十四兩零，該縣王朝栟
首先倡捐銀二千兩，勸諭紳商士民捐輸辦理，
額不敷銀七百二十九兩零，復由該縣捐補完

湖廣總督林則徐等奏摺 當陽縣知縣王朝栟倡捐挑築沮漳河道隄塍請交部從優議敘
道光十八年三月二十五日

工程經飭委荊宜施道恩常查驗河道
挑寬深隄塍堅築呈實由藩司據縣具詳請
奏前來臣等伏查當陽縣屬沮漳二河下達荊江
直逼郡城大隄關係甚重前因河道淤塞
水無所容時虞漫溢茲經該縣倡捐銀二千
七百六十九兩零又勸諭士民捐輸銀一萬一千餘兩
挑築並施俾河道寬深隄塍鞏固以資
利賴洵屬奮勉急公相應仰懇
天恩俯准將當陽縣知縣王朝栟交部從優議敘
以爲講求水利者勸此外各處水道應須疏濬
之處並仍隨時督飭各屬設法籌辦以期多
一分之疏通即少一分之汎溢除將捐貲各紳民造

湖廣總督林則徐等奏摺 當陽縣知縣王朝栩倡捐挑築沮漳河道隄塍請交部從優議敘 道光十八年三月二十五日

冊咨部照例議叙外是否謹合詞恭摺具
奏伏乞
皇上聖鑒訓示再此項工程係屬捐辦請免造冊
報銷合併陳明謹
奏
道光十八年四月初十日奉
硃批
一 欽此
三月二十五日

湖廣總督林則徐等奏片　**原參知縣蘇在中劉鴻庚已將漫潰處修築完竣請准開復**

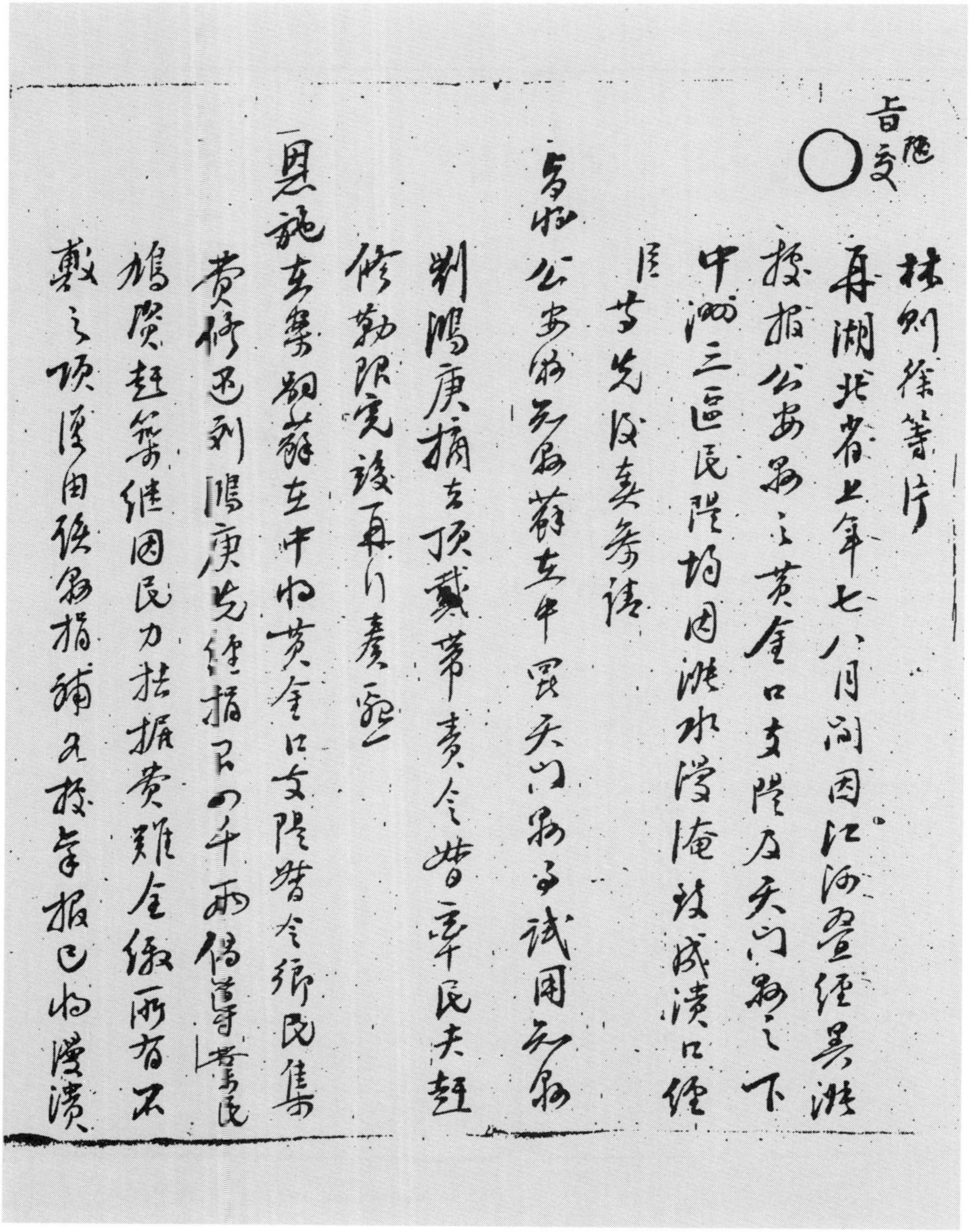

○隨旨交

林則徐等片

再湖北省上年七八月間因江河疊經異漲

據報公安縣之黃金口支隄及天門縣之下

中洲三區民隄均因漲水漫淹致成潰口經

臣等先後奏參請

旨將公安縣知縣蘇在中天門縣知縣

劉鴻庚摘去頂戴革職責令督率民夫趕

修勒限完竣再行奏聞

恩施在案茲據蘇在中將黃金口支隄督令紳民集

費修竣劉鴻庚先經捐銀四千兩倡導紳民

捐資趕築繼因民力拮据費難全繳所有不

敷之項復由該縣捐補現據報已將漫潰

湖廣總督林則徐等奏片　原參知縣蘇在中劉鴻庚已將漫潰處修築完竣請准開復　道光十八年三月二十五日

要工一律修築完竣後當經飭委各道前
往逐細查驗茲據查度丈量修築各隄高
寬丈尺較原估有盈無絀錐試亦俱堅實均無
草率偷減等情由藩司張岳崧詳請具
奏前來所有該參知縣蘇在中劉鴻庚原參摘去頂
帶之處可否

賞准開復出自
天恩謹會同附片具
奏伏乞
聖鑒訓示謹
奏
道光十八年四月初十日奉

湖廣總督林則徐等奏片　原參知縣蘇在中劉鴻庚已將漫潰處修築完竣請准開復

道光十八年三月二十五日

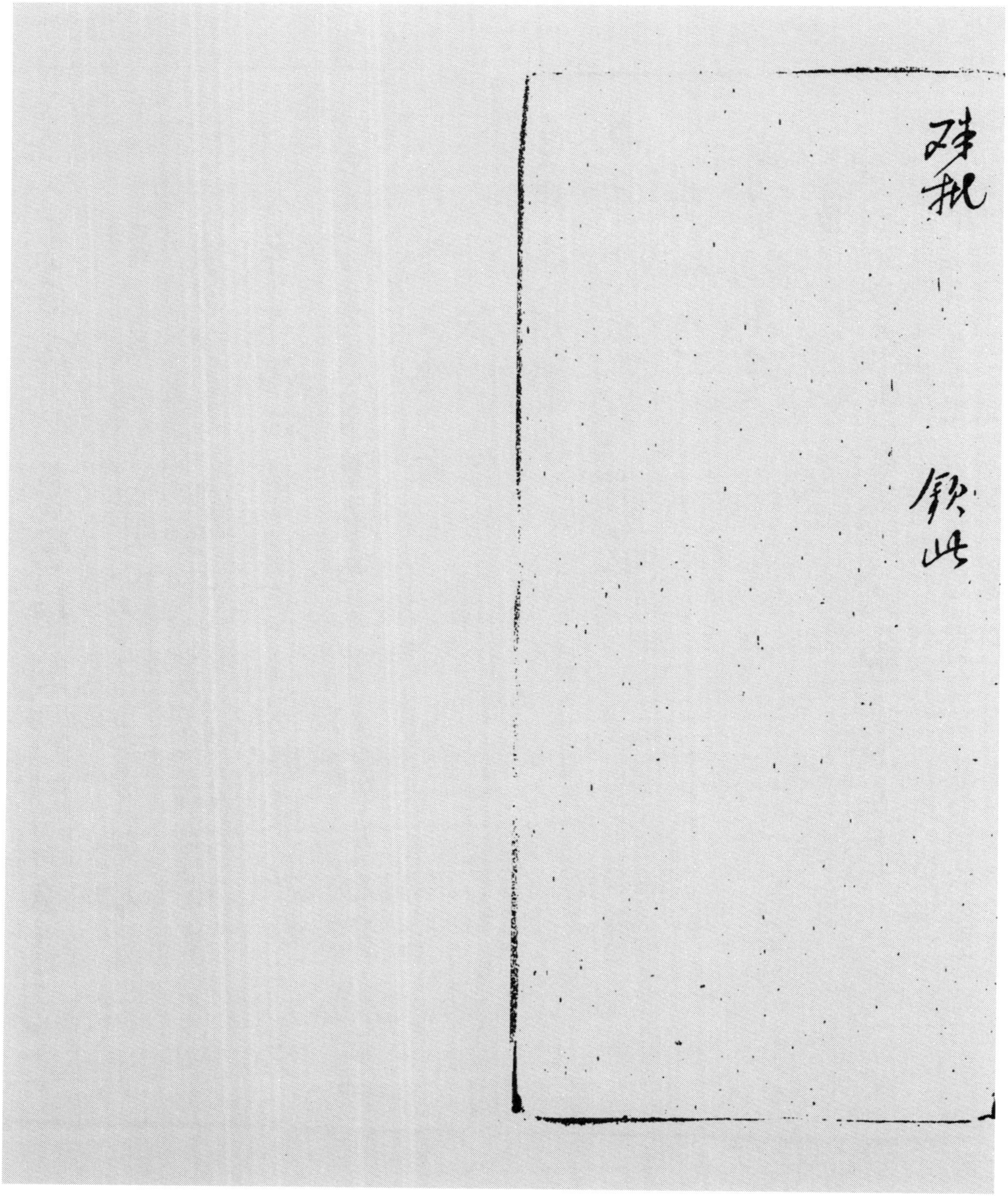
硃批

欽此

湖廣總督林則徐等奏摺

遵旨審明流犯騙賣遭風淹消鹽事涉案知州吏目分別定擬

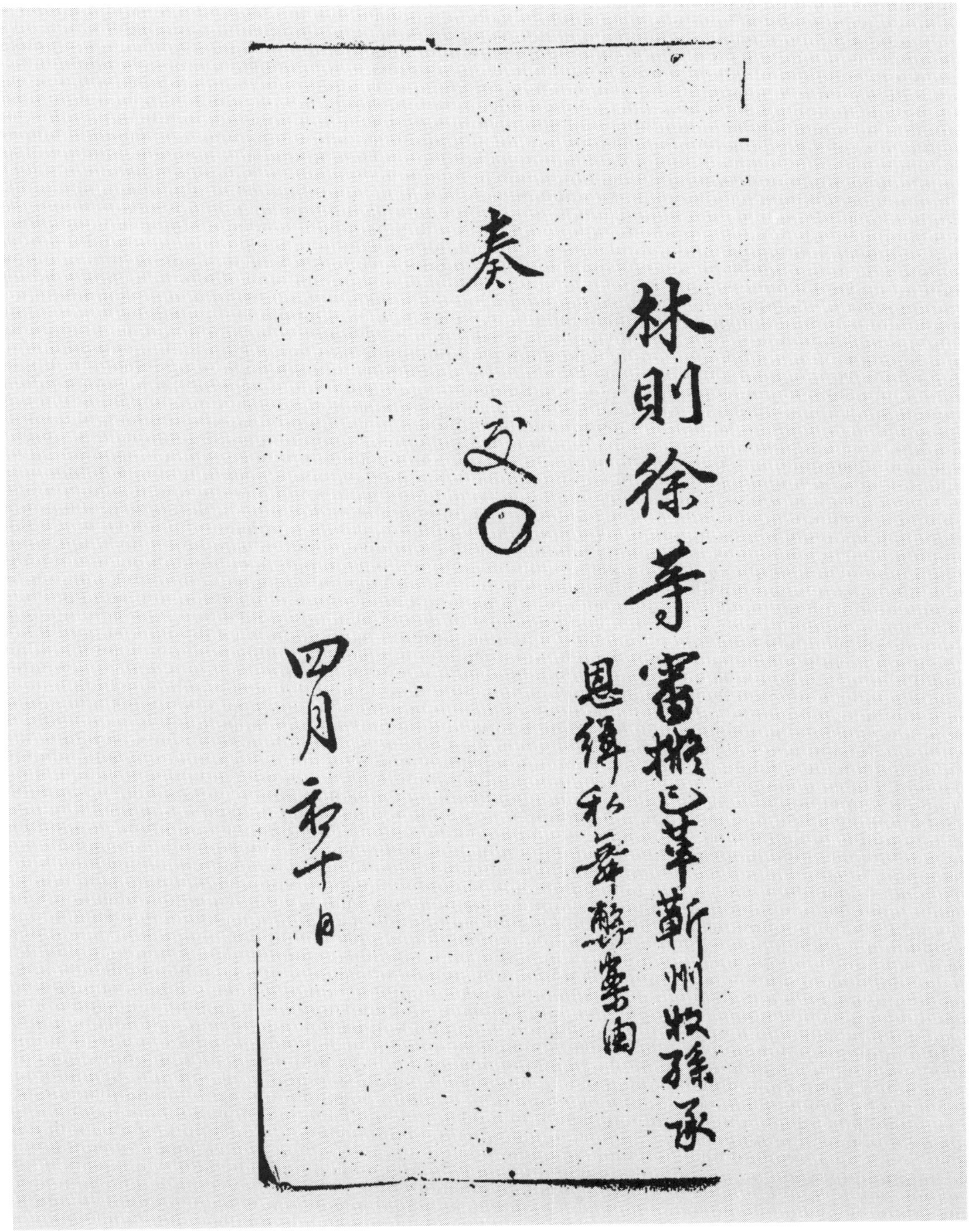
林則徐等審擬已革蘄州牧孫承
恩縱私舞弊案由
奏
文〇
四月初十日

湖廣總督臣林則徐
湖北巡撫臣周之琦跪
奏爲遵
旨審明定擬恭摺奏祈
聖鑒事竊照蘄州通詳任復興鹽船遭風淹消一案前經
臣等訪聞已革該州知州楊承恩吏目李廷嵩均有營
私情事當即彙案附
奏。欽奉
諭旨林則徐等奏審办營私舞弊各員弁等語已革蘄州知
州楊承恩已革吏目李廷嵩于任復興鹽船遭風掩
消一案均有勒報營私情事并該督等提案研鞫務
得確情毋稍遷就等因欽此欽遵轉行去後茲據委
員武昌府知府崇善武昌府同知陳天澤究出係由

發配該州流犯馬彩指官詐騙馬彩查送來獲先
將現犯訊明定擬由藩司張岳崧臬司程銓鹽法道
武昌道于克襄覆審詳解前來臣等隨親提研鞫
緣馬彩係甘肅平涼縣回民因彩窃范永倫衣物計贓
逾貫案內擬流咨解來楚于道光七年發配蘄州
轉交吏目衙門收管陳六即陳明照係已革蘄州知
州孫承恩家丁曹坤楷係蘄州衛軍丁向駕划船
生理與馬彩素相交好汪復興駕馬潮船營生于十六年
三月內在江南儀徵縣攬裝漢商和福盛領運癸巳
綱西割大鹽六百三十五引計解楚砠子鹽三萬七百
八十七包運赴漢岸銷售四月初七日自儀徵開行沿途
風阻至九月二十八日行抵蘄州轄屬牛灣地方陡遇暴風

波浪冲擊船身驚漏水滂入艙任復興與舵水人等
當時救護尋縫堵塞查看艙底鹽包已淹消數層即
欲赴地方官呈報當有在船役引商廝周貴以距漢
不遠擬趕店商到船查看具呈即專人送信前往
聞該革牧孫承恩查知該鹽船逗遛在境恐有盜
賣情弊飭令吏目李應高帶同州差押起剩鹽以
並家丁陳六赴船查看維時馬彩六冒充李應高家
丁潛隨至船李應高勘得船身水跡浮高詢知驚
漏淹消當飭具報並將該船戶商廝帶至州城任
復興等即赴州投遞報呈經孫承恩諭勘詳報並
派差役抬起剩等在船照管其時漢岸商人和福
盛六經得信會同鹽道委員偕州提起鹽包並提

船戶人等解省審訊委員未到之先張承恩因公
下鄉馬彩起意乘隙詐騙商允陳六捏稱官令起
鹽出以賣錢分用因知曹坤柏人地熟悉隨向告述
情由央雇划船于十月二十二[illegible]二十[illegible]五等日先後至
汪復興鹽船假稱係李應嵩遣令起撥共提取鹽
四千餘包因鹽被水浸滴滷空包居多馬彩等將
包索解棄艙內用羅筐將鹽盛貯裝載划船
給曹坤柏代為運交李運隆胡萬順銷售計重三
千二百餘斤每斤賣錢三十文曹坤柏分得錢四千文餘
交馬彩陳六收受又有雷五係張承恩派令坐卡
緝私家丁事後知情馬彩亦曾分給錢文不知
確數維時該船戶商廝皆誤認馬彩為李應嵩

家丁差役姓起朋等當因陳六係本州家丁致未攔
阻追委員至州會同孫承恩起出子鹽一萬八千一百
二十包計淨鹽一萬二千六百四十七包查與點空包總
數相符未經查知馬彩等詐騙情弊即押解船戶
人等到省訊出馬彩私起鹽斤情事行提質究詎馬
彩已於十七年正月初十日脫逃前至曹坤柏家藏匿
因聞差拏緊急隨又遠颺陳六業于十七年六月內
病故孫承恩旋因甄別革職李應崙先因獲盜升
補武昌縣縣丞于本案咨參革職前查逃犯馬彩
屢飭嚴緝無獲經臣等親提現到犯證訊悉前
情伏查已革吏目李應崙奉州委查往復與鹽
船既詢知遭風淹情俱應飭令自行呈報何必押解

進城馬彩係發交該吏目衙門收管流犯陳六係該
州家丁滕敢商同趁船私起鹽斤李應嵩與孫
承恩何均毫無覺察難保無授意營私情弊
該船戶等於船隻遭風驚漏遷延不報致沉消一萬
餘包之多亦恐有藉端盜賣復向三原研鞫據孫承
恩供稱該革員於勘船之後隨即赴鄉查辦虞德
怡京控命案並未在署以致失察家丁與在配流犯
私起鹽斤實屬疏於約束若係由該革員授意營
私自必掩飾彌縫何肯即時詳報只求察核等語
據李應嵩供稱本州委查汪復興鹽船詢知驚
漏淹消者今照例呈報因恐乘機盜賣是以即帶
該船戶等進城至流犯馬彩潛隨至船彼時觀看

人多未及留意，迨知漢商等來委員提撲不復
追問。馬彩如係商同陳六赴船私起鹽斤，實是失于
查察。並據該船戶商廝堅稱並無藉端盜賣情弊，
再三研詰，矢口不移。案無遁飾。此案流犯馬
彩商同家丁陳六指官詐起鹽斤變賣得贓，已據
知情運售分贓之曹坤柏供指明白，衆供均甚確
鑿，應即定擬。所起鹽三千二百餘斤，計贓九十兩零，
將來馬彩獲案，應從重照指大小官員名頭誆騙
財物計贓犯該徒罪以上者，不分首從，發近邊充
軍例問擬。陳六即陳明照夥同指官詐騙，亦照
前例擬軍。曹坤柏知情運售分贓，若照私鹽引領
牙人律罪止徒二年半，惟該犯于馬彩犯事脫逃

除藏匿縱逃應從重照知人犯罪事發藏匿在家
及指引逃避者減罪人所犯罪一等律于馬彩應得
軍罪上減一等杖一百徒三年解配折責安置船戶
汪復興攬載引鹽在途遭風淹消不即赴地方
官具報商廠周貴在船護引亦觀望遷延均應
照不應重律杖八十再加枷號一个月枷滿折責發落
淹消引鹽照例免課補運曹坤船所得錢四千文
照追入官陳六即陳明照業經病故應毋庸議逃
犯馬彩等嚴緝務獲另結前任蘄州吏目升補
武昌縣縣丞李應嵩雖訊無營私確據惟于奉
州委勘鹽船既查知遭風淹消祇應會詳該州
聽候查辦乃輒將船戶商廠押帶進城勒令具報

即與擅受無異且流犯馬彩係該革員專管若
非平日縱容何敢冒稱家丁指官詐騙乃事前既失
覺察事後又任潛逃雖令跟追久無影響實屬
種種荒謬業已革職應毋庸議前任蘄州知州
孫承恩失察家丁夥同在配流犯指官詐騙亦有
應得處分業經分別革職應毋庸議除全案供招咨部
外所有審明定擬緣由謹合詞恭摺具
奏伏乞
皇上聖鑒敕部核覆施行謹
奏
道光十八年四月初十日奉
硃批刑部議奏欽此
三月二十五日

湖廣總督林則徐奏摺

遵旨拏獲楚豫交界地方人犯審明分別定擬

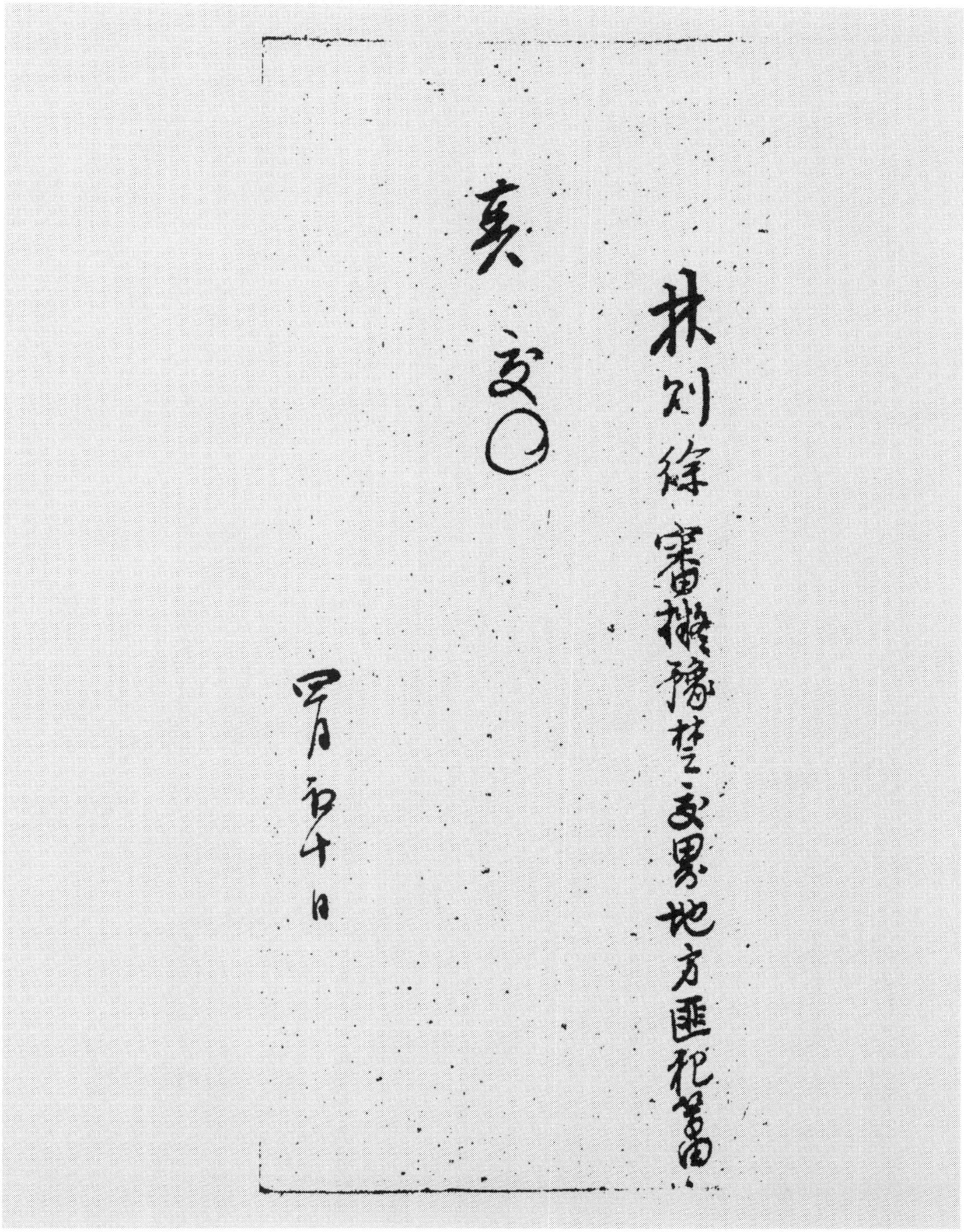
林則徐審擬豫楚交界地方匪犯摺

奏交○

四月初十日

二〇　湖廣總督林則徐奏摺　遵旨拏獲楚豫交界地方人犯審明分別定擬

道光十八年三月二十五日

湖廣總督臣林則徐跪
奏為遵
旨拏獲楚豫交界地方匪犯審明定擬恭摺具奏祈
聖鑒事竊臣於道光十八年正月初九日接准河南撫臣桂
良咨會承准軍機大臣字寄欽奉
上諭有人奏河南南陽府鄧州所屬黃岡等處地方多
有匪徒開設窩子等語河南之汝光等處向有捻
捻匪名目屢經緝辦未盡根株南陽鄧州所屬地方
方復有匪徒開設窩子為害地方尤為可惡著桂良
良即派明幹大員前往該處嚴密查拏毋令一名
漏網以靖地方原摺著鈔給閱看將此諭令知之遵
咨會到臣准此臣先赴襄河一帶閱視隄工當經

湖廣總督林則徐奏摺　遵旨拏獲楚豫交界地方人犯審明分別定擬　道光十八年三月二十五日

魯蔭安、黃鄭剛、並楊汝增、襄陽府金名聲、黃
陽俶從吕錫蕃審全案即援談、並方崇孫、李年
以來談俶從吕錫蕃疊獲多次匪徒共黨一名黃
維乾奉批審辦黃添美所開名單匪徒二十
六名內有何士金、周五鳳、吕小耀子、吕興、彭吕德宏
五名即立時獲罪一名以內所援談舒從吕錫蕃
獲杜老二、王鳳升、郭四、郭鳳年四名，又援湖
北鍾祥知縣蔓遠緝獲郭鳳江一名，又經豫省
委員緝獲黃佩良、王自林、朱沅標、陸個甸
魯登壬、連據恆、宗四個手、擒黃富、陸個沅、陳
克士、連忻二子、連孫胜十二名，又經那縣緝獲
馬老四一名，襄陽知縣緝獲王奕揚即王大楞一

名訊認疊次行竊業經先後病故又王自鮮一
名向在逃至湖北鄖西縣地方經兵役追捕落傷
身死究訊所犯尚一名已於十六年經河南新野縣
訪案拏獲擬軍發配各在案伏查此案原奏稱
各匪犯業經先後弋獲至馬一名漏網等語
5 河南撫臣桂良先後奏蒙
聖鑒在案
諭旨桂良奏請將拏獲匪犯解赴楚省審辦、其該河
因河南南陽府所屬地方無匪徒向役窩子
隨省派員帶犯解楚經臣等復核黃岡等九家均係
湖北襄陽所轄縣前有該省拏獲匪犯等
一併解赴楚省、又林則徐提同全案人證歸案

湖廣總督林則徐奏摺 遵旨拏獲楚豫交界地方人犯審明分別定擬

道光十八年三月二十五日

審也昔反諉供飾遁得各犯陸續前來當經行司提
襄陽昔保罪犯人犯一併提省審辦茲據王貞
武昌府知府裕善黃州府知府成善漢陽府
通判劉錫棻訊明議擬由臬司程矞采審解
勘前來臣隨親提研鞫緣呂興富與富米沅
楞達忻三子達振旺葉佩臣司士鳳司士全達
振恒郭鳳年陳個沅陳個翔郭四即郭鳳武陳克
士即陳奎宗四個牙即宗宗坤呂佳完呂小幢
子王鳳斗喬這士王自林杓蕭隸襄陽杜未二
即杜文保蕭隸新野呂興富先於道光元年
以後呂矩辦子於奪新野縣民高維錄物和尚
道四年四月犯後因逆同流子陸征出力辦

四年十二月八日聽從劉士忠等行竊新野縣李
姓牛二隻又於十四年三月聽從劉士忠勾行竊
鄧州楊家營楊姓牛一隻又於十五年十月二
十七日聽從黃小蟒子勾行竊汪同順舖內錢十
千零三百文又於十六年十二月誤衣遇同陳
老二行竊羅家灣牛一隻又於十七年五月聽
楊蟒子行竊新野縣南関內不識姓名舖布衣
三件又於十七年五月聽從楊蟒子行竊新野
縣陳家店徐姓牛一隻均變賣錢分用該犯
同達楊四回共行竊六次羅典富先於道光
十四年正月初十夜聽從王大拐行竊董得
貴家豬一隻又於正月二十四夜聽從

孔老二夥同王大榜宋の個牙宋忻和尚等
於窃河南新野縣姓馬一匹牛二隻棉花二
斤又於十五年正月二十六夜隨從孔老二等
於窃河南新野縣屬王廟不知姓名家驢一匹
又於正月二十七夜隨從傅亶旦等於窃河南鄧
州黃龍廟不知姓名家牛一隻又於三月初二夜
隨從宋兩榜夥同宋の個牙王鳳升行窃
雙溝地方李姓家牛驢各一隻又於十月初一
二夜隨從馬老の夥同王大榜等連窃河南和
莊寺和姓牛二隻棉被一床及和之李牛驢各
一隻又於十一月二十六夜隨從趙大榜夥同
宋の個牙宋忻和尚王大榜等於窃趙家坡

湖廣總督林則徐奏摺 遵旨拏獲楚豫交界地方人犯審明分別定擬
道光十八年三月二十五日

不知姓名家錢布衣物又於十二月初三夜夥
從王大揚穆同宗八個牙等行竊河南新野縣
陳華仁牛驢九隻並水桶物件隨時變錢俵
分花用該犯夥竊共計九次朱沅榜先經
夥從族人朱沅剛等向黄受弟等尋毆二次並
未傷人復於十七年八月內在新野縣雲星收買
煙土二百兩擬販至襄陽轉賣圖利運至
半路被黄效希等將煙攔去劉連先係其親
戚王自重走漏消息該犯即於是月十九日攜
帶鐵刀尋鬧砍落王自重右手四指並傷及左腳
腕左臁肋控經襄陽府傳案驗明王自重右
手已成殘廢餘傷平復該犯潛逃未獲是年

十月內有賊犯馬搬苟行竊新野縣地方李家
贓財拒捕，報經前犯借住襄陽朱洸有家，
閻程差捕，有朱興堂寫信通知朱洸有，因不識字
倩該犯代念，朱洸有始知被拏，畏懼躲避。
該犯等同兵役至朱洸有家拿獲同居之朱
洸湖，並起出鐵銃二桿、鐵錨四桿、柳條簸箕
四箇，以該犯朱洸榜私縱朱洸有逃走，當其併
鎖帶赴縣，差令跟尋，該犯隨向朱洸有找獲送案。
訊明鐵銃、鐵錨等物係朱洸有家所藏，朱洸榜並
不知情，當予釋回。朱洸有、朱洸湖於取供後旋即
先後監斃。連怙三子即連五組與連根旺係同
族弟兄，向開漆鋪，所住連家莊離襄陽縣城

九十餘里相距河南地方甚近遂聽二子於道光
十一年九月用錢二千七百文向張素買一鍾姓婦
人轉賣與張永安為妾得價四千千文至十四年
八月內與新野縣人王之化零星收買淮鹽陸
續運至襄陽張鋪售賣計一載有餘賣過鹽
四千餘斤旋因查拏嚴緊始行中止遂根旺
莫於道光十年將同鄉汝謹娶之一婦人至鄧
州轉賣被羅壽撤續娶為配陝州十三年三月
到配十二月脫逃十四年以後在新野縣陸續
收買淮鹽挑至襄陽轉賣每次六七十斤不等
共計收賣過私鹽三千餘斤又於十六年三月
向李大儒買得王氏劉氏二婦轉賣與不知姓名

人得錢八十五千文又買一仰如賣與路過客
人得錢三千文黄佩臣先於道光九年聽從
黄崇帝向朱姓討陳經戚友勸阻十年二月內
用錢七千文買得王姓仰女賣與陳山爲婦得
錢十五千文又於是年二月用錢三千文買得
陳姓之婦轉賣與河南商販民人趙殿鰲爲妻
得錢二十千文又買得唐秤之女轉賣與不知
姓名人得錢四千五百文又於十三年十一月內有
新野縣人陳老五欲娶妻室誤被拐犯郭
潮年買有李姓女子當向陳老五誑令出
錢四十七千文承買爲妻誤被犯分得媒錢四千文又
是年誤犯窩留李識之喬雪子等行竊牛隻二頭

湖廣總督林則徐奏摺　遵旨拏獲楚豫交界地方人犯審明分別定擬

道光十八年三月二十五日

郭得文、司士漢與司士奎係同族弟兄，係犯首
先于道光十年十月間夥同趙貴組首行竊新
野鎮民赤志榮場布疋，又聽從趙貴組行竊
江姓科家衣物，計贓罪名擬徒二年半。
司士奎于十二年八月被獲，照襄陽府應配
竊之例擬軍徒捍，五年十五年四月赦減徒捍
脫逃，於五月內聽從趙貴組三首行竊破碑鋪
董姓牛一隻，布二疋，棉被二床，又于七月二十八日
聽從司北根首行竊胡姓錢一整，又于十六年
十一月初七日夥同已獲攔搶之劉金朋首至司
士鳳行竊新野縣民赤志榮場布七十餘疋，衣
服二十餘件，計贓九十兩零，均各變賣俵分

花用談狄日士金係于陸郎滿氏扭斷鐵桿
脫逃陸仁行竊三次日士鳳自行竊得耕架
之後屢窩藏窠犯受逃縣于十五年九月糾行
竊蔡訊明四案撒陸永懋常鐵桿旋于十六年
三月扭斷鐵桿脫逃七月內仍從日恒保行竊
全俊踹家衣物棉線又于五月內仍同日恒保行
竊曹姓牛一隻又于九月內仍從越老指出行
竊劉姓家棉花衣服雜貨又于十二月內仍從
日士金出行竊郭姓錢未遂梁仔孝云衣服均
各賣錢俱同談狄日士鳳係于陸限朱滿潛
逃所從行竊四次迷拆恒先于十三年十二月
者業姓婦人因夫被害憤於同薛三子文收

買轉賣與鄧州人劉成爲妻得錢八千五百文
後又在豫山地方買一女孩轉賣與傅姓爲妻
得錢二千十六年正月又買得一女轉賣與
王姓爲妻得錢十七千文鄧鳳年亦于十三
年十二月用錢十七千文向李姓買得一女係
黃佩臣爲媒賣與新野縣人陳春五爲妻得錢
四十千陳幗從曾充襄陽縣推書於上年退
役又頂伊兄陳幗富之名充當保正任該縣
李大貴等于道光十年正月用錢三千六百
文買一李姓婦人轉賣與陳家河王姓爲妻
得錢十一千文又于十三年六月分爲二次賣
與劉懷宣除付過現錢外尚欠錢二十二千文劉

情願一擔如果折作錢十九千文又找完錢三
千文該犯隨將此女賣與新野縣民杜桐俊爲
妻得錢十八千文十六年二月又向宋洸前販
一李姓之婦充立代賣得錢十一千文杜老
二即杜文保于十六年九十二月陸續收買販鹽
販至襄陽轉賣共計三次每次挑鹽五六十斤
不知姓名鋪子壽光十四年二月赴河南新野
縣收買丟鹽至襄陽轉賣共賣過私鹽二百
餘斤郭四即郭鳳武于十六年冬間販鹽至
襄陽轉賣六次每次三四十斤不等陸克士即
陳奎原充襄陽修役因不充十一年押解遣
犯赴寬中途逃脫同陸二李于十四年二月

叢孔秀知十五年十二月潛匿之處並未為
匪宋四個身即宋宗坤先于道光十四年正月
聽從孔老二夥同羅真富等行竊新野縣任姓
牛馬騾花又于十五年二月聽從宋兩槐板錢
同羅真富等行竊雙溝地方李姓牛騾各一
頭又于十月內聽從趙大楞夥同羅真富等行
竊趙家坡不知姓名家騾布衣物又于是月
村竊耿青錢鍋一口並聽從宋兩槐板行竊宋
老辛牛一隻又于十二月聽從王大楞夥同羅真
富等行竊新野縣徐華偉牛騾各一隻並刀
衣物等各贓錢分用十八年二月又同孔老六
販賣私鹽三次每次四五十斤不等該犯聽得及

獨竊共計六次。呂德寛于道光十四年五月聽從胡
建揚行竊新野縣胡姓牛一隻，又于十五年七月聽從
胡建揚行竊翟家灣翟姓牛一隻；呂景瞎子即呂繕
銀于道光十一年二月聽從翟均林等行竊尚林家牛
一隻，又于十五年十二月邀約呂興富等行竊溫同順
鋪內錢十千零三百文；王鳳斗于道光十五年二月聽
從宋兩塊板彪同翟興富等行竊雙溝李姓牛驢
各一隻；喬道士即喬全傳駕船度日，道光五年三月聽
從喬全和向呂洪燦毆打，中途轉回，並未傷人；惟于
十三年十月同喬全、侄喬鐵錘在黃家集見有二人
背負鹽包行走，當與喬全、侄等將鹽擱搶回家糶賣
一百餘斤，係分自食；王自林向販豬隻，十五年七月

湖廣總督林則徐奏摺　遵旨拏獲楚豫交界地方人犯審明分別定擬

道光十八年三月二十五日

有王振志與伊猪手不償爭鬧曾糾人毆打經劝走散並未傷人以上案犯二十一名系將犯事情由供認不諱臣以該犯等係有人陳奐開設窩子貽害地方欽奉

諭旨飭拏要犯既經悉數弋獲必當徹底根究從嚴懲辦以靖地方恐現供尚有不實不盡難任避重就輕致滋寬縱復向再三嚴詰據該犯等堅供或止興販合或止興販私鹽或係疊次行竊其陳奐士一犯曾充差役因解犯疎脫擬徒發配潛逃陳幗沅先後充當櫃書地保均經責革訪無另犯不法重案及製造庫軍器開設窩子情事至前次另案起獲之鐵銃鐵鎗訊明實係朱洸有等所藏與朱沅榜無干起出籐簑訊係柳條所編與籐牌體質堅脆迥異不能

抵稱鳥槍並非真正軍器，朱洸有與朱洸潮均已
監斃，毋庸代為掩飾，是現供尚無避就，似屬可信。加
以刑嚇，矢口不移，案無遁飾。該犯等行竊多案，雖
未起獲贓據，惟犯係先後就獲，供情脗合，毋須
逐一關查，致滋延宕，應即據供定擬。此案呂畏富
原犯搶奪發遣，因隨從出力釋回，復又行竊六次，應
照未經得免併計之犯，因竊問擬軍流徒罪在配
釋回，不知悛改，被糾迭竊至六次者，照積匪猾賊例
翟畏富聽從行竊九次，應照初犯之賊被糾迭竊
至八次者，照積匪猾賊例，呂畏富、翟畏富二犯均發
雲貴兩廣極邊煙瘴充軍。朱沅榜因與王自重口
角爭鬧，用樸刀砍落王自重手指成廢，並傷及腳

腕等處應照兇徒因事忿爭執持兇器傷人發近
加一
邊充軍例發近邊充軍連忻三子即連正俊組與連
振旺除販賣婦女輕罪不議外惟收買私鹽運至
襄陽轉賣計三四千斤不等均應照越境興販官
引鹽至三千斤以上者發附近充軍例發附近充軍
黄佩臣販賣婦女三次內王姓幼女係轉賣為婢除知
情媒合及尋毆窩竊輕罪不議外應從重照興販婦
人子女轉賣與他人為奴婢者杖一百流三千里例杖
一百流三千里司士鳳因犯竊擬徒繫帶鐵桿乃敢
于徒限未滿扭斷鐵桿潛逃復聽從行竊四次應照
尋常竊盜內擬軍流徒罪其有在逃行竊者係一
二次贓未滿貫徒罪復犯擬以滿流例杖一百流三千

里司士全亦係犯竊擬徒于十二年八月繫帶鐵桿
至十五年四月脫逃已滿原擬徒二年半之限究與逃
徒不同惟係又行竊三次內章忠染坊之案係該犯
起意為首計贓九十兩擬徒三年應照釋放復犯
徒罪者仍繫帶鐵桿五年例繫帶鐵桿五年連
振恒郭鳳年陳幗沅各販婦女皆係轉賣與人為
妾陳陳幗沅準折劉怀宣婢女僅止擬杖外應與連
振恒郭鳳年均照興販婦人子女轉賣與他人為
妻妾杖一百徒三年例杖一百徒三年杜老二即杜文
保與陳幗鈞郭四即郭鳳武收買淮鹽販至襄陽
轉賣次數無多均未至三百斤應照犯無引私鹽杖一
百徒三年律杖一百徒三年陳克士即陳奎因解犯中

逢疏脫擬徒二年半乃于徒限未滿在配潛逃訊無另犯
為匪不法之案應照徒囚于務役限內而逃者一日笞五
十每三日加一等罪止杖一百仍發配所照依原犯徒限從新
拘役律仍發原配房縣杖一百從新拘役宗四個月即宗
坤販賣私鹽未至三百斤應擬滿徒惟聽從獨竊已
至六次應照初犯之賊被糾迭竊及獨竊六次同時並
發者照積匪猾賊量減一等例擬杖一百徒三年以上各
犯均分別刺字解配折責安置呂德寬呂小瞎子王
鳳斗均止行竊牛隻一二次呂小瞎子除糾竊溫同順鋪
手十千零三百文罪止杖七十應從重與呂德寬王鳳斗照
盜牛一隻枷號一個月杖八十為從減一等例各擬杖七
十枷號二十五日喬道士即喬金法擱截私鹽秤重一百餘斤

應比照探知竊盜人財而于中途搶去準竊盜論竊盜贓一兩以上至一十兩杖七十律杖七十王自林因王振志欠其豬價並不好為理論輒行糾毆應照不應重律杖八十以上擬加杖各犯分別枷滿折責刺臂遞籍管束王自鮮在鄖西縣被營兵吳先貴殺死是否擅殺及王大楊馬老四在監病故禁卒人等有無凌虐情弊均由各該縣訊明另行詳辦所有現犯供出夥竊各匪嚴飭勒緝獲日另結失察各犯為匪之保甲及不能約束王文先分別傳案笞責役黃佩輝等與販婦女均係轉賣為妻並無親屬控告自可毋庸究查程貴致傷陳樓郭鳳江一犯現因患病未經解省屢訊到案各犯均稱並未同夥為匪應飭襄陽縣醫治務痊

飭明另办除全案供招咨部外所有審明定擬緣由理合恭摺具

奏伏乞

皇上聖鑒敕部核覆施行謹

奏

道光十八年四月初十日奉

硃批刑部議奏欽此

三月二十五日

辰州知府員缺請以方傳穆補授或另行簡放

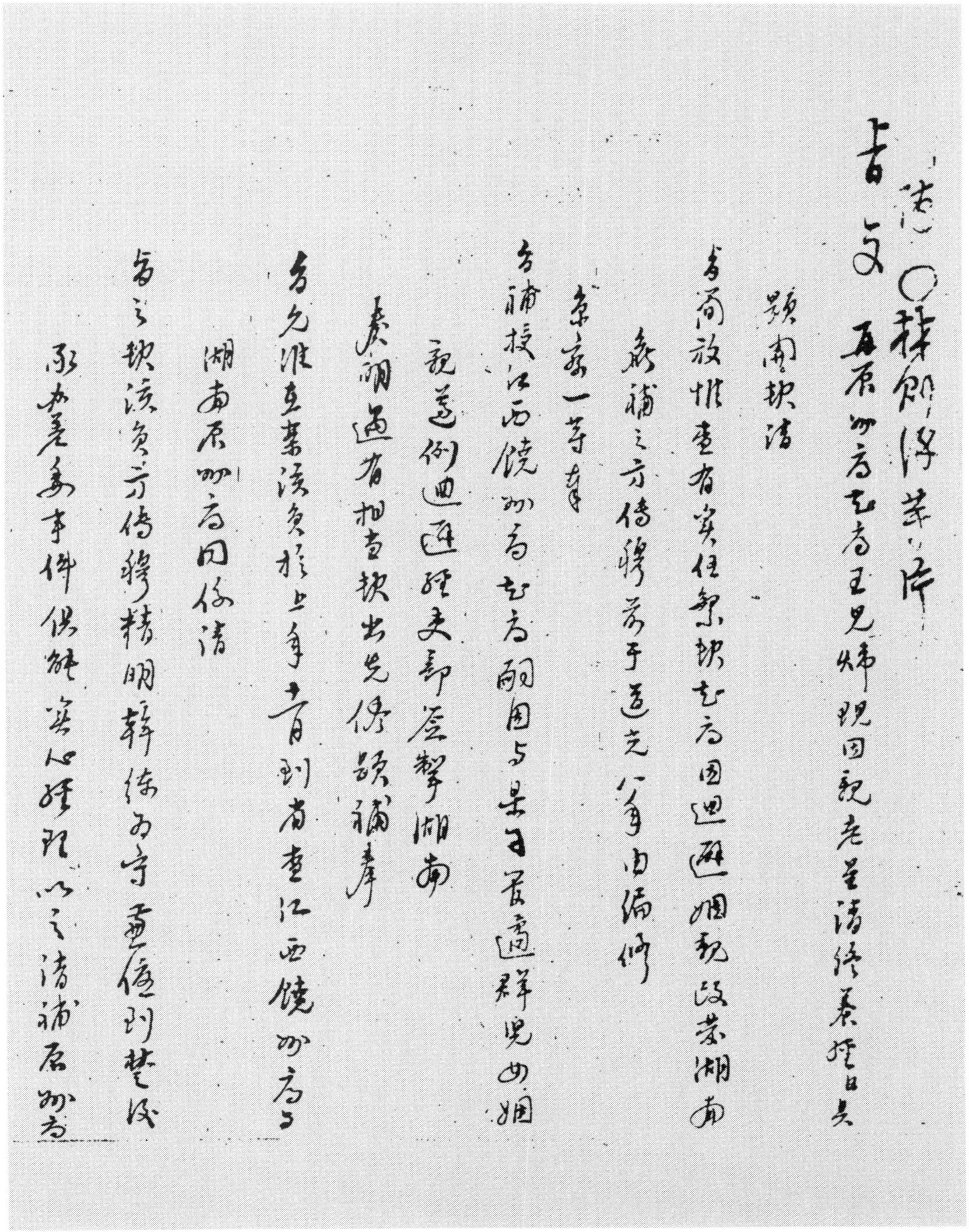
[illegible]○林則徐等片
旨交
再辰州府知府王兆琛現因親老呈請終養，經臣具
題開缺，請
旨簡放。惟查有實任繁缺知府因迴避姻親改發湖南
候補之方傳穆，前于道光八年由編修
京察一等奉
旨補授江西饒州府知府，因與[illegible]兒女姻
親遵例迴避，經吏部簽掣湖南
奏明遇有相當缺出，先儘題補奉
旨允准在案。該員於上年奉旨到省，查江西饒州府與
湖南辰州府同係請
旨之缺，該員方傳穆精明幹練，[illegible]守兼優，到楚後
派辦差委事件，俱能實心經理，以之請補辰州府

湖廣總督林則徐等奏片 辰州知府員缺請以方傳穆補授或另行簡放

道光十八年三月二十五日

勘爲洵堪勝任臣與督臣林則徐往返札商意

見相同合無仰懇

皇上天恩可否即以該員方傳穆

准補辰州府知府俾資治理抑或另行

簡放之處恭候聖裁

欽定謹會同督臣林則徐附片陳明伏乞

聖鑒訓示謹

奏

道光十八年三月廿五日奉

硃批

另有旨欽此

請將黃陂崇陽大冶三縣知縣熊象麟等分別革職勒休撤任

奏

林則徐等

請將熊象麟等分別

革休撤任由

陀

旨交○

四月十八

湖廣總督林則徐等奏摺　請將黃陂崇陽大冶三縣知縣熊象麟等分別革職勒休撤任

道光十八年三月二十六日

湖廣總督臣林則徐

湖北巡撫臣周之琦跪

奏為甄別才不稱職及年力就衰之知縣請

旨分別革職勒休撤任以肅吏治恭摺

奏祈

聖鑒事竊照知縣為親民之官必須明幹有為精力

強健方足以資治理臣等自到任以來節次將

才不勝任各員奏參

諭旨分別勒休降革改教在案竊恐尚有不稱

硃

職者仍隨時留心察看茲查有黃陂縣知縣熊

象麟江西舉人該員疲軟無能辦事錯謬屢經

方撤其任意廢弛考試不孚輿論以致嘖

硃

有煩言實屬不職應請革職示懲又崇陽縣知

硃

縣王觀潮歷俸年久該員年逾六旬精力漸
減審理刑名詞訟多滯擱致未便因其尚無
劣績姑容應請勒令休致大冶縣知
縣恩惠內務府漢軍旗生該員才欠穩實亦
於約束家丁疏于民社未宜惟年力正壯應請
撤去本任仍照護員之例送部引
見恭候
欽定除行司將各員缺委員摘印署理並查明經
手倉庫錢糧有無虧短另辦外所有黃陂縣
係衝三要缺例應在外揀調崇陽縣勒休之
缺湖北省現有應補人員另容照例分別揀調
請補其大冶縣撤任之缺應歸部選合併陳明

謹合詞恭摺具
奏伏祈
皇上聖鑒訓示謹
奏
道光十八年四月十七日奉
硃批 欽此

三月二十六日

道光十八年四月初十日内閣奉

上諭林則徐奏拏獲楚豫交界地方匪徒審明定擬一摺已交刑部議奏矣此案匪犯司士渢司士全既經地方官拏獲照例繫帶鐵桿自應牢固拴繫方足以小懲而大誡何以繫帶之後該匪等仍復扭斷脱逃肆竊無忌是該省繫帶鐵桿之例仍屬有名無實且恐看守人役另有得賄徇情私行開放等弊嗣後各該省遇有此等匪徒務須依法繫帶嚴加管束倘敢扭斷脱逃即將看管人等嚴行訊究查有賄縱私放之事一併從重懲辦毋任姑息養奸庶使匪徒畏法斂跡而閭閻胥獲又安也

欽此

上諭　著照林則徐等所請奬勵捐修河道隄埁知縣

道光十八年四月初十日内閣奉

上諭林則徐等奏捐修河道隄埁等工請奬勵倡捐知縣一摺著該部議奏此項工程係屬捐辦著免其造册報銷欽此

上諭 著照林則徐所請蘇在中劉鴻庚修竣漫潰處所准其開復頂帶

道光十八年四月初十日内閣奉
上諭林則徐等奏請將知縣開復頂帶等語湖北公
安縣知縣蘇在中署天門縣事試用知縣劉鴻庚
前因漲水潰口當降旨將該員等摘去頂帶勒限
趕修茲據該督等查明該員等於被叅後已將漫
潰處所一律修築完竣尚知愧奮蘇在中劉鴻庚
均著准其開復頂帶該部知道欽此

上諭　著照林則徐等奏請湖南提督准其常駐辰州府城

道光十八年四月初十日内閣奉

上諭林則徐等奏請將湖南提督常駐辰州府一摺湖南提督統轄全省營伍常德辰州二府俱建有衙署兹據該督等察覈該省形勢辰州較常德地方更為扼要湖南提督著准其常駐辰州府城以資彈壓其每年應行前赴常德駐劄之處仍由該提督隨時酌量毋庸拘定時日欽此

上諭　著林則徐嚴審柯自得所告案定擬具奏

道光十八年四月初十日奉
旨此案著交林則徐親提人證卷宗秉公嚴審按律
定擬具奏原告柯自得該部照例解往備質欽此

上諭　著林則徐嚴審任長春所告案定擬具奏

仝日奉

旨此案著交林則徐親提人證卷宗秉公嚴審按律
定擬具奏原告任長春該部照例解往備質欽此

上諭　著照林則徐所請熊象麟革職王觀潮勒休恩惠撤任送部引見

道光十八年四月十一日內閣奉
上諭林則徐等奏甄別知縣一摺湖北黄陂縣知縣熊象麟疲軟無能緝捕廢弛著即革職崇陽縣知縣王觀潮年逾六旬精力漸減著勒令休致大冶縣知縣恩惠才欠穩實於民社未宜惟年力正壯著即撤任照例送部引見該部知道欽此

湖廣總督林則徐奏摺　**湖北巡撫周之琦丁艱出缺請迅賜簡放**

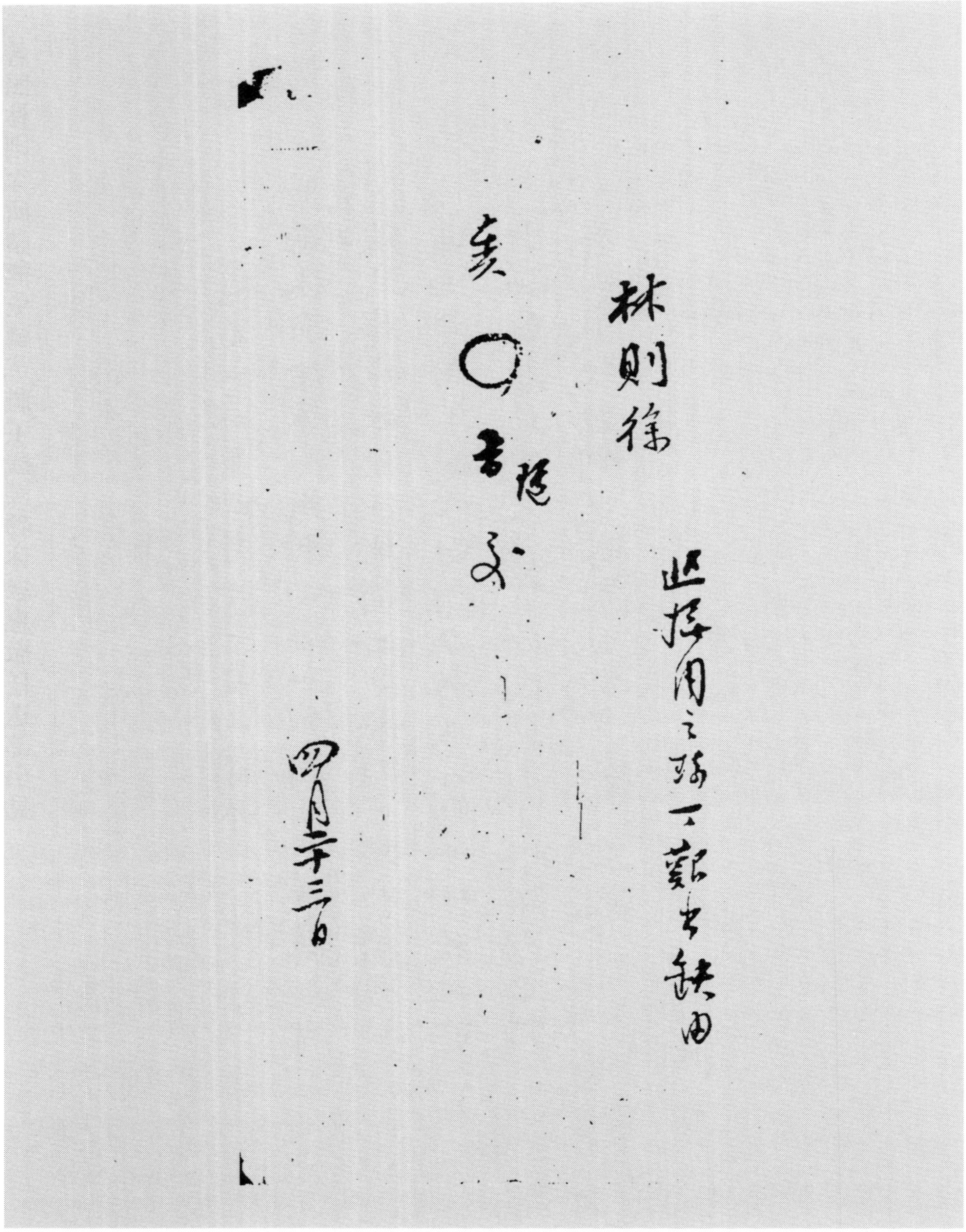
林則徐
巡撫周之琦丁艱出缺由
奏
四月十三日

湖廣總督臣林則徐跪

奏為巡撫現丁母艱暫委藩司護理請

旨迅賜簡放以重職守循例由驛奏

聞仰祈

聖鑒事竊照湖北撫臣周之琦親母陳氏現年九十三歲迎養在署平日体氣強健臣曾見過詎自本月初間偶感風寒日漸增重于四月十二日病故撫臣周之琦係屬親子例應丁憂所遺篆務應即先行接署惟臣所管兩省公事本屬殷繁且現值雨水过多江漢水勢日見報漲深虞盛漲即當出省督防恐難兼顧查藩司張岳崧節次護理撫篆諸務甚為諳悉精神亦能貫注堪以護理至

藩司以下篆務亦應通署臬司程銈前往兩次
署藩均臻妥協堪以兼署藩篆安襄鄖荊道
楊以增明幹精詳堪以兼署臬篆候補道劉華
紳老成練達堪以兼署安襄鄖荊道除檄飭
遵照外所有接任丁艱緣由理合由驛具
奏伏乞
皇上聖鑒迅賜簡放施行謹
奏
道光十八年四月二十三日奏
硃批
欽此
四月十三日

湖廣總督林則徐等奏摺　省局存磺已裕請停止開採湘鄉磺礦

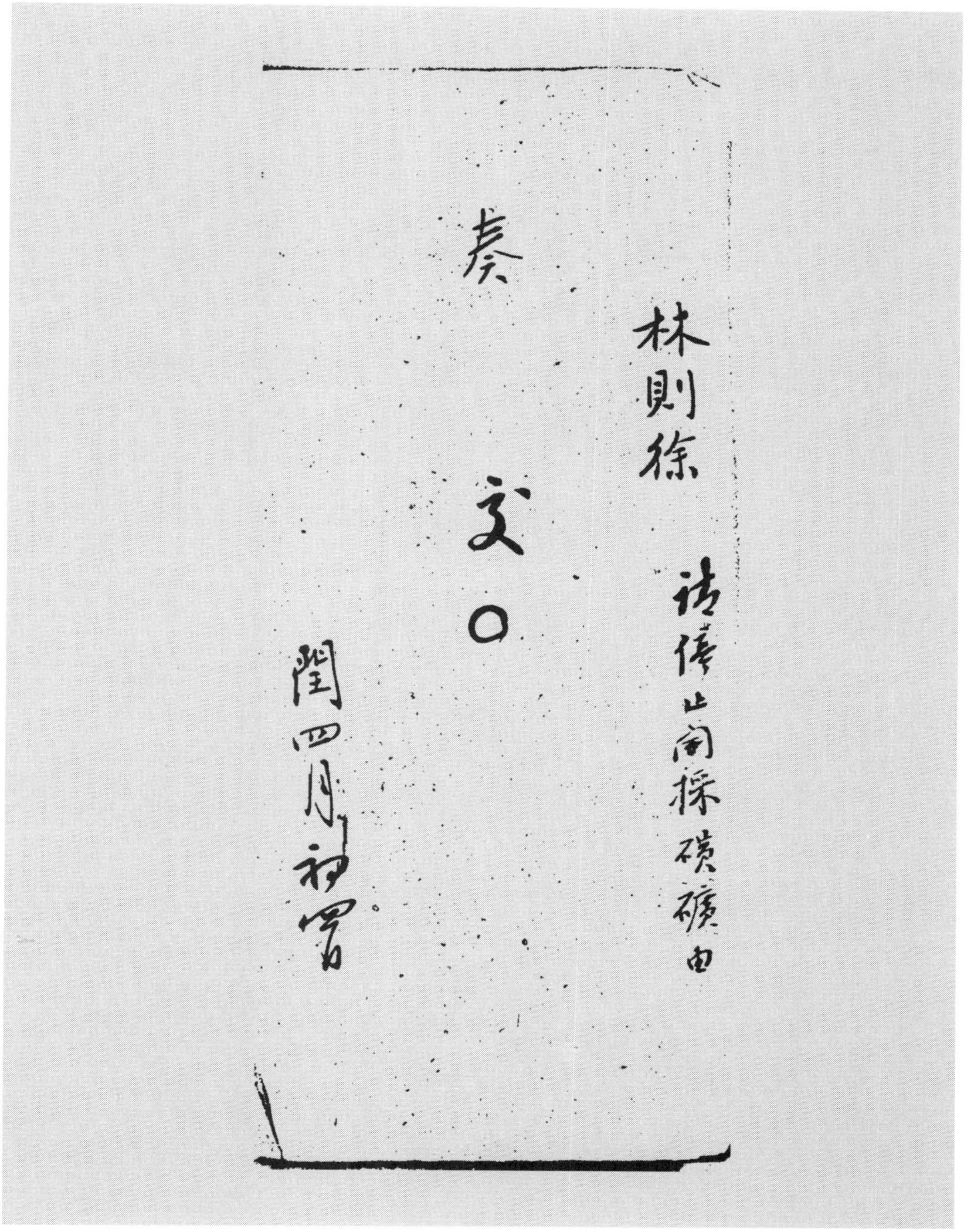
林則徐　請停止開採磺礦由
奏
交○
閏四月初四

湖廣總督林則徐等奏摺　省局存磺已裕請停止開採湘鄉磺礦

道光十八年四月十八日

兩湖總督臣林則徐
湖南巡撫臣錢寶琛　跪
奏為省局存磺現已充裕應行停止開採遵
旨照例封禁並請動款給價脚銀兩恭摺奏祈
聖鑒事竊照上年前護撫臣裕泰奏開湖南湘鄉縣
磺礦以裕軍火一案欽奉
上諭該處地接苗疆磺觔關係甚要著林則徐等
宣諭遴選妥為經理嚴密防範務臻毫無偏
漏採磺觔積為充裕即行奏請照例封禁等因欽此臣
等當即欽遵委試用知縣楊佩馳往該處會
同湘鄉縣知縣吳學淦妥為經理慎防偏漏
業將辦理情形
奏蒙

奏鑒在案。茲據藩司詳據該委員等先後查提解湖
淨磺十萬四千八百餘觔，均已發局秤收。又上
屆存磺除各營領用外，截至本年三月底止，尚
存磺四萬六千餘觔。又嘉慶年間平苗案內湖
北省解存未經動用磺一萬七千五百餘觔，通
計新舊共存磺一十六萬八千餘觔，足供數年
之用，應請停止開採。所有現在採獲磺觔，內除
六抽稅磺二萬九百餘觔毋庸給價外，其餘
磺八萬三千九百餘觔，照例每百觔給價銀四
兩二分，共應給銀三千五百二十四兩一錢零。
又磺觔解省需用包簍運腳，以及夫役薪水
等項，共銀一百八十八兩四錢零，總共應給價腳

等銀三千七百一十二兩五分零零，應請循例
奏明，在于道光十七年耗羨款內動支給領等情
前來。臣等伏查湖南各營協領用及鄰省採
買，每年約需礦一萬八千餘觔，今前項舊存新
收共礦一十六萬八千餘觔，以歲需數計之，
局充裕，自應停止開採。遵
查例封禁，以杜流弊。除已由臣及示飭遵發告示
曉諭，禁止鄉民私挖，一面檄委鹽法長寶
道李裕堂馳往督同該縣將開過各處礦硐
一概用壘石封閉，仍分飭營縣派撥兵役不時稽
察巡防，毋任懈弛，並將應給傭腳等費核明撥
照數動放外，謹將辦議緣由合詞恭摺具

奏伏乞

皇上聖鑒勅部查照施行謹

奏

道光十八年閏四月初四日奉

硃批該部知道欽此

四月十八日

兩湖總督林則徐等奏摺　**拏獲道士韓子蘭查非邪教擬杖徒**

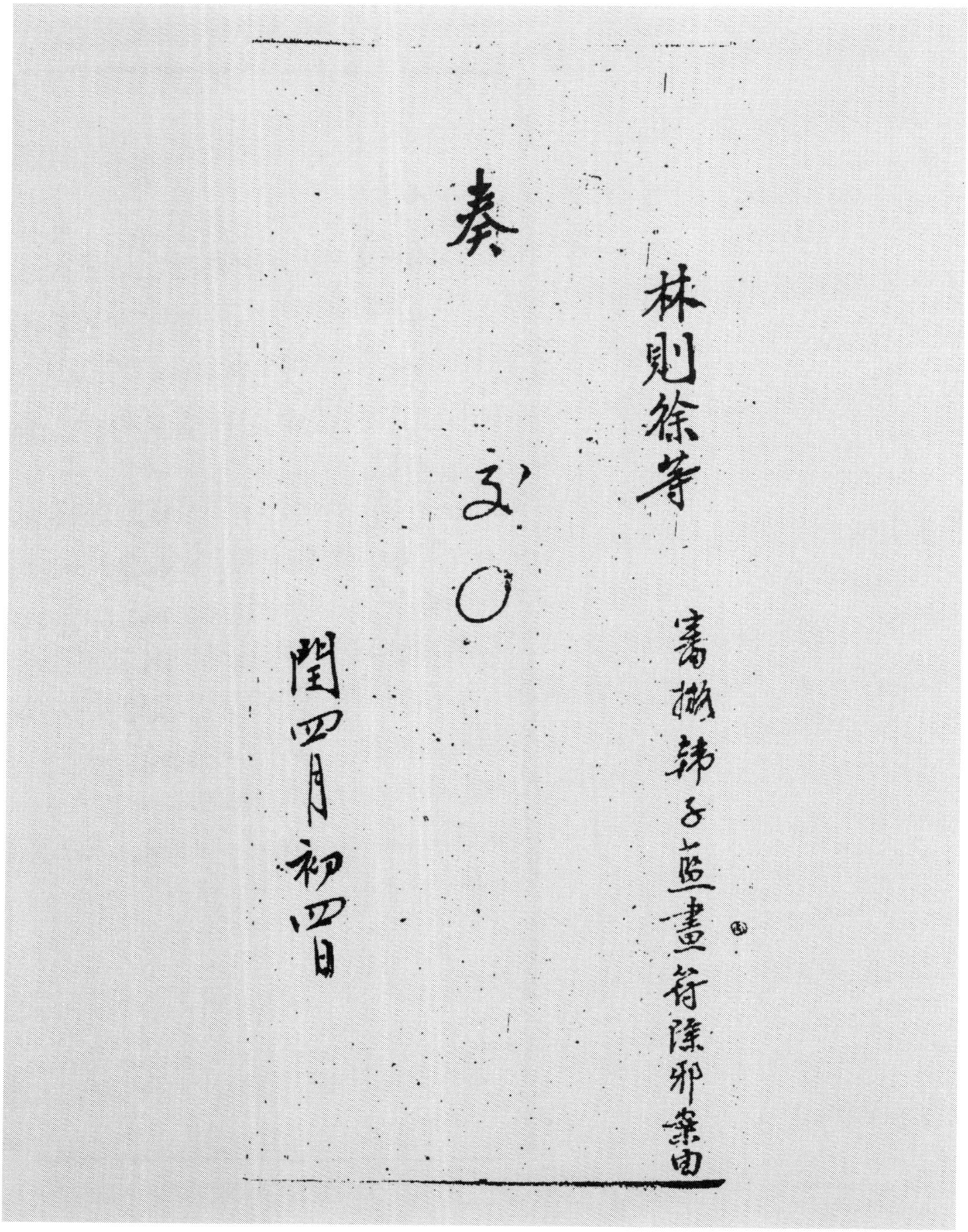
林則徐等
審擬韓子蘭畫符除邪案由
奏
文〇
閏四月初四日

清宮林則徐檔案匯編　二〇

兩湖總督林則徐等奏摺　拏獲道士韓子蘭查非邪教擬杖徒
道光十八年四月十八日

兩湖總督臣林則徐
湖南巡撫臣錢寶琛跪
奏為拏獲畫符傳邪未成匪犯審明並非邪教，分
別定擬，恭摺具奏，祈
聖鑒事。竊據辰永沅靖道王簡會詳，據派往永順縣緝
匪之外委那正倫會稱：風聞民人彭文政家窩
留面生之人，習為邪教，藏有邪書器械，當帶練
勇前往，將習教人犯及邪書器械一并拏獲，詳
道，已飭委永順府暨縣勒審等情。臣林則徐當
查民人彭文政家胆敢窩留習教匪犯，藏匿邪
書器械，實屬不法，難保非即藍正樽案內習教
之犯，必須澈底究明，從重懲办。當即委武昌
府同知陳[illegible]馳往勒訊，業經附片奏案

硃批淨絕根株為要欽此欽遵轉行去後隨據該委
員陳天驊查明拏獲之犯名韓子蘭係火居道
士平日為人打醮念經並自能畫符除邪並
無傳習邪教情事並起獲經文數本逐細搜查亦
無收藏邪書符籙違悖不法物件因有民人黃
榮富等與經文政換有嫌懸架詞妄告以致外
委邢正倫輕信重報隨將收獲人犯押解至省
發委長沙府知府何其興會同武昌府同知陳
天驊審明議擬由湖南臬司楊慶琛會同藩司
親提覆審具詳前來臣等細加查核緣韓子蘭
係鳳凰廳火居道士其徒文韓係松亦係道士遺
有經卷符籙該犯所受學習為人念經建醮

看地葬墳糊口，因貧難度日，將經卷内原有符籙
照樣描成一本，並削木劍二柄，于道光十七年
二月内攜帶符本木劍，往各處出外捏稱伊能驅
除邪疫，希圖騙錢使用，因無人相信，遂未經得分。
是年十月内，行至永順縣境，有素識之熊文政
因其媳熊朱氏病故，即僱韓子蘭至伊家念經
超薦。先是，熊文政之鄰居龔榮富因向熊文政
借貸不遂，挾有夙嫌，適見其家有人打醮念經，
起意架詞誣害，欲拏究洩忿，即向其弟充當保
甲之龔榮花，以熊文政家窩留邪教，藏有邪書
器械等情，向巡役彭元要、鄧飛倫具告。鄧飛倫
當即往拏時，熊文政家經已念完，韓子蘭文經

兩湖總督林則徐等奏摺　拏獲道士韓子蘭查非邪教擬杖徒
道光十八年四月十八日

該處民人指為教門將派教徒往念經邪正倫
隨至該處教家將韓子蘭拏獲起出經卷符
劍等解省接委員勘查明確提省審悉前情
並無蹤跡韓子蘭實有傳習邪教情事復就近
親提嚴訊供與該司等所訊無異將起獲經卷
符本逐細檢閱實係道家常用經文符籙並無
違悖不法語句復飭該承順縣風聞所查得韓
子蘭然文武係鄰親屬所具供結僉稱韓子蘭
等並無習教情事業經造冊查韓子蘭現為火
居道士為人念經建醮原為例所不禁惟該犯輒
敢描畫符籙製造木劍給鄉驅除邪疫雖未行
使得錢究屬玩法自應比例酌議問擬韓子蘭

應照端公道士作為異端邪術醫人未至死
者杖一百流三千里例上量減一等杖一百徒
三年至配折責安置莫英茂充當保甲隨同
其兄莫英富妄指趙文政窩匪習教雖屬不合
應照不應重律杖八十再加枷號一個月枷滿
折責革役莫英富現尚在逃另緝獲日另結趙
文政於應教倩韓子蘭在家打醮念經並令
其畫符除邪請免置議外委邪正倫等委巡緝
查拏逃犯本其專責惟既將韓子蘭拏獲明知
係火居道士在趙文政家諷誦道經即起獲木
劍二柄自稱鎮除邪疾亦不過尋常罪犯乃輒
聽莫英富妄指不察虛實混稟指為邪教藏有

邪教若概擬杖責，詞殊屬不知輕重，應降爲額外外
委，以觀後效。起獲經卷等件業經銷燬，除全案供招
咨部外，理合恭摺會
奏，伏乞
皇上聖鑒，敕部核覆施行。謹
奏。
道光十八年四月初四日奉
硃批：刑部議奏。欽此。
四月十八日

監犯越獄脫逃請將署棗陽縣知縣鹿啓烈典史劉世儼分別革職

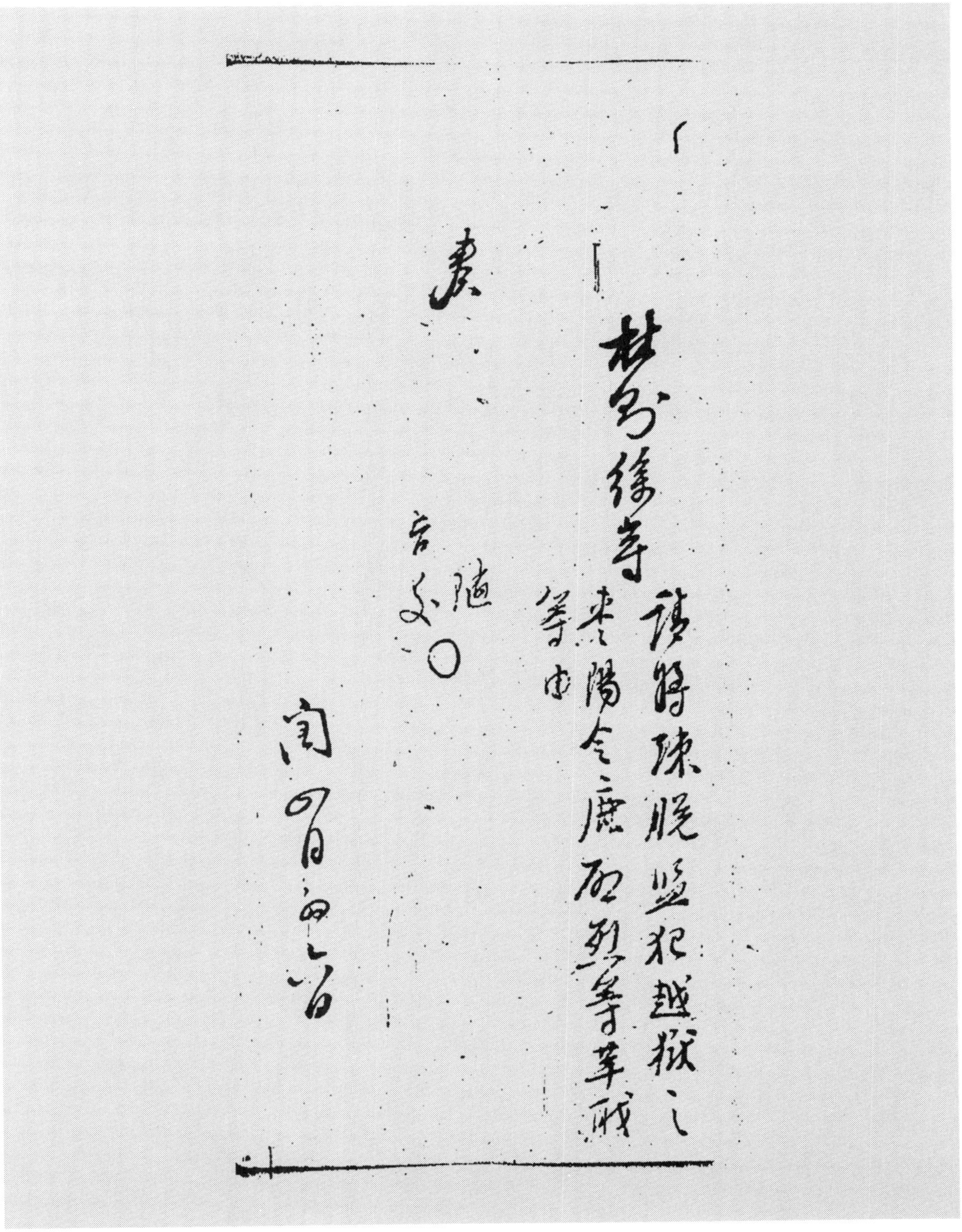
林則徐等 奏請將疎脫監犯越獄之棗陽令鹿啓烈等革職等由
奏
隨旨交○
閏四月初二日

湖廣總督林則徐等奏摺 監犯越獄脫逃請將署棗陽縣知縣鹿啓烈典史劉世儼分別革職 道光十八年四月二十日

湖廣總督臣林則徐跪
護理湖北巡撫布政使臣張岳崧
奏為特參疏脫監犯越獄逃走之知縣典史請
旨分別革職留緝恭摺奏祈
聖鑒事竊據署棗陽縣知縣鹿啓烈會同稟稱道光十
八年三月初二日據印署事是夜三更值風雨大作
據典史劉世儼面稟監犯邢治閔越獄脫逃等
語當即選派丁役緝拏並分途追捕一面親
詣勘得邢治閔係扭斷鐐銬用斷鐐撬開地
板從洞逸出取廁旁木櫈攀附越墻逃逸查
邢治閔係起意行竊劉劉氏家臨時行強之犯先經
前縣徐昉為等獲報盜丁大庸續獲該犯並將
憨子等寫據供認邢治閔起意伙竊劉劉氏家

本縣陳時何傳至黃亞河南桐柏縣獲到列荊彰
家小縣等情臣等查此案先據該縣稟報丁大澤
等越獄後飭即經閣等均經先後札飭緝省
並審出案查原招供同刑經閣係署任新涖
重犯該典史尤應小心防範竟被越獄脫逃
既已據詳署縣雖于是日甫經到任究未能先
事嚴防更恐刑禁人等索詐犯受押之際有受
賄故縱情弊前據該管道府揭報由府具詳
兩司詳參前來相應據實
參奏請
旨將棗陽縣典史劉世儼革職署棗陽縣事
試用知縣鹿啓烈照例革職留任仍令上緊嚴

得俟限滿無獲再行分別辦理除飛飭各
屬嚴拏邢洛閩務獲一面行司委員摘印參革
典史劉世儼及刑禁人等並全案獄犯來省審
辦外謹合詞恭摺具
奏伏乞
皇上聖鑒訓示再此案該管上司職名另行開參
又棗陽縣典史缺應歸部選湖北省現有應補
人員容另遴員咨補合併陳明謹
奏
道光十八年四月 二十日

硃批 該部 知道

接護暹羅國貢使回國過境日期

林則徐等片

再暹羅國貢使自京回國經由楚省前准禮部

咨奏奉

諭旨著各直省督撫沿途遴委武職大員接遞護

送

送等因欽此當經臣等札委黄州協副將佛

祥漢黄德道慶霖迎探接護並飭經過黄梅

縣照例應付去後茲據具報該國貢使于道

光十八年三月二十四日由安徽省宿松縣入湖北

黄梅縣境二十六日護送至江西德化縣交替

出境該使臣等一路行走極爲安靜沿途應

付亦無貽誤除先已咨明江西撫臣一体委員

接護應付外理合附片奏

湖廣總督林則徐等奏片　接護暹羅國貢使回國過境日期
道光十八年四月二十日

聞。謹

奏

道光十八年閏四月初八日奉

硃批：知道了。欽此。

湖廣總督林則徐等奏摺　委令王若閎護理荆宜施道但明倫署理荆州府知府

奏

林則徐等

委王若閎護荆宜施

道篆但明倫署荆州守由

交〇

閏四月十日

湖廣總督臣林則徐跪
護理湖北巡撫布政使臣張岳崧
奏為委署道府篆務循例奏祈
聖鑒事。本年四月廿日接准吏部咨欽奉
上諭：梁寶常著調補江南河庫道，所遺湖北荊
宜施道員缺，著王藻補授。欽此。當即恭錄移
行欽遵。旋查王藻由廣東瓊州府來楚，到任需
時，所有荊宜施道篆務亟應先委員接署，以便梁
寶常交卸前赴調任。查該道有督防隄工、監收
關稅之責，今年江水來源已形旺盛，隄汛最為緊
要，關口川船往來，務在堵緝私鹽。查有荊州府知
府王若閎在荊多年，情形熟悉，堪以護理道篆。
所遺荊州府知府篆務，查有候補知府但明倫

湖廣總督林則徐等奏摺　委令王若閎護理荊宜施道但明倫署理荊州府知府
道光十八年四月二十六日

明係公勤堪以往署除分飭遵照外所有委護
道署府緣由謹合詞恭摺具
奏伏乞
皇上聖鑒謹
奏
道光十八年閏四月十一日奉
硃批知道了欽此
四月二十六日

湖廣總督林則徐等奏摺　**湖北各屬籌辦隄工修培完竣情形**

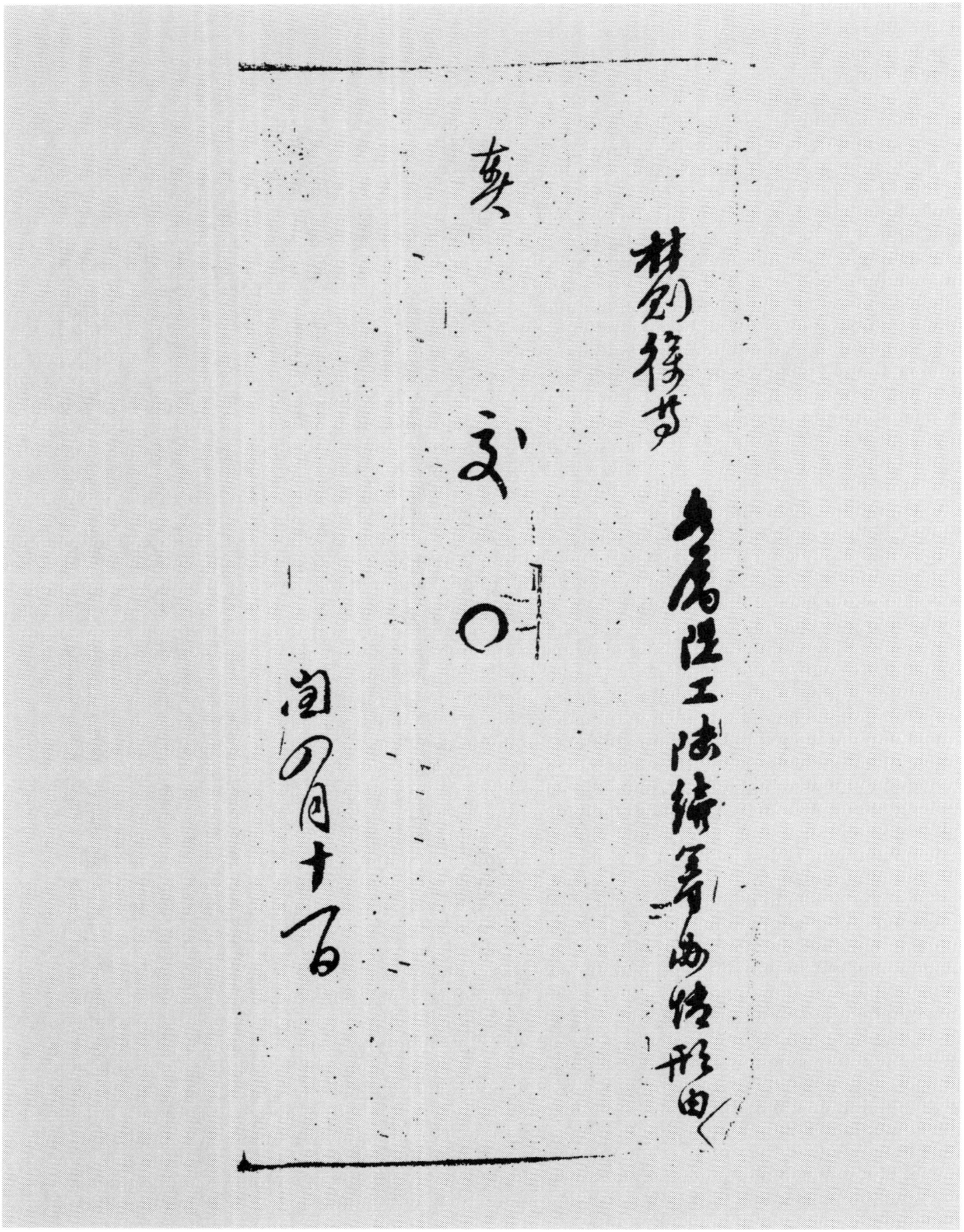
林則徐等
奏為隄工陸續籌辦情形由
奏
文　○
閏四月十日

湖廣總督臣林則徐跪
署理湖北巡撫布政使臣張岳崧
奏為楚北各屬隄工陸續設法修培以禦大汛現已
一律完竣謹將籌辦情形恭摺奏祈
聖鑒事竊照江漢二川綿亘於湖北二千餘里境
內是以各屬隄防險工林立而經費則甚屬
有限故凡可以籌之處均不敢指款動支計
自上年冬令水落以後所有勸估應辦之工不
一而足惟鍾祥縣之利公菴何家潭建築石
壩加拋坦坡請動鍾隄息銀四千一百餘兩潛江
縣之前城隄請動沙洋隄息銀六百五千餘兩黃
梅縣石板橋以下補築新隄請動商捐隄防
息銀八千四百餘兩以上三款均經奏蒙

湖廣總督林則徐等奏摺　湖北各屬籌辦隄工修培完竣情形
道光十八年四月二十六日

恩允分別飭修在案。此外工段甚多，本屆概令業民
派土集費自行修築，為督率辦理。惟查各
處情形有勢不能歸於一律者，蓋形勢有險
平，工程有難易，段落有長短，民力有贏絀，業
戶有多寡，田地有肥磽，得此權衡實難。概視其
眾擎易舉者，不可任其觀望不前；而獨力難支
者亦不可聽其遷延貽誤。惟有因時因地斟酌
權宜，務期隄防有資而又不擾。
帑項且本年春季楚省雨水過多，立夏以後桃汛
漸漲，需江漢水勢日見增長，省城一帶江岸
所設誌樁比較歷年皆已大至數尺，上游各屬
大概亦同，尤須趕緊加築隄防，以禦大汛。除照

常年修之江夏、嘉魚、漢陽、漢川、沔陽、潛江、鍾
祥、江陵、石首、松滋、黄梅、廣濟、監利、黄陂、
孝感、雲夢、當陽等州縣均已具報常修完竣外，
尚有預請籌辦之工，如咸寧縣江隄另估加幫，並
填補水潭共長一千一百五十九丈，需銀四千六百
餘兩，除借墊銀二千六百餘兩應由業民徵還
外，該署縣彥廷櫆捐銀二千兩以濟工用。又
蒲圻縣加培各工，估銀一千二百十兩零，該縣任秉
錫全行捐辦，並添築土壩二十丈，另加子隄一百零
四丈。又荆州府所轄之萬城大隄，自道光十一年
奏准責成該府承辦之後，歷年常修土方雖係
出於民力，而防汛搶險用費較繁，亦須該府籌辦

湖廣總督林則徐等奏摺　湖北各屬籌辦隄工修培完竣情形
道光十八年四月二十六日

本屆各屬隄段共修土五十二萬又有續估潭子
湖府宗橋等工需土一萬四千六百石二百
餘方均由該府王若閎捐貲辦理又公安縣藍
尹工西湖廟等處均因對面沙洲挺出溜勢陡
急異常必須估築不可工原派土方不敷後經該
縣知縣寶荃率同紳耆勸捐錢四千四百餘
千文並董飭承辦又監利縣朱河汛之大公等處
地方新挽月隄長一千五百七十六丈其地最居
衝要工須加倍高寬而經費甚鉅更覺難以
集事因該縣黃炎東上年秋汛防險不遺餘
力舊隄強塹旋搶終未過水隄內田地仍獲逢
收居民甚皆感頌今出咸願加倍集費大築

月隄連岸俱常修，共用土一萬方有零，由
紳董承辦。又天門縣潭隄陡上年補還下中
淵三區之工，經該縣劉鴻庚倡捐興辦，並
本屆常修亦已報完。外尚有彭市河修砌石
磯，排釘樁木，岳家口另築月隄，並岸下陶林
等處隄工，共長一萬六千餘丈，復由紳富捐
辦。又補修剅口隄長二萬五千丈，由縣墊銀一千二
百餘兩，均已築完竣。又京山縣常修之外，另有烂壟
口一帶形勢最陷，高若建瓴，上年大汛時，臣林
則徐親至其地，飭籌藉兩道銀，購撥抵擋，
業經奏
聞在案。則奏勘估必須建挽月隄，長一萬四千

之生業民所集之費不敷一時又難加派臣等督飭
司道分司設法籌墊下年再以資趕辦仍飭
分年攤征歸還又襄陽之老龍石隄荊門州
之沙洋大隄本屆應修工程尤屬要務亦
經襄陽府同知張惠年荊門直隸州知州呂
恂各自捐修以上各工隄俱據該分別飭委各
道府先行驗收仍俟伏秋大汛之時臣林則徐
親歷各處擇要瞭防風所經過之區隨時
自行覆驗如有草率偷減情弊即將承辦
印汛各員據實參處刻下水勢日增一面飭
司道遴委員前赴各州縣會同地方官分段
認真防範務保無虞以期仰副
聖主保衛民生至意所有設法籌辦緣由臣等

謹合詞恭摺具
奏伏乞
皇上聖鑒謹
奏
道光十八年閏四月十一日奉
硃批知道了欽此
四月二十六日

湖廣總督林則徐等奏摺

湖北學政延請閱文幕友及考試情形

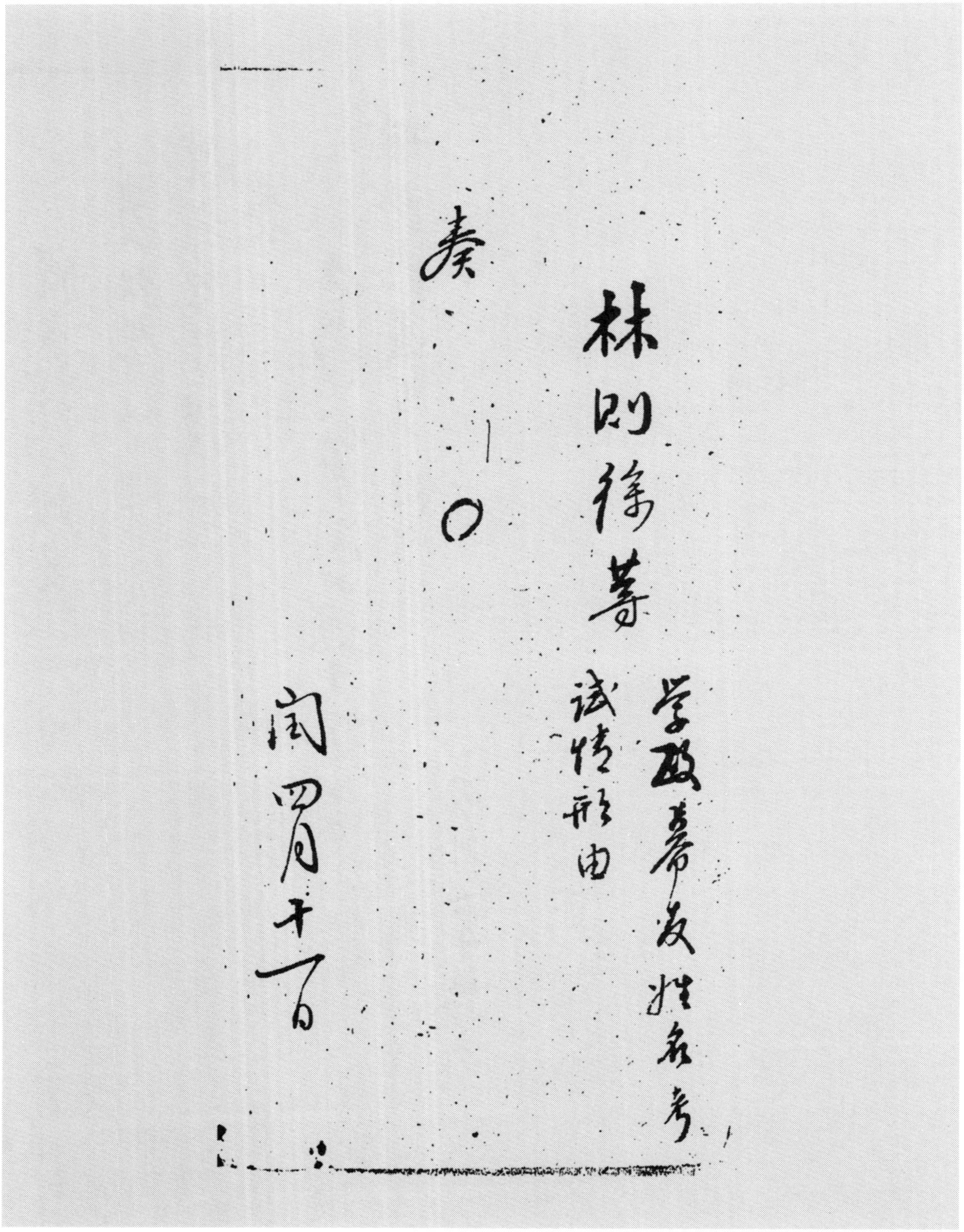
林則徐等
學政幕友姓名考
試情形由
奏
一〇
閏四月十日

湖廣總督林則徐等奏摺　湖北學政延請閱文幕友及考試情形
道光十八年四月二十六日

湖北巡撫臣林則徐跪
護理湖北巡撫布政使臣張岳崧
奏為學臣延請幕友考試情形循例奏
聞仰祈
聖鑒事竊照直省學政閱文幕友應由督撫稽察具
奏歷經遵辦在案本年二月初間湖北學臣方鍇
棚開考准將所延幕友姓名籍貫開單咨送
前來臣林則徐與前撫臣周之琦查核單開係
安徽合肥縣舉人蔡邦綬江西上高縣副榜
沈維翰浙江烏程縣貢生沈登餘姚縣庠
生倪宇清河南光州庠生吳守真當經逐
一訪查均係謹慎能文之士堪資校閱復查
該學政去冬由京抵楚偶因感冒患病在省

醫調旋即就痊愈今春出棚之時臣等復
加察看其年力已極壯盛精神均已復元於考
過德安漢陽兩府屬查知関防甚嚴不論正場
覆試皆終日鎮坐公堂場規整肅搜出夾帶挐
獲鎗手疊交提調審办去後取出慎士論篇
然現又按試黃州等屬臣等仍當留心查訪以憑
據實密陳不敢稍有徇隱所有學臣延請幕
友及考試情形謹循例合詞具
奏伏乞
皇上聖鑒謹
奏
道光十八年閏四月十一日奉

硃批知道了欽此
四月二十六日

湖廣總督林則徐奏摺　**遵旨審明鄭允元京控私鑄小錢案分別定擬**

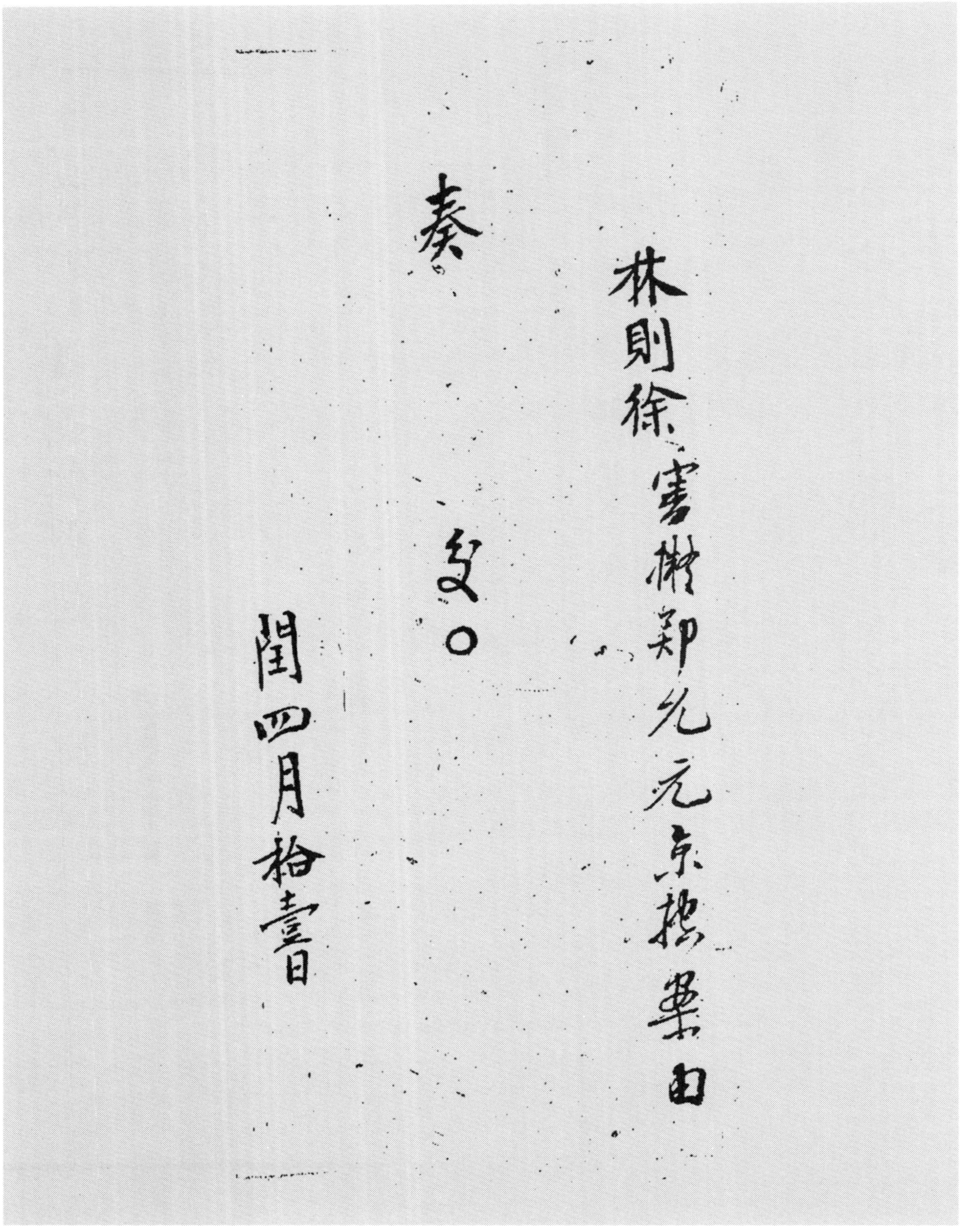
林則徐審擬鄭允元京控案由
奏
發○
閏四月拾壹日

湖廣總督林則徐奏摺　遵旨審明鄭允元京控私鑄小錢案分別定擬

道光十八年四月二十六日

湖廣總督臣林則徐跪

奏為遵

旨審定擬恭摺奏祈

聖鑒事。竊照湖北南漳縣民鄭允元以貢生周鳴崗

等私鑄小錢被周鳴瓊赴縣控告，周鳴崗疑

係伊父鄭藩唆使，捏詞誣賴，將伊父並伊弟允

誣送縣看押等情，赴步軍統領衙門具控

奏奉

諭旨：此案著交林則徐親提人證卷宗，秉公嚴審，按

律定擬具奏。原告鄭允元飭即照例解往備質。欽

此。並准將鄭允元遞呈詞咨解來楚，當經劄司

行提人卷，至省分委漢陽府知府楊炳堃、漢陽

湖廣總督林則徐奏摺　遵旨審明鄭允元京控私鑄小錢案分別定擬

道光十八年四月二十六日

府同知陳坡覆嚴審訊供究出此案係由訟師程鵬
翥教唆飾詞架審出前控訊明該犯由其同
程銓發審辯解前來隨飭提研鞫緣程鵬翥
鄭藩冷兆林分隸宜城南漳等縣鄭藩于嘉慶
十二年捐納監生生有四子長允元次允化均貿
易在外三允融四鄭封其四常均在道光十三年
十二月十八日鄭藩會遇素識之冷兆林伺見
間談伺見言及當在錢局工作粗知鑄錢鄭藩
起意私鑄鉛錢漁利商約冷兆林合夥即令
伺見鑄造許俟獲利後分均各允從鄭藩冷兆
林出錢六千文收買鉛斤置備器具即在鄭藩
家安爐並雇龔大得楊逢春幫工鄭藩令其

第三字鄭允元打雜是月二十五日何見做成錢模
開炉起鑄何見等鉗鑿大得綱箱磨錢梅逢
春鄭允元挑水打炭日夜共鑄成錢文七千五百
文散放道內二十六日鄭人周鳴岡周鳴麟周
鳴璧周金祥保正吳學正縣差辛允祥同周
鳴崗府工郭德洲查知前往將鄭騰鄭允元
拏獲並起出錢文及器具解送南漳縣訊究
周鳴麟因係散文未經查數目在身寄存錢文
有數十串後與朱霞徽提訊鄭騰供詞狡展飭傳
於兆林寄將鑄就錢文同器具寄頓伊家隨拏
獲於兆林亦又承認朱霞徽于十四年六月其文通
詳將鄭騰監生斥革並將十三年十二月獲犯

日如那改爲十四年七月內鄭藩之子鄭允
元鄭允化外回鄭藩令鄭允化赴吳司暨巡撫
衙門裡控周鳴謙等栽害誰時周鳴謙走避
抱閔惟善呈訴周鳴謙懼向閔惟善告知起獲
小錢數十串閔惟善不知小錢是錯是銅及確
切數目遂赴縣具同遞詞混稱銅錢小錢七十餘
串當批襄陽府親提該前府阿爾琫阿提犯審
訊檢悉經翻各犯井鄭藩先後在監在押病故
均經襄陽縣驗詳阿爾琫阿卸事該府金石聲
列任接審因鄭允化出省頂控分發等查明廖
提研訊並無確供贓未之讞又道光十三年間
金槐在其弟周金襄家查獲小錢六文赴縣

字繳文十四年鄭蕩將田地賣與周正綏議定價
錢二千三百九十千周正綏在別庭玉名下店內
用錢換錢二千三百二十二串別庭玉寫給錢
票周正綏將錢票轉給鄭允元收領別庭玉積
有零星剔存小錢四千一百五十八文即換入周
正綏所換錢內鄭允元執票取錢別庭玉照
數交付鄭蕩了事嗣鄭熊氏將小錢繳出周正綏
尚欠田價六十八串給鄭允元錢票四張鄭允元
因錢店關閉錢未收回其被告周金襄別庭
玉二名該縣屢拏未獲先是程鵬萬在鄭允元
鄰近教讀由此認識道光十七年七月鄭允元
赴襄陽府城候審與程鵬萬會遇告知案情

並敘及周鳴崗等家道殷富程鵬等起意唆訟
取利教令鄭允元赴京翻告將周鳴崗等牽控在
內使之畏累始和得錢分用鄭允元應允程鵬等
即同行進京代為作詞捏稱周鳴崗周鳴麟
周鳴璧周金祥郭德朋與劉庭玉之子劉正惠
等私鑄鉛錢被周鳴瓊起獲錫鉛控縣有案並
將周鳴崗周鳴麟等挾嫌栽誣致鄭蔭收禁
究斃縣役章允祥縣書易守訓受賄舞弊該府
掌責鄭允化勒結不為公斷周正綬買回行使小
錢尚有未還鄭蔭田價一千餘串又周金槐
在周金襄家查獲小錢六文係出案外硬入詞內
並將長書錢票粘連詞尾鄭允元赴步軍統領

衙門具控奏奉
諭旨咨解回楚程鵬萬先自轉回南漳縣行提全卷
至省經委員漢陽府等究出前情將程鵬萬
獲案審明議擬並據南漳縣申解檢查並無周
鳴瓊具控周鳴崗等私鑄之案由司獲審解勘
前來臣親提研訊據各供悉前情不諱再三詰
矢口不移案查通飭查例載私鑄錢不及十
千者爲首改發極邊足四千里充軍爲從及知情
買使者依次遞減又蓋越赴京告重事不實並全
誣十人以上者發邊遠充軍又教唆詞訟誣告
人之案如原告之人並未起意誣告係教唆之
人起意主令者以主唆之人爲首聽從控告之

人等從各等語此案鄭藩起意私鑄鉛錢
冷兆林聽從合夥共鑄成七千五百文自應照
例問擬鄭藩合依私鑄鉛錢不及十千者為首
改發極邊足四千里充軍例改發極邊足四千
里充軍冷兆林照為從減一等例應杖一百徒
三年鄭鵬萬教令鄭允元赴京誣控多條以周鳴
蘭等私鑄鉛錢一層為重惟未指明錢數等
悉反坐第所告係屬重事今審屬子虛且所誣
已在十人以上自應照例問擬鄭鵬萬合依蓦
越赴京告重事不實並全誣十人以上者發邊遠
充軍例發邊遠充軍鄭允元聽從誣告應於鄭
鵬萬軍罪上減一等杖一百徒三年鄭藩冷兆

林已在监在押病故应毋庸议程鹏万郑允
元解配杖责安置周鸣麟呈控郑藩铸钱业
经审实惟呈内钱数错误究属不合照不应重
律杖八十系武生照例纳赎郑允融子伊父郑
藩私铸时随同村邻已罪其父保郑吴学正等
同居役等拿获破案均免置议周正复子周鸣
璋缴到田价钱六十八千文饬给郑允元具领
郑允元缴到钱昔钱票四张仍发还周鸣璋自
行清理逸犯何见喜分饬获日另结起获私铸
器具分别销毁凭库棠根锯钱小钱解司镕化
充公所有郑敦获犯日期职名係该任前章县
已故知县朱霦失察私铸职名照例豁免军犯

管獄官職名查取除承審之該札程鵬翁役經訊有
教唆南漳縣民葛秉三赴京呈控捏作書教乾
葛經一案容擬後發配俟葛秉三控案審明從
重究辦外除全案供招咨部外所有審明定擬緣
由理合恭摺具
奏伏乞
皇上聖鑒敕部覈覆施行謹
奏
道光十八年閏四月十一日具
硃批刑部議奏欽此
四月二十六日

湖廣總督林則徐奏摺

遵旨審明湖南右營遊擊馬辰被參案分別定擬

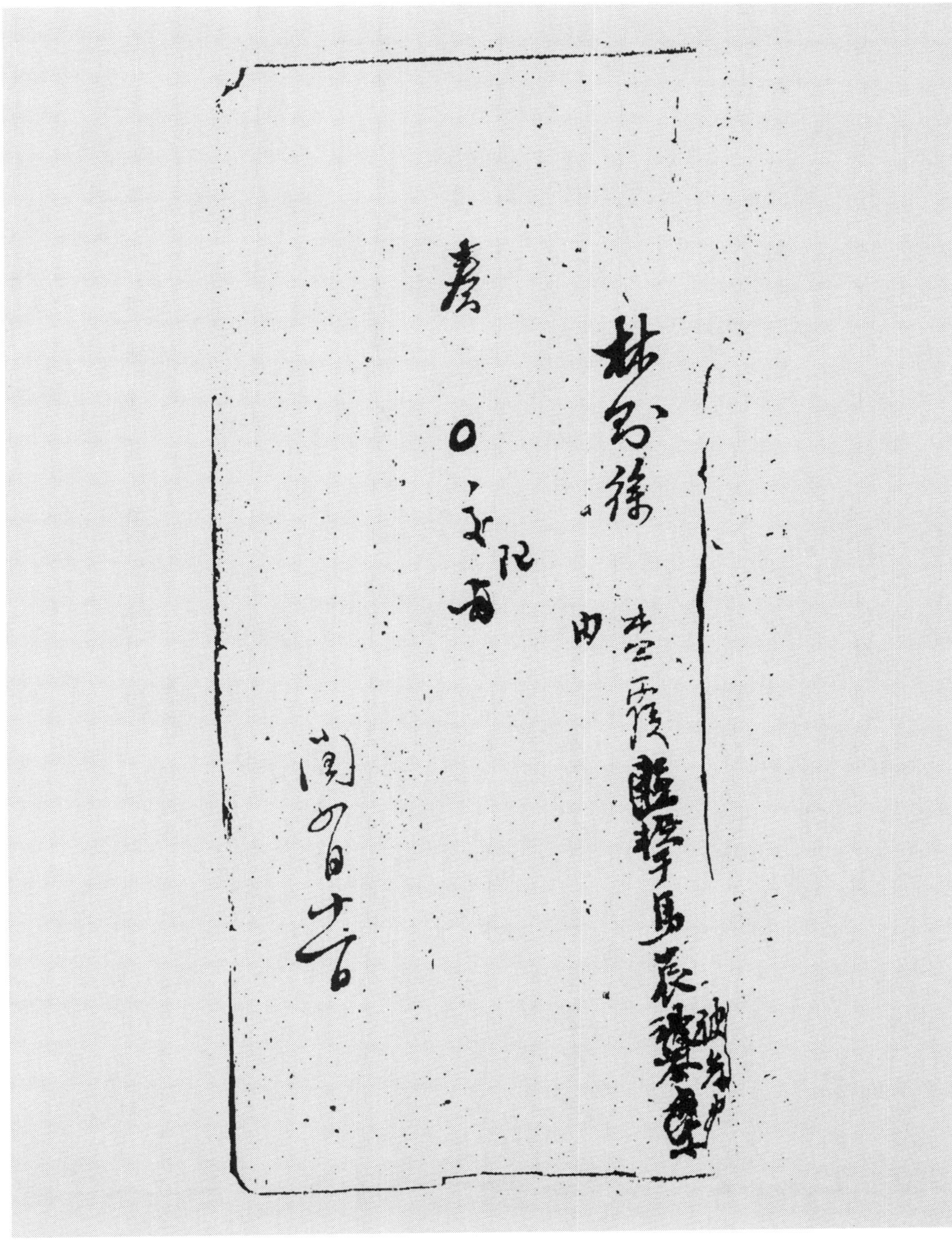

二〇

湖廣總督林則徐奏摺 遵旨審明湖南右營游擊馬辰被參案分別定擬

道光十八年四月二十六日

湖廣總督臣林則徐跪

奏為游擊被參各款遵

旨審實情分別定擬恭摺覆祈

聖鑒事竊臣於道光十七年十二月十五日承准軍機大

臣字寄奉

上諭有人奏湖南右營游擊馬辰上年曾署左營

參將貪鄙異常得有款武員所司標防兵在營之

查伊亦標訓練兵弁若如所訴其種種貪鄙情

營私貽累屬實必應從嚴懲辦馬辰著即解任

交林則徐提訊按摺內所指各條逐款嚴加審鞫務

得實情毋稍徇縱以昭信讞原摺著抄給閱看將

此諭令知之欽此遵

湖廣總督林則徐奏摺　遵旨審明湖南右營遊擊馬辰被參案分別定擬
道光十八年四月二十六日

另奏
寄信前來臣查閱原參馬辰劣跡共有八款其
中如虛冒侵蝕馬價捏報陣亡之款尤為重
大此外縱使兵丁打門救賊私向茶客索厚
規抑詐馬指價要額亦皆指有証據不難水落
石出第恐該游擊知被參動設法彌縫是以
臣未到
湖省未敢遽行宣露至即乘其不備先將各款分別
密查如大端之有無尚難遽驗迄經不能見其
確數臣當即親手修密致湖南撫臣錢寶琛
即日委員暨查其兵丁有無捏報陣亡並以著
恐藩司原又為採訪密劄湖南藩司張[illegible]綬
覆查守原參又庫及馬價不敷係用以賞等

二〇

湖廣總督林則徐奏摺　遵旨審明湖南右營遊擊馬辰被參案分別定擬

道光十八年四月二十六日

現聞帖內有侵蝕自以支領公費冊領而覽命
公費細目參游於手書指參飭令差守備徵冊
呈繳又據其參案批南省湖南者撫右
衙家日據新自赭捷師帶印密剳長沙為營
仍無親身請案實均提擬查訊即由何人
訪南並參奏湖北武昌同知陳天澤馳赴長
沙改裝暗訪將參款實情逐一查覆以上均
係出其不意密速辦行隔數日後將傳辰
諭令查辦緣由恭錄宣示將游擊馬辰解任提至楚
北藩訊鞫據文武委員原稟據以手信之日
即委長沙縣知縣陳壽恩沅陵縣知縣李馨
同赴提標兩營軍火局將火藥逐加盤驗凡

係有譽無疵又據廣西右江鎮總兵等先後
稟稱查該將人犯解到武昌飭委湖北臬司
將案移臬司程經請同武昌府知府嘉善漢陽府
起為揚州營守補黃州府知府為職善訊明議擬詳
解前來茲隨飭提研鞫緣馬辰籍隸安徽懷寧
縣由武生投入湖北提標洊升千總拔補外委
洊升湖南撫標右營守備推升遊擊道光十五年三月
到任十六年七月因署左營參將事務至十七年
八月卸事茲因有人以風聞該員貪鄙等情
列款參奏欽奉
諭旨飭令逐款嚴鞫如役使兵丁干違例禁一款訊
明該員兵丁隊操演之外向無派遣以署驗差

俱有定數左營參將衙門係二十六名右營遊擊
衙門係二十二名皆分作兩班輪流值日投遞文
書巡查街道經管旗火器具及防夜汛
因等事尚有餘暇則幫同鍘草餵馬各已相
安貫茲提到左右兩營兵丁書識等隔別訊
訊俱稱馬辰在任亦係照舊差使遇餵馬而
其看羊有鍘草而無打草其廚房水火夫另雇
雇工與各兵無涉至立寸由書實成衣未作手
藝者無過帳棚補衣補襪等件亦須修理即令
該兵等工作亦照向來舊章給予工價該遊擊
因公出門所用向導之人均係另自雇覓並無
二十六名之多所撥與委員訪查情形相符又當

索兵丁折班錢一款查係營兵所支糧餉僅
敷餬口不能贍家每於操防之餘每習手藝
或作小貿藉資幫貼遇值班時此兵出外工作他兵
代為該班其中私相互替實為各營積弊所
有該管員弁查無曠班勢不能按日按人逐一
驗換並無折錢之事惟究出馬辰有已革之
隨丁鄭玉因查見被兵替此兵該班輒向挑剔有
兵丁劉貴魁蘇啟林顏此陸金亮陳得亮
貴侯林六名按此替班鄭玉不依劉貴魁等共
有隱情願送給錢文均由兵丁屈純伸柳得潮積
斂收受陸續給錢三千文統計半年有餘鄭玉
共得過錢十八千文並分給同服役之朱寶

錢二千四百文馬辰未能覺察出又盤剝重利
私放營債一款訊究出鄭玉積存錢十千文因
兵丁蔡步雲家寒甚欲開太需用私向借貸議
定三分行息現在本利尚未還清並無抑勒輕
領之事馬辰雖未查知又據劉居壽私開茶室
一款經查係商允房何興親赴青石街雙美茶
室控訊屋主民人何幸厚供稱該茶館本伊所開於
道光十七年正月內將本歇業即經鄭玉與兵
丁陳玉林等四人移出本錢二十七千文接開旋被
馬辰查拘鄭玉責革驅逐上月內復頂與兵丁蔡
步雲易玉林轉買賣之鄭玉及陳玉林蔡步雲
等支供合同實與馬辰無涉又任性妄為答辱

把總一缺，提到右營把總王兆瑞訊據供稱：十五年
三月內該弁與署任千總宋殿泰因公事論較
馬辰疏閱申飭，並未參管責。又據右營把總陳桂
林供稱：十五年三月內馬辰以查堆卡因該弁
並未赴卡巡防，傳同守備傅金鏞當堂責打十
五棍係實，並無需索挾意遷怒管責之事。又
訛詐民間馬匹，並縱役侵蝕，并買馬勒掯價錢一款
飭據武岡州知州查惠等覆，鄧十三即指納衛千
總戕衛之劉仁壽，當即解案訊據供稱：十六年
二月因逆猺滋事，隨同官兵打仗，後奉委赴廣西苗疆
搜捕逆匪，是年四月二十日回家，與馬辰素未謀面，
並無索詐馬匹之事，當堂親具供結結。又提到已革

外委馬先春訊據供稱其弟馬春和向開騾
馬行生理十六年九月馬辰有騾騮馬青馬各一匹
原價七十千文伊弟春赴集場代換騾隻伊隨看
有花騾一匹值價四十五千即將騾騮馬抵換牽
回馬辰因毛片不純囑令再換伊即因公外出其
弟隨將花騾轉賣並將青馬再賣錢二十八千
連騾價共五十三千文及伊差旋因無好騾即
將原價呈繳馬辰收受並無多發錢四十千復又
憑空勒繳七十千文之事又據郭興隆供稱有
戚人閻漢任浙江巡撫丁憂回籍曾代馬辰買
紅騾一匹價錢七十兩先付錢四十兩下欠三
十兩言明隨後送交十六年九月該郭興

湖廣總督林則徐奏摺　遵旨審明湖南右營遊擊馬辰被參案分別定擬　道光十八年四月二十六日

赴某省差路過詢請託令家僕催取馬
辰即將清還並稱湖南土產騾隻每匹數至
值銀一百七千兩之多該弁舉家道窮苦亦
不能墊出價銀等語又據廢弛操防侵蝕等項
價銀一款據委員訪查湖南省民指稱馬辰平
日操兵只有遲緩並無廢弛之事至弁兵
令供該遊擊首帶要稱弓力肩鳥槍要端
到一百箇字念完繞許放出方得其無磨
弛操防等情而信至局購火藥等便據民
錢實環委員過一盤驗過秤左右兩營貯
四額火藥存有四千一百斤之外尚貯火藥
五百餘斤詢係出差告病兵丁及陰雨

未據呈稟至公費差使各缺長支皆係各守備
具領逐款動支撥平造具印冊報銷不經該
遊擊之手各從侵蝕後提到道光十六十七兩
年左右營守備報銷冊指查一致所有皆係各錯
之款實收除去數目亦俱相符又提根兵丁陣
亡希圖冒領賞恤一款查核湖南舊包賞遺
缺藍正標溪竿等案內之功病故兵勇人等應得
恤賞須查明確實咨部覈辦十六年一月准右
營遊擊馬辰咨係有病故兵丁易正太等七名
咨請覈辦無是將此七名兵丁報為陣亡字樣
非該故兵于生前在軍營何處立功功列何等
收係病故未准聲明是以移查嗣又查係四次

于十二月內據馬辰咨稟易正太等隨同左武
岡城守及馬股山一帶搜捕逆黨，積受瘴
濕，易正太係在軍營病故，張白青、蔡開貴、郭上
帶係奉撤回營病故，吳上高、孔得勝、黃仁傑係
帶病撤回身故，應否查照定例覈辦，當
又移會造冊出結送司，尚未覆到。並未冒領賞
恤之事。復飭查該營印稿，亦只報明兵丁身故，
並未捏報陣亡，與該藩司所稟無異。以該游
擊馬辰如果擧已革以並無冒領情弊，何致被
人參劾，必須嚴飭馬辰根究，任意總辦斷不容稍任
掩飾。復向逐款嚴詰，據馬辰供稱：該兵平日性
情躁急，并無偏有過慢加以責革，其所帶有無

皆事出因公至被參各款已奉調查案據
並又提到弁兵隔別詰訊平日實有勤慎營私
斷難盡掩衆人耳目亦不能遍一囑託代瞞質訊
被責之把總陳桂林與被革之弁兵栗先春所
供亦無異詞究詰不移案無遁飾此案鄭玉充
當馬辰長隨乃與營兵夥開茶室放債取利
已屬膽玩又因兵丁互控該班私向挑剔迫得受錢
文即為容隱與索詐得財無異查長隨求索
得財應照蠹役詐贓例治罪該犯共得過錢十
八千文自應按例問擬鄭玉一犯應照蠹役詐贓
至十兩以上者發近邊充軍例發近邊充軍解配
折責安置所得錢文照追入官兵丁劉發魁等

六名于輪班應差之日互相代替，恐玉、鄭宗官
責處外，陸續付給錢三千文，均屬不合。劉發
魁、聶啟林、顏明德、曹金亮、陳得亮、黃保林
均應照不應重律杖八十；屈能伸、柳得潮為
之過付，亦應照不應輕律笞四十，均折責革
伍。仍嚴禁外營兵丁，嗣後該班不准再有代替，以
肅營規。逸犯朱寶飭緝獲日另結。馬辰雖無
貪污劣蹟，惟于長隨鄭玉放債取利，復因兵
丁替班挑剔得贓，毫無覺察，雖經查出夥開
開茶室，即行責逐，惟先事失于約束，咎已難寬，
且令屬弁調換馬匹，雖馬價訊非勒繳，究屬
不合，應請

湖廣總督林則徐奏摺 遵旨審明湖南右營遊擊馬辰被參案分別定擬 道光十八年四月二十六日

旨將遊擊馬辰交部嚴加議處隨全案供招咨部
外所有審明定擬緣由理合恭摺具
奏伏乞
皇上聖鑒敕部核覆施行再臣于上年初到湖廣
時准兵部行令預保案內考驗得該遊擊
馬辰年強技熟曾經
題准部覆與預保之例相符今馬辰既被參劾
訊有應得處分自應銷去預保並將臣交部
議處合併陳明謹
奏
道光十八年閏四月十一日奉
硃批 欽此
四月二十七日

湖廣總督林則徐題本 報銷湖南各營道光十六年份賞過兵丁紅白事故銀數

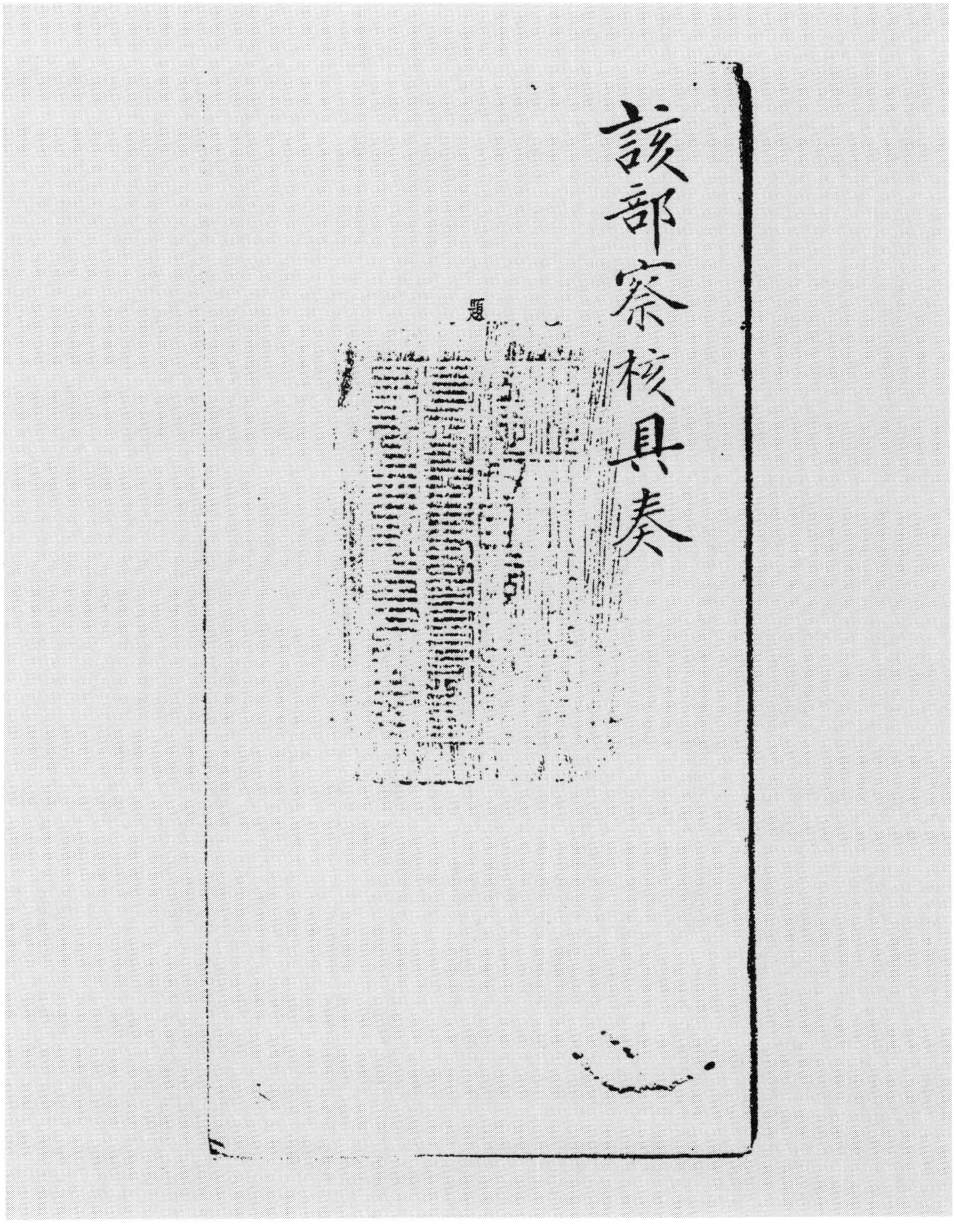
該部察核具奏

題

湖廣總督林則徐題本　報銷湖南各營道光十六年份賞過兵丁紅白事故銀數

道光十八年四月二十六日

兵部尚書兼都察院右都御史總督湖廣等處地方軍務兼理糧餉臣林則徐謹
題爲遵
旨等事該臣看得湖南省綠營兵丁紅白事故每年約
需賞銀陸千數百餘兩於乾隆肆拾陸年捌月
拾伍日奉
上諭各省營伍賞卹兵丁紅白銀兩自肆拾柒年爲始
俱著於正項內支給造冊報部覈銷欽此又准戶部
咨湖南省各營惠賞銀兩嗣後每紅事壹名例
支銀貳兩減爲壹兩肆錢每白事壹名例支銀
肆兩減爲貳兩捌錢自道光捌年夏季爲始照
所減之數支給等因行司遵照在案茲據湖南
布政使龔綬詳稱准據湖南撫標提標鎮筸永

州綏靖長沙衡州寶慶沅州靖州永順永綏常
德乾州岳州城守澧州臨武宜章桂陽保靖九
谿武岡綏寧長安洞庭永定辰州古丈坪河溪
岳州水師嶺東等叁拾壹標鎮協營造具報銷
清冊到司覆查舊管項下道光拾伍年分實存
剩銀貳千陸百陸拾兩新收道光拾伍年地丁
銀叁千兩又收道光拾陸年地丁銀叁千兩以
上共收銀捌千陸百陸拾兩內除道光拾陸年
分通共賞過各營紅白事故弁兵銀伍千伍百
陸拾陸兩肆錢應請照數開銷外實存銀叁千
玖拾叁兩陸錢遵奉部行留爲下年充賞之用
理合彙造總冊同各營細冊一併詳請察覈具

題等情前來臣覆覈無異除冊送部外謹會同湖

南巡撫臣錢寶琛湖南提督臣楊芳合詞恭疏

具

題伏乞

皇上聖鑒勅部覈銷施行臣謹具

題請

旨

湖廣總督林則徐題本　報銷湖南各營道光十六年份賞過兵丁紅白事故銀數
道光十八年四月二十六日

兵部尚書兼都察院右都御史總督湖廣等處地方軍務兼理糧餉臣林則徐

兵部尚書兼都察院右都御史總督湖廣等處地方軍務兼理糧餉臣林則徐謹

題爲遵

旨等事該臣看得湖南省綠營兵丁紅白事故每年約
需賞銀陸千數百餘兩於乾隆肆拾陸年捌月
拾伍日奉

上諭各省營伍賞卹兵丁紅白銀兩自肆拾柒年爲始
俱著於正項內支銷造冊報部覈銷欽此又准戶部
咨湖南省各營惠賞銀兩嗣後每紅事壹名例
支銀貳兩減爲壹兩肆錢每白事壹名例支銀

湖廣總督林則徐題本 報銷湖南各營道光十六年份賞過兵丁紅白事故銀數

道光十八年四月二十六日

肆兩減爲貳兩捌錢自道光捌年夏季爲始照所減之數支給等因行司遵照在案茲據湖南布政使龔綬[illegible]詳湖南撫標等叁拾壹標鎮協營道光拾陸年分通共賞過各營紅白事故弁兵銀伍千伍百陸拾陸兩肆錢應請照數開銷理合彙造總冊同各營細冊一併詳請察覈具

題等情前來臣覆覈無異除冊送部外謹會

題請

旨

湖廣總督林則徐題本

報銷湖南各營道光十六年份動用公費銀數

該部察核具奏

題

湖廣總督林則徐題本　報銷湖南各營道光十六年份動用公費銀數

道光十八年四月二十六日

兵部尚書兼都察院右都御史總督湖廣等處地方軍務兼理糧餉臣林則徐謹

題爲奏明請

旨事該臣看得案准戶部咨開議奏江蘇等省營中公

費仍歸各省司按照舊定例款分年報銷一摺

嘉慶肆年叁月貳拾伍日奉

旨依議欽此計原奏一紙內開戶部謹

奏爲奏明請

旨事查各省綠營自乾隆肆拾陸年酌定武職養廉名

糧改歸實數於各省額定例銷款項條按照各

省營分大小及地方情形酌中定擬是以多寡

原不能一律歷久遵行歸於臣部各省司按年

覈銷嗣於伍拾玖年經前管部務之和珅等題

請各省畫一報銷今查其題本文內聲敘者即
安徽省向與江蘇同屬江南已不能畫一以外
尚有直隸福建山東廣東四川江西河南陝甘
等省又以情形互異不能一體歸併是名爲畫
一實屬參差即其餘據稱可以通融畫一之江
蘇浙江湖南湖北山西貴州雲南廣西等省行
令各該督撫查照部定款目畫一報銷又經各
省先後冊報情形實各有不同仍未能一律照
辦復經題請飭令歸併往返駁詰以致各省似
此等案至肆伍年之久轉不能隨案覈結礙難
辦理覆查開銷既有定限舊規本屬詳明似此
多事更張轉致案歸延宕且細查所定條款頻

碎苛雜各省亦斷難遵辦臣等公同商酌應請
各省嗣後仍按照營分大小水陸情形及兵丁
多寡舊定例款期限分年報銷由臣部各省司
隨案嚴結庶不致彼此牽制案牘久懸矣伏候
命下臣部行文各該督撫欽遵辦理謹
奏請
旨等因行司移行各營欽遵查照辦理在案兹據湖南
布政使賀縵詳稱准據湖南撫標提標鎮筸永
州綏靖長沙衡州寶慶沅州靖州永順永綏常
德乾州岳州城守澧州臨武宜章桂陽保靖九
谿武岡綏寧長安洞庭永定辰州古丈坪河溪
岳州水師嶺東等叁拾壹標鎮協營各將道光

拾陸年分動用公費銀兩遵照部行查照舊定
例款造具請銷清冊移送到司覆查南省各營
公費銀兩道光拾伍年分舊營無項新收一收
道光拾伍年分地丁銀壹萬伍百叁拾肆兩玖
錢伍分又收道光拾陸年分地丁銀叁千伍百
壹拾壹兩陸錢伍分共銀壹萬肆千肆拾陸兩
陸錢開除共請銷銀壹萬肆千叁百叁拾柒兩
伍分伍釐實不敷銀貳百玖拾兩肆錢伍分伍
釐所開銀數核冊覈算均屬相符其各營冊造
不敷銀兩均據聲稱係營中通融墊用請俟公
費有餘之年再請補銷相應彙造司總清冊同
各營細冊一併詳請會覈

題銷等情前來臣覆覈無異除用分送戶兵工叅
部覈辦外謹會同湖南巡撫臣錢寶琛湖南提
督臣楊芳合詞恭疏具
題伏乞
皇上聖鑒勅部覈銷施行臣謹具
題請
旨

湖廣總督林則徐題本　報銷湖南各營道光十六年份動用公費銀數

道光十八年四月二十六日

道光拾捌年[illegible]兵部尚書兼都察院右都御史總督湖廣等處地方軍務兼理糧餉臣林則徐

兵部尚書兼都察院右都御史總督湖廣等處地方軍務兼理糧餉臣林則徐謹

題爲奏明請

旨事。該臣看得案准戶部咨議奏江蘇等省營中公費

酌復仍按照營分大小水陸情形及兵丁多寡

舊定例款銀數期限分年報銷等因，行司移行

各營欽遵查照辦理在案。茲據湖南布政使龔

綬詳稱，查湖南各營公費銀兩道光拾伍年分

舊管無項，新收道光拾伍年分地丁銀壹萬伍

百叁拾肆兩玖錢伍分，又收道光拾陸年分地

丁銀叁千伍百壹拾壹兩陸錢伍分共銀壹萬
肆千肆拾陸兩陸錢開除共請銷銀壹萬肆千
叁百叁拾柒兩伍分伍釐實不敷銀貳百玖拾
兩肆錢伍分伍釐所開銀數按冊覈算均屬相
符相應彙造司總清冊同各營細冊一併詳請
會覈
題銷等情前來臣覆覈無異除冊分送戶兵工叁
部覈辦外謹會
題請
旨

湖廣總督林則徐奏摺　子林汝舟會試中式貢士謝恩

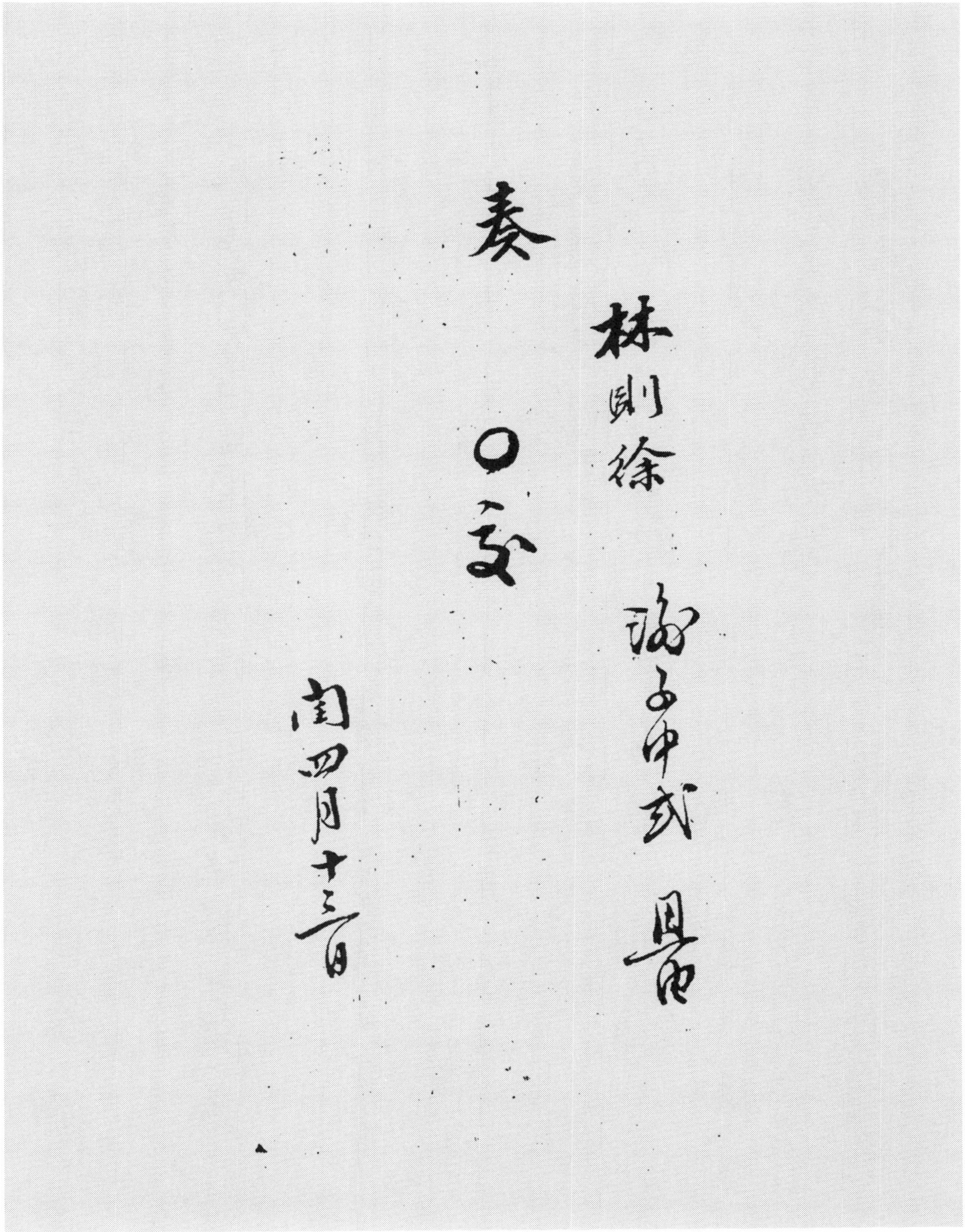

湖廣總督林則徐奏摺　子林汝舟會試中式貢士謝恩
道光十八年四月二十八日

湖廣總督臣林則徐跪
奏為恭謝
天恩事竊臣接閱本年戊戌科會試題名錄臣子
林汝舟蒙
恩中式第一百二十二名貢士臣謹即恭設香案望
闕叩謝
天恩伏念臣譾陋庸才遭逢
盛際昔從田夫科第早荷
生成今
渥畀以封圻難酬
高厚方深涓埃之莫効敢於予治之於遂臣子
林汝舟盾率慤恩業懋倍畢計東再上奏

湖廣總督林則徐奏摺　子林汝舟會試中式貢士謝恩

道光十八年四月二十八日

深學殖之功，選士三升，擬副題名之末。省循知
愧，兢慄難名。臣惟有倍矢慎勤，常懷清
白，守義方而訓子，益期蛾術之奮，欽
壽考之休文，
作人陶感，
鴻鈞之廣被。所有微臣感激下忱，謹繕摺叩謝
天恩，伏乞
皇上聖鑒。謹
奏。

道光十八年閏四月十三日奉
硃批：知道了。欽此。

四月廿八日

上諭　湖南右營遊擊馬辰著交部嚴加議處並林則徐交部議處

道光十八年閏四月十一日内閣奉

上諭前據給事中鄭世任奏湖南右營遊擊馬辰貪污各款當降旨交林則徐逐款嚴審兹據奏稱將該員親提研鞫雖無貪污劣蹟惟於長隨鄭玉放債取利兵丁替班挑剔得贓俱毫無覺察雖經查出鄭玉與兵丁夥開茶室即行責逐究屬失於約束至令屬弁調換馬匹一節雖馬價訊非勒繳亦屬不合馬辰著交部嚴加議處所有該督題請豫保之處著即撤銷林則徐著交部議處餘著照所擬完結欽此

上諭 林則徐著加恩改為降四級留任

道光十八年閏四月十八日奉

旨林則徐著加恩改為降四級留任不准抵銷欽此

湖廣總督林則徐等奏摺　**請以李馨陞署湖南沅陵縣知縣**

林則徐等　請以李馨陞署沅陵令由

奏

旨　見
文〇

五月初五日

兩湖總督臣林則徐
湖南巡撫臣錢寶琛跪

奏為要缺知縣需員恭懇

天恩俯准揀員升署以裨地方仰祈

聖鑒事竊照湖南沅陵縣知縣鄭若璜于衝途首邑

人地不甚相宜先經臣林則徐奏請撤任奉

旨交臣錢寶琛詳加察看業經遵

旨覆奏請將該員鄭若璜留于湖南遇有相當缺出

酌量請補仰邀

俞允在案所遺沅陵縣知縣員缺係衝繁難兼三要缺

例應在外揀選調補伏查該縣為雲貴通衢民

俗刁悍政務殷繁素稱難治且係附郭首邑

時有發審案件非精明幹練之員弗克勝任臣

等督飭藩臬兩司在于現任中簡知縣內逐
加遴選一時實不得其人若以候補初任人員題
補亦慮才難稱職惟查有沅陵縣縣丞李馨陞
五十六歲四川梁山縣附貢生遵南河議敘例捐
納縣丞分發湖南道光八年給署瀏陽縣縣丞
旋丁母憂該員先因委赴貴州開泰縣拏獲
聚眾結盟首夥匪犯金玉魁等十八名保奏奉
旨俟服闋後准其仍赴湖南省補缺係以應升之缺
升用等因欽此十一年服滿到省十二年進獲趙金隴
案事調赴軍營差委出力保奏奉
旨侭先補用嗣又因隨同剿捕廣東竄匪趙仔青案
內出力保奏奉

旨著補缺係以應升之缺升用欽此咨署武陵縣縣丞
續丁父憂服闋仍赴湖南十六年新寧縣逆匪
藍沅璜即藍正樽滋事委赴寶慶府差遣出
力事竣保奏奉
旨著補缺係以應升之缺儘先升用欽此咨署沅陵縣
縣丞十七年二月十七日到任現委代理沅陵縣知
縣辦理裕如該員精明強幹辦事勤能任內並無
違礙處分亦無參罰案件以之升署沅陵縣
知縣洵堪勝任惟調缺請升該員咨署縣丞尚
未詳咨實授與例稍有未符但人地實在相需
例得專摺奏請且係奉
旨補缺儘先升用之員合無仰懇

湖廣總督林則徐等奏摺　請以李馨陞署湖南沅陵縣知縣
道光十八年閏四月十八日

皇上天恩俯念員缺緊要准以沅陵縣縣丞李馨陞
署沅陵縣知縣實于要缺有裨如蒙
俞允該員係由縣丞請陞知縣應給咨送部引
見恭候
欽定所遺沅陵縣縣丞楚省現有應補人員容俟另
行咨補據藩臬兩司會詳前來臣等往返札
商意見相同謹合詞恭摺具
奏伏乞
皇上聖鑒訓示遵行謹
奏
道光十八年五月初五日奉
硃批　欽此
閏四月十八日

湖廣總督林則徐等奏摺

請將發典商局錢捐改發漢岸鹽商生息以籌襄河隄防經費

林則徐等
奏籌襄河防經費由
奉
旨已交○
五月初二日

湖廣總督林則徐等奏摺　請將發典商局錢捐改發漢岸鹽商生息以籌襄河隄防經費

道光十八年閏四月十八日

湖廣總督臣林則徐
署理湖北巡撫布政使臣張岳崧跪
奏為籌款以防汛經費請將發典商局工
本錢成數改發漢岸鹽商生息俾撥隄內
資撥用以固隄防恭摺奏祈
聖鑒事竊照湖北地方半係濱江濱漢民生保障
全賴隄防而隄工之不獨責在加修更須歲歲防守
夏秋大汛日久之長尚有寸節之疎即受汨沒之
患臣林則徐於上年汛漲之際周歷武漢荊襄
各屬督視籌辦見大江情形固甚險要然
江面猶寬闊氣勢畢竟舒暢以隄防而論
尚不至如襄河之急促襄河上承漢源之遠匯
豫省唐白兩河匯流灌入其泥沙之濁較倍

二〇 湖廣總督林則徐等奏摺 請將發典商局錢捐改發漢岸鹽商生息以籌襄河隄防經費 道光十八年閏四月十八日

摺化而水性之曲亦迥異於江惟淤也故河底
淤墊而愈高惟曲也故河勢生灣而愈淤溯自
十餘年來襄隄之漫潰沖決殆無虛歲推
原其故寔因經費支絀致有疏防蓋濱漢
各州縣隄工除襄陽老龍隄係屬石工為綿
里等外至鍾祥荊門京山潛江天門沔陽
漢川等州縣南北兩岸正隄土性多沙易於
沖刷且工長計有十六萬六千一百餘丈其旁豐
支河垸隄尚不在此數之內若與河工比較則
殆地段皆長不啻數倍而向無額設堡房
地之棲息既無人夫動須雇備無可支
銷仰民向簽舉隄長一二人責賣之地太共物

屬有名無實。此項自挑積土牛以及一切守汛器
具費用，亦概向皆無項可以指發，責之民力則
難於淹浸之餘，上而
國賦之不清，下而歲修之支土，為且依此不為更無
餘籌及防隄之用，將欲出諸安措則斷須
責以清釐，又須杜其弊。惡自欽遵即發以來，
沙洲加以累者什九，其力實已不逮，以致籌防
棘手。此年底不爽一行，長隄每有大決之處，是
不關之業，是以臨時失事原在意中。
國家經費有常，何敢冒昧請頃。然若因循遷就，
則有一處之潰決，即致數處之漫淹，經費而後
不能重即以翻然悔悟諸

國計民生均不能不亟為籌畫臣等與各司道率
察情形再三商酌與其補救於事後莫若籌
備於未然惟有將生息閒款量為挹注庶可
為防汛搶險之資查道光十年襄陽地方因修
捕經費無出經前督撫臣奏請動支寶武局存
本八萬串發典生息備用業蒙
允准迄去年寶武局錢停鑄案內
奏明將存本七萬六千餘串發典按年八厘生息
以市價易銀解司收入正餉款內報至十七年
底止歲息已一萬一千五百六十四串有奇此項
息本並未指定作何支用目下襄河防汛為
急切要需合無仰懇

天恩俯准援照襄陽保捐經費成案，務將[illegible]
同准查十六年發典局本銀內除去外，共八
萬七千七百六十餘串，其數尚屬零星，擬
歸司道每日設法籌措，量為移撥，補湊足十萬
串之數，以何款另為撥[illegible]數無從紀
撥令鹽道發交漢岸鹽商承領生
息，按月八釐，每年可獲息錢九千六百串，以四千串
歸還本款，即存藩庫，餘五千六百串作
為襄河正隄防險經費，於大汛前分別工程之
險易，隄段之短長，按數里設一窩鋪，越遠段
製置[illegible]，總使段段有人，支畫柁以防[illegible]
江工食並交令挑積土牛捆紮[illegible]多[illegible]

凡一切章程悉照原議辦理，並向灯塘告
於各項均係飭令如何造冊呈報該管道府
隨時查驗，不許挪款虛糜，即有風災於
大汛時搶護情形，亦應設法，及隄長人等各予兩
多年以防守，搶保無虞，修整雖遇失事，即將
該印委各員參辦，隄長夫役一併治罪。如
經費不敷及有藉以修築無隄壅出用項
者，亦不敷，亦由該等與司道設法籌撥歸貼。
此次一經發商生息，不動用正款，而經費藉以
臣等以冀永資安瀾，仰副
聖主慎重隄防之至意。謹合詞恭摺具
奏，伏乞

皇上聖鑒訓示施行再此因一切本文奏摺細碎上

此項本是係經署撫湊足請由以籌款轄免

其遣毋庸部令備悉細陳

奏

道光十八年閏四月十八日

硃批

另有旨

閏四月 日奏

拏獲疊次攔江行劫盜犯審明分別正法流徙

林則徐等 審擬盜犯朱漢等奏由

奏

覽 ○

五月初五日

湖廣總督林則徐等奏摺 拏獲疊次攔江行劫盜犯審明分別正法流徒

道光十八年閏四月十八日

湖廣總督臣林則徐跪

護理湖北巡撫布政使臣張岳崧

奏為拏獲攔江行劫盜犯審明按例定擬將起意為

首及聽從疊劫多次之犯恭請

王命先行正法以昭儆戒恭摺奏祈

聖鑒事竊照楚北境內大江綿亘二千餘里上連巴蜀

下接皖吳商船絡繹往來盜賊每虞竊發

以江面報劫之案緝捕倍須加緊審辦尤必從嚴

臣等疊飭州縣營汛暨巡江員弁隨處查探盜

蹤購線嚴拏務使有案必破有犯必獲以靖地

方道光十八年正月初五日據嘉魚縣知縣毛鴻

順會據巡江兵役會稟上年十二月二十五日見有

匪船二隻往下盪走當即追趕該匪等將小船

丟棄另換大船揚帆而下查看匪船僅遺稻谷
數斗並無別物請飭兵役追捕等情當即與巡
檢典史遴差幹捕家把總盛廷一帶同兵丁跟
踪至漢陽縣地方協同該縣營及監利石首兵
役四路兜拏先後弋獲袁潰劉宏蔡王幺滿
李蓬董慶方老八戴玉𤏡周双𤏡陳石保晃楊
太順王興蔡胡沅潰向老五丁七晃何正才冉老
二劉小五共十六名並在各犯身邊起獲贓物
贓具各件分起押解到縣訊據袁潰等供認
疊次在石首監利嘉魚上下游江面搶劫客
船不諱檢查一名事主報案俱與犯供相同等
情臣等以該犯等係疊劫巨盜犯案纍纍自應

提省審以歸迅速，即經行提各犯至省，飭委
武昌府知府崇善、坐補黃州府知府成善、武
昌府同知陳天澤、漢陽府通判劉錫蕃審辦。
茲據訊明議擬，由署臬司楊以增覆審招解前
來。臣等隨督同司道提犯逐一研鞫。緣袁潰、汪
公淌即渠老八、重慶方老八、李逢即李汶潰、戴
玉嬉、周双嬉、陳石保兒、楊太順、王興發、胡沅潰即
胡站狗、向老五、丁七兒、何正才、冉老二、劉小五分隸
四川巴縣、瀘州、江津、萬縣、長寿、涪州、奉節、宜賓
等州縣，劉宏發籍隸湖北東湖縣，向各駕船
營生。袁潰先于道光十六年正月内在湖北監利
縣糾竊朱珍鑑家船犯案，杖刺遞籍保束。嗣

因係人物放彻即出外加駕船十七年十一月初八
日来至江陵縣沙市地方與現獲之刘宏發王
么同重慶方老八向老五及在逃之吴老五即
吴和尚陳老五即陳鐵板李傳生岳姍方老
八顧道人王老么会遇各道貧難袁潰起意沿
江搶劫得財分用刘宏發等允從向老五因腰
痛不能同往袁潰許俟劫得財物留給一股
十一日袁潰與刘宏發等一共十人乘坐袁潰划
船下開川尚遇有現獲之丁七兒伊丁才幫人駕
船裝卸貨至彼另尋工作袁潰詢係同鄉誆
令在船邊縣炊爨許為覓工丁七兒等不知盜
情當即允從十二日夜邀至石首縣調関上首

袁潰見一烏江家船灣泊江边起意強劫令將
划船盪攏丁七晃何正才畏懼欲行上岸被袁
潰用言嚇阻俱伏在後艙袁潰留刘宏蕘王
么同重慶方老八李信生吳如方老八顧道人
王老么在本船接贓自同吳老五陳老五各持
砲械跳上家船劫得錢文棉被鋪盖刘宏蕘
等接过本船盪至僻處查點僅分丁七晃何正才
分得錢文隨即乘間逃逸重慶方老八亦即走
散又於是月十八日袁潰復邀允現獲之李逢
戴玉蟢同双蟢入夥与刘宏蕘王么同吳老五陳
老五李信生吳如方老八一共十人于是夜盪
至嘉魚縣石頭関江边見有胡大経胡光茂

同夥馬相符船一隻在彼停泊，袁潰起意糾劫，令將劉
船豐撥由劉宏茂、李逢、戴玉瑞、周雙幗、李俸生、岳
邠、方老八去本船接贓，自同王公滿、吳老五、陳老五過
船搜劫衣物逃逸。本船遺在僻處，李俸生、李
逢、戴玉瑞、周雙幗各即逃散。又於十二月廿日，袁潰起
意與王公滿、吳老五在石首縣陽河腦地方搶得不知
姓名百重空船一隻分坐。二十六日，袁潰復邀之在逃盛
楊二入夥，與劉宏茂、王公滿、吳老五、陳老五、李俸生、岳
邠、方老八一共八人，駕船出外遊見，現獲之冉老二、劉小
五詢係同鄉，袁潰邀令上船，恃眾脅服，復於是夜五
更時分，行至監利縣上車灣地方，適有船戶譚徒
科載客貨前往四川重慶府交卸，將船日見

上岸拴縴，袁潰暫退起意搶劫劉宏發等船

趕攏。吳老五、陳老五、李傳生攀住客船，劉宏發

楊老二在本船接贓，冉老二、劉小五、吳燿跳過袁

潰船阻住，各持伏艙，袁潰同王公發、岳謝、方老

八各執器械跳上客船，劫得衣物，遞交本船

邊王獅處，袁立傳等冉老二、劉小五、孫三同與楊

老二各即走散。是日廿五晉，袁潰又逃，已現獲之陳石

保、吳楊太順、王景發、胡從潰入夥，與劉宏發、吳老五、

陳老五、李傳生、岳謝、方老八一共十人。於是夜盜至

袁魚孫地方，有船戶陳德輝在汗鎮攬載陳扶

升等貨物往湘南裝卸，停泊石磯頭上首江邊。袁潰

起意復劫，將劉船兩櫓攏，留劉宏發、陳石保、吳楊太

帆王吳春相同阮潰李倩生在本船接贓自同吳老
五陳老五岳分坐黃老八等工客船搜劫衣物逃
交本船還至僻處查點俵分衣潰每得分贓俱佰
間老五一股事後投歸張任重年花田萬至胡大任
甘老保投任豎利壽與翔會黨勤訊通詳旌拔
該犯甚獲北拿拔提省審系隨後甘紹同前通詳
提訊一研鞫擬多供認前情不諱該名窩夥將劫
別案贓任主顧臣等查律載強盜已行而但
得財者不分首從皆斬又例載江洋行劫大盜立
斬梟示又沿江行劫止去外接遞贓物並未過
船搜贓或行劫止此一次並無兇惡情狀者仍以
情有可原免死發遣又盜劫之案發付究審精

情有可原者發遣新疆給官兵為奴又若諸多隨
從如因患病不行及分贓者杖一百流三千里洋
盜案內被脅在船服役並未隨行上岸以被擄獲
者杖一百徒三年各等語此案袁漢等在漢江一帶搶
劫貨財自應按律問擬袁漢王么滿除搶摩雲船
輕罪不議外應與劉宏貴童慶方老么李逢來玉懷
閔取懷陳名保見楊太順王占貴胡民漢均係
強盜已行而但得財者不分首從皆斬律擬斬立決
袁漢起意行劫四次劉宏貴聽從行劫四次王么
滿聽從行劫三次實屬法無可貸且該犯等於兩
月之內疊次攔江搶劫尤為行旅之害自應迅速
懲辦以昭炯戒臣等於審明後即恭請

王命將袁潢、劉亭發、王以洪三犯照江洋大盜例先行正
法，並將各犯首級在於上下游江干梟示，俾衆觸目警
心。查廣方老八、李適泳、王壽、周雙喜、陳有保見楊
大順、王占發、胡沅潢搶劫，俱係行劫瞭，僅止在本船接
贓，並無見面情狀，尚屬情有可原，應照例
所擬係新設搶劫照例刺字。向老五自謀為盜，
因陳福來、陳洪行、羅鼎造意，惟先既聲稱不從，
分得贓物，應照共謀為盜臨時因患病不行，分
贓者杖一百、流三千里例，杖一百、流三千里。丁也是、何
正才、冉老二、劉小王、先保被誘被脅上船墊艙，
於各犯行劫時均畏懼躲伏艙內，並未隨同上盜，惟
事後分得贓物，若僅照知強盜後而分贓滿貫

從科斷罪上擬杖。林幸兒輕信在船照律呈牽內被
脅上船服役，此被脅隨者，杖一百，徒三年。係枝一百，
徒三年。與向老五俱解犯於責安置，該犯等在
外再逃，其父兄與原籍保甲均無從覓處，應毋庸
議。起獲各贓，給主認領，未獲各贓，照估追賠。起獲
賊船、棄擲賊具、鐵尺等件，飭行銷毀。逸犯吳
老五等，勒緝獲日另結。此犯擬賊匪一併緝拏。此案各
犯最為兇惡，應由臣林則徐自行獎拔陸金榮俵指
發郵外。所有拏獲搶江疊劫盜犯審明擬辦緣由，
理合恭摺具
奏。伏乞
皇上聖鑒，勅部核覆施行。謹

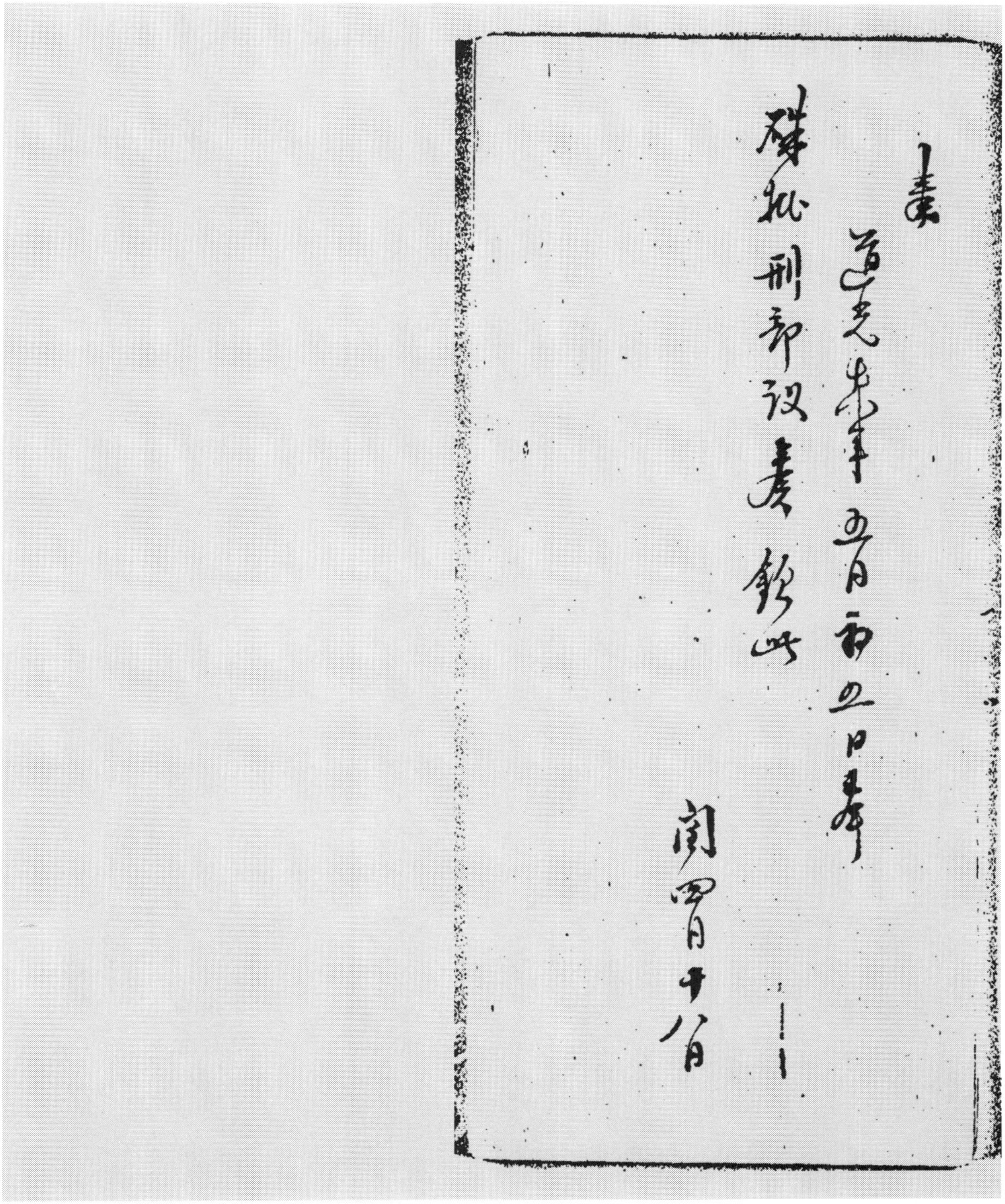
奏
道光十八年五月初五日奉
硃批刑部議奏欽此
閏四月十八日

湖廣總督林則徐奏摺 遵旨審明守備姚正剛毆告副將案分別定擬

道光十八年閏四月十八日

湖廣總督林則徐奏摺 **遵旨審明守備姚正剛毆告副將案分別定擬**

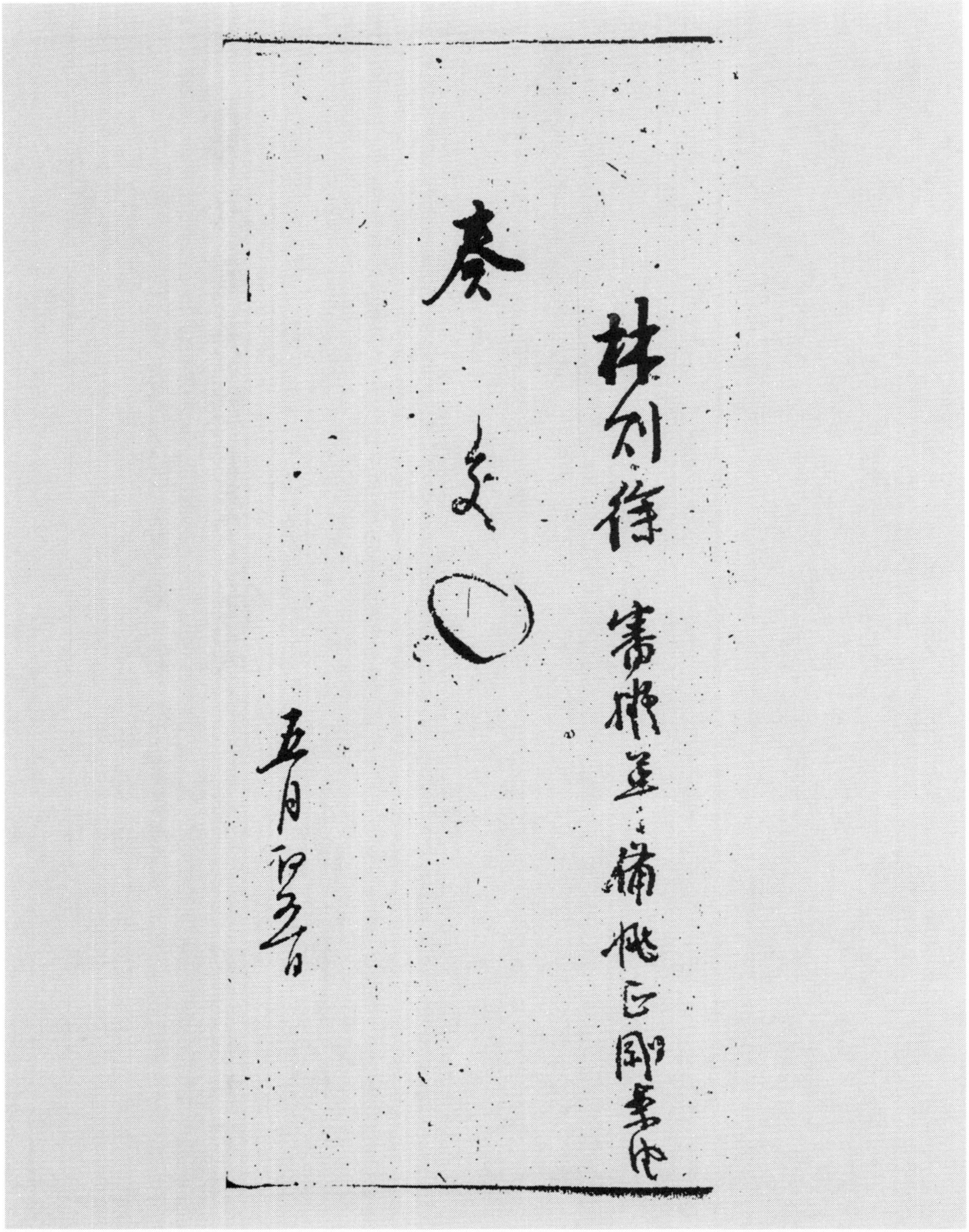
奏

林則徐

湖廣總督臣林則徐跪

奏為遵

旨嚴審守備控案據實奏祈

聖鑒事竊照鄖陽鎮標中軍劾參守備姚正剛

與署該城協副將徐樸衙門尋釁爭鬧以

詳敘其事務查情詞含混一案經臣恭摺

奏參在案

諭旨將中軍游擊之原任鎮標營守備姚正剛著革

職署該城協副將鎮標右營游擊徐樸著

解任交該督親提人證秉公審訊務得確情按

實定擬具奏等因欽此欽遵即移遵行提一干人

證解至省飭司道會審茲據藩司張岳崧等

湖廣總督林則徐奏摺　遵旨審明守備姚正剛毆告副將案分別定擬
道光十八年閏四月十八日

同知陸天澤隨同道府劉鶴翥等訊供，並提研訊
明，由署湖北督標中軍副將楊以增稟請改
擬，詳解前來。臣隨親提研鞫。緣姚正剛籍隸湖南
武陵縣，由世襲恩騎尉補授鎮筸營千總，道
光十二年升補鎮筸守備，嗣署鞏昌協中
軍都司，十四年十月內軍政因該備性情
浮躁，亦不守本分，注以降調。經[illegible]會同提督題請，奉有降千
總之旨

題奏，撫臣[illegible]檄行起程，保送署副將徐提督
審，因有姪孫程懷目頂與現任乾州協中軍
都司曾昊于十一月二十日前往乾州，由該副將衙
門經過，進內拜見。維時有書吏[illegible]劉外[illegible]來

石崇高並係正為代備手本遞署副將徐捷使
服赴本署馬房言馬係另送並與姚正剛控遞
姚正剛所以不應暗害將伊劾參之言向論徐捷
本標告係上司出頭爭行亂伊所繳傾備將為
開導姚正剛斥其誤佈英所用銀向徐捷仍
手搁開声任石崇高與兵丁性在將徑齊將劝
走出徐捷隨進內署並無揪扭毆燬情事姚
姚正剛情急畏死起意飾詞捏制即控被劾
及爭詞署副將徐捷揸去大重合並先被惡言
詈罵及被扭辮髮肆意打至陽左臂受傷等
情石崇高等力阻隨將營情又取先已成之
遞髮十根用紙包裹指為徐捷扭落等侭填讀

營游擊富色鏗、劉錦等調任湖南提標，臣隨將洛会
湖臣即經傷委附近之承審副將尚安前往查
驗姚正剛髮辮圓整，並無被揪痕跡，令其脫衣
看視傷痕，據稱早已痊愈，問據夫役兵丁亦稱
並無毆打之事，惟劉錦之妻唐李氏身丁惟曉
詳所控姚正剛係伊均係姚正剛髮辮係被徐振
扭落情臣等
諭令富色鏗提集人證供並前情臣以唐李氏甘係
該署副將徐振衙門書差弁兵何肯輕聽姚正剛
囑託扶同混指，復向訴諸，據稱姚正剛前署該協
中軍都司相待甚優，副將于軍政勸為參奏，伊徐振
瞞害前向撤落揪頭髮情由早已提案徐

湖廣總督林則徐奏摺 遵旨審明守備姚正剛毆告副將案分別定擬

道光十八年閏四月十八日

揑詈毆弁吳祥新等並伊母加帮伊母因係
揑係屬上司所使姜家厚參之太過一時
糊塗于來省查詢時猶因混指今業提案質
審不敢狡飾是以據實供明等語質訊姚正剛
亦稱首誣罪不能推賴共將全案人證供情
奪問再三屢詢矢口不移案無遁飾查律載
佐屬官毆長官者減吏卒毆長官二等又吏卒毆本
管五品以上長官杖一百徒三年又鬬毆拔髮方
寸以上笞五十又誣告者笞罪加所誣罪二等各等
語此案姚正剛原任鎮筸守備係乾州協副
將所屬乃因守汛被參疑係署副將徐揑稟害
輒敢前往撒潑用頭向撞所與自毆之吳共等

以情急言語捏寫徐捷將其毆傷希圖抵制
罪名較輕自應按律從重問擬已革守備姚正
剛除誣告長官將其毆傷均罪止擬杖輕罪不議外
合依佐貳官毆長官者減吏卒毆長官二等于吏
卒毆本部五品以上長官杖一百徒三年律上
減二等擬杖八十徒二年所供母老丁單是否
屬實及其年歲有無次丁之人另行移查取結照
例辦理副將外委不嘗為兵丁恃從偏聽從姚正剛
嗾說其事矣查詢明扶同混揑雖查無為求庇訊之
先追存
奏明審辦到案行據實供明情節尚屬出入究屬
不合應照不應重律各杖八十折責革任徐捷

湖廣總督林則徐奏摺　遵旨審明守備姚正剛毆告副將案分別定擬

道光十八年閏四月十八日

訊之營毆屬虛情，應由原營設鎮溪營游擊審明毛經刻于所屬

參員揭告守備並不查明率行轉詳，殊屬不合，應請

旨交部議處。除全案供招咨部外，所有審明定擬緣由，理合恭摺具

奏，伏乞

皇上聖鑒，敕部覈覆施行。謹

奏。道光十八年五月初五日奉

硃批：刑部議奏。欽此。

閏四月十八日

吏部尚書奕經等奏摺　**林則徐預保湖南右營遊擊馬辰不實應降二級調用**

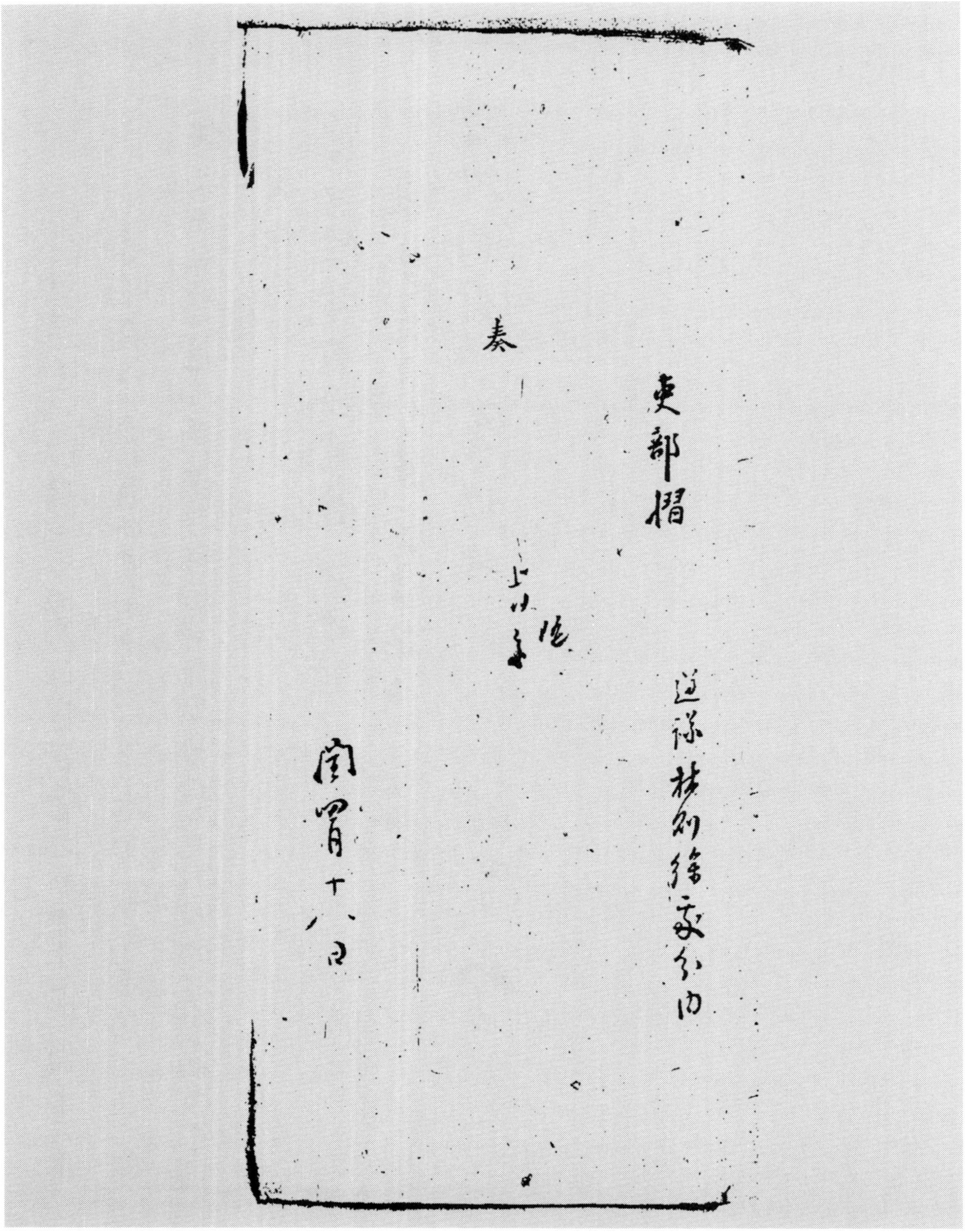

吏部摺

遵議林則徐處分由

奏

奉旨依議

閏四月十八日

吏部尚书奕经等奏摺　林则徐预保湖南右营游击马辰不实应降二级调用
道光十八年闰四月十八日

吏部尚書臣宗室奕經等謹
奏爲遵
旨議處具奏事道光十八年閏四月十一日内閣奉
上諭前據給事中鄭世任奏湖南右營遊擊馬辰貪
污各款當降旨交林則徐逐款嚴審兹據奏稱將
該員親提研鞫雖無貪污劣跡惟於長隨鄭玉放
債取利兵丁替班挑剔得贓俱毫無覺察雖經查
出鄭玉與兵丁彭開恭室即行責逐究屬失於約
束至令屬弁調換馬匹一節雖訊非勒繳亦屬不
合馬辰著交部嚴加議處所有該督題請預保
之處著即撤銷林則徐著交部議處餘著照所議
完結欽此欽遵於閏四月十三日抄出到部查

定例督撫密保人員不實照濫舉匪人例降二級調用等語除湖南右營遊擊馬辰交部嚴加議處之處應由兵部辦理外此案湖廣總督林則徐於湖南右營遊擊馬辰前准兵部行令預保經該督以該遊擊年強技練題准預保令據該督奏稱馬辰既被參劾訊有應得處分自應銷去預保並自請交部議處欽奉

諭旨林則徐著交部議處應將湖廣總督林則徐照濫舉匪人例降二級調用係私罪毋庸查加級議抵所有臣等遵

旨議處緣由理合恭摺具

奏伏乞

皇上聖鑒
訓示遵行謹
奏

道光十八年閏四月十八日 吏部尚書臣宗室奕經
吏部尚書臣湯金釗
吏部左侍郎臣桂輪

吏部左侍郎臣陳官俊留署

吏部右侍郎臣隆文

吏部右侍郎臣龔守正

子林汝舟改為翰林院庶吉士謝恩

恭謝 子汝舟改庶吉士恩由

奏

交○

五月日 旨

湖廣總督林則徐奏摺 子林汝舟改為翰林院庶吉士謝恩
道光十八年閏四月二十一日

湖廣總督臣林則徐跪
奏爲叩謝
天恩事竊臣本屆戊戌科會試臣子林汝舟幸邀中
式業經臣具摺謝
恩仰荷
聖鑒恭閱邸抄欽奉
上諭林汝舟著改爲翰林院庶吉士欽此臣聞
命之下感悚交深謹即恭設香案望
闕叩頭虔謝
天恩伏念詞館爲儲才之[illegible]雜翔鵷[illegible]士之清華
之選非[illegible]備員在此以[illegible]其[illegible]明其博[illegible]果之
請從臣子深慚[illegible]陋敢[illegible][illegible]乃[illegible]

力

制科復預綴名於

翰苑朝考膺先薦擢拔十已參其尤

竊臣丹宅對三品官其奴蓬瀛小草步悅花封

先澤蓋飲紬書亦共涵濡夫

聖教厚荷

鴻慈之佑有苟勝犧烟之錄餘自恨益矣脫驕

勅圖報稱並勗其子束躬砥行勵志讀書務修

懺衍之勤庶補罣漏之拙願此遐荒遂其

真知實踐以勉副宣恩責實循名覈真

恩施於萬一所有臣感激下忱謹繕摺恭謝

天恩伏乞

湖廣總督林則徐奏摺　子林汝舟改為翰林院庶吉士謝恩

道光十八年閏四月二十一日

湖廣總督林則徐等奏摺

請以馬尚德調署棗陽縣知縣

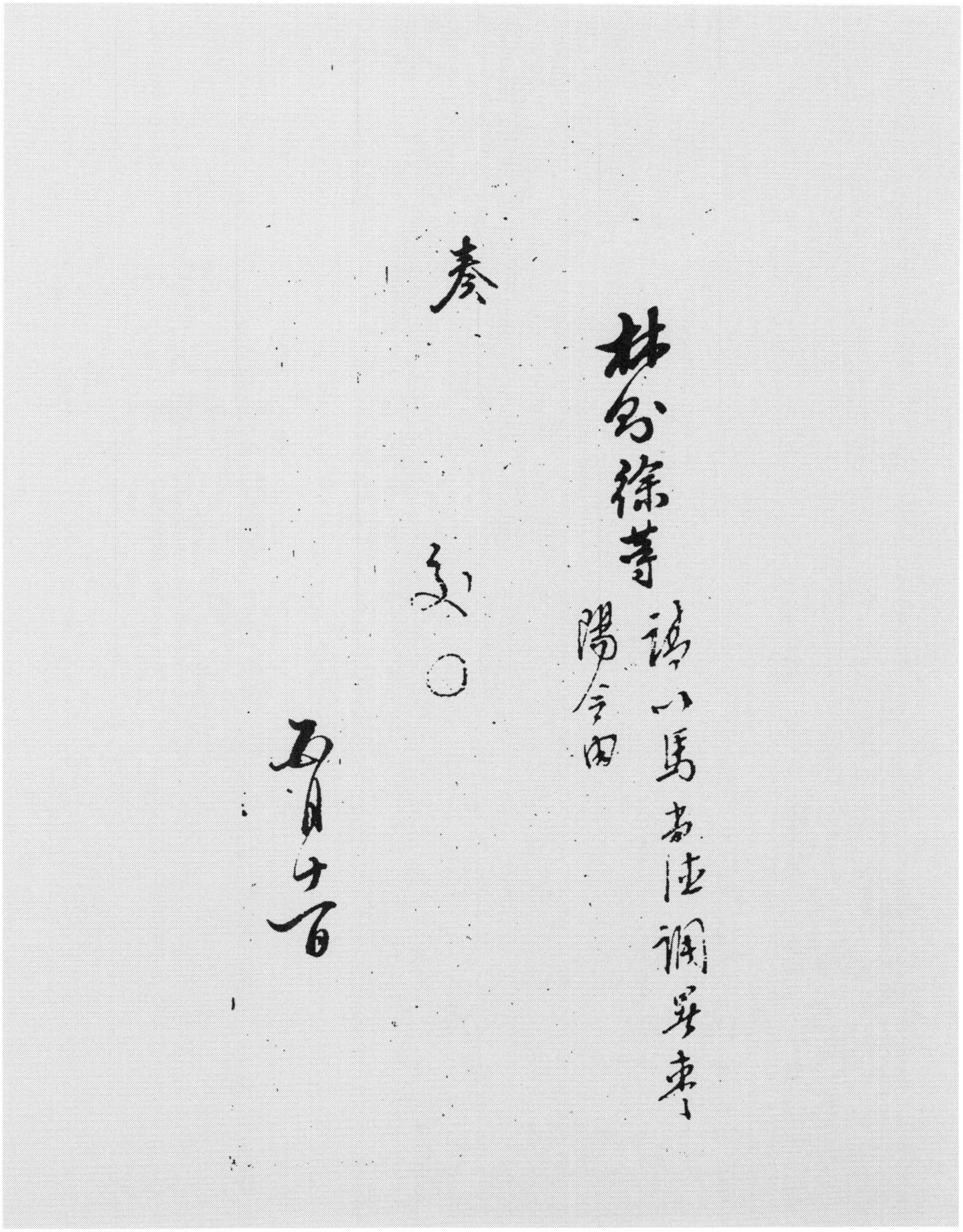

湖廣總督林則徐等奏摺 請以馬尚德調署棗陽縣知縣

道光十八年閏四月二十四日

湖廣總督臣林則徐
護理湖北巡撫布政使臣張岳崧跪
奏為要缺需員調署以資治理恭摺奏祈
聖鑒事竊照棗陽縣知縣楊師魯現以丁憂業經具
題開缺所遺棗陽縣知縣係衝繁難三要缺例
應在外揀員調補查該縣民情剽悍界連豫
省每有棍徒私梟成群擾害地方必須精
明練達緝捕勤幹之員方足以資治理臣等
於藩臬兩司查於通省實缺知縣中逐加遴選人
地均不相宜一時實無合例堪調之員惟查有
武昌府屬之武昌縣知縣馬尚德現年四十六歲
陝西武功縣舉人道光丙戌科大挑一等引
見奉

湖廣總督林則徐等奏摺 請以馬尚德調署棗陽縣知縣
道光十八年閏四月二十四日

查以知縣用底擧湖北回籍揀發道光十三年二月
到省歷署穀城宜城各知縣印務
題署武昌縣知縣道光十六年八月初二日到任該員明
幹有為少年勤奮歷署穀城宜城並現署黃陂
縣事務均能加意整飭以之調署棗陽縣知縣實
堪勝任惟歷任未滿三年奏實授與例稍有
未符但人地實在相需例得專摺奏請應否仰懇
皇上天恩俯念員缺緊要准以武昌縣知縣馬尚德
調署棗陽縣知縣實於地方有裨並照例請
旨敕部查核如蒙
俞允該員係現任知縣請調知縣繁缺相當毋庸送
引見

是仍係照例另請實授。至該員任內一切因公處分不違例，
毋庸核計。係微罰俸，已經部銷案，訖造部咨明。
緣雖中缺湖北省現有應補人員，容另遴員請
補。理合恭摺具
奏。伏乞
皇上聖鑒訓示遵
行。謹
奏。
道光十八年閏四月二十四日
硃批：吏部議奏。欽此。
閏四月廿四日

湖廣總督林則徐等奏摺

請將押解絞犯疎脫之松滋縣巡檢杜璸革職嚴審

林則徐等

請將解犯脫逃之巡檢杜璸

革嚴審等由

隨

奏

旨 [illegible] ○

五月十一日

湖廣總督林則徐等奏摺　請將押解絞犯疎脱之松滋縣巡檢杜瓚革職嚴審
道光十八年閏四月二十四日

湖廣總督臣林則徐
護理湖北巡撫布政使臣張岳崧跪
奏為特參押解秋審絞犯中途疎脱之巡檢請
旨革職嚴審並將簽差護解不慎各官交部議處
恭摺奏祈
聖鑒事竊據江陵縣知縣黃肇愈稟報道光十八年三
月二十三日准荊州府遞解枝江縣秋審截回絞
犯胡大朋一名到縣隨於二十四日驗明刑具齊全
簽差胡義張亮協同營兵辛春陳孝清及
枝江縣長解差役刘興胡幅轉解前進至松
滋縣陡市站經荊州府委有住站接護委員
松滋縣磨盤巡檢杜瓚沿途督押二十五日
傍晚行至松滋縣采穴地方風雨交作該兵

役等押同胡大朋在路旁空廟住宿詎該犯於半夜時乘兵役睡熟扭斷鎖鐐脫逃等情具詳查胡大朋係枝江縣擅殺竊賊張倫身死擬絞監候已入本年秋審緩決彙

題

聽候部覆之犯該兵役等如果小心管解何致被其脫逃難保不無違例雇替潛回及受賄縱刑故縱情事該巡檢杜瓚奉委押解責有專司自應嚴密防範乃竟任聽住宿空廟致有疏失已屬玩忽且恐並不親身督押亟應徹底根究從嚴懲辦除飛飭勘明情形選差妥幹兵役分途嚴拏逃犯胡大朋務獲究辦外並札該管道府轉由藩臬兩司揭報

前來相應據實具

奏請

旨將押解發松滋縣巡檢杜瓊革職以便提同

兵役人等來省嚴審確情按律擬辦簽差發

署枝江縣事同知銜知縣雙穗護解發江陵縣知縣

黃肇愈並不慎選差役小心管解致犯脫逃

殊屬疎忽應請一併交部照例議處仍勒限一年

緝拏俟限滿有無弋獲再行分別辦理其撥

兵不慎之武職俟飭取到日同失察各上司職

名另行開參理合恭摺具

奏伏乞

皇上聖鑒訓示再所遺松滋縣巡檢要缺係

名在外揀選調容易揀員洛補合併陳明

謹

奏

道光十八年五月十一日奉

硃批 欽此

閏四月二十四日

湖廣總督林則徐題本　**題參湖北安陸營把總汪鴻恩等疎防竊案屆滿贓犯未獲（首缺）**

兵部尚書兼都察院右都御史總督湖廣等處地方軍務兼理糧餉臣林則徐謹

題爲報明事據湖北按察使程銓詳稱案據代辦

鍾祥縣知縣徐粲詳稱准前署縣謝慶遠移交

道光拾柒年拾壹月初捌日據保正李茂林報

據劉世春投稱伊家於拾壹月初伍日夜被賊

掂門行竊伊同伊父劉樹勳驚醒起捕賊即行

強將伊父毆傷劫去銀錢布疋衣物而逸等語

往查屬實報乞勘驗緝究等情并據劉世春開

呈失單報同前由據此隨會同營弁詣勘情形

驗明傷痕訊供移交通詳奉批飭緝詳參去後

茲據安陸府知府周鳴鸞轉據署鍾祥縣知縣

范炳監詳稱此案例限屆滿贓盜無獲開列疎

湖廣總督林則徐題本　題參湖北安陸營把總汪鴻恩等疎防竊案屆滿贓犯未獲
道光十八年閏四月二十七日

防職名由府詳參到司并准安陸營咨送武職
職名請參前來該湖北按察使程銓查得鍾祥
縣通詳劉世春家於道光拾柒年拾壹月初伍
日夜被賊行竊臨時行強毆傷事主劫去銀錢
衣物一案先經該前署縣會營勘驗訊供移交
通詳批飭緝究詳參茲例限屆滿贓盜未獲移
行開報疎防職名請參前來除仍移飭勒緝贓
盜務獲解報并文職疎防職名另詳呈請巡撫
題參外所有疎防武職專汛係安陸營左司把總
汪鴻恩兼轄係安陸營都司巴揚阿相應據文
開報伏候查覈
題參再失事地方離縣城壹百貳拾里並未安設

兵丁墩鋪亦無貼防外委專汛與兼轄不同城
在百里以內此案應以道光拾柒年拾壹月初
伍日失事計限起扣至拾捌年叁月初伍日滿
肆個月疏防例限合併聲明等情呈詳到臣該
臣看得鍾祥縣通詳劉世春家於道光拾柒年
拾壹月初伍日夜被賊行竊臨時行強毆傷事
主劫去銀錢衣物一案先經該前署縣會營勘
驗訊供移交通詳批司飭緝詳參去後茲據湖
北按察使程銓以例限屆滿贓盜未獲移行開
列疏防職名請參前來除仍飭勒緝贓盜務獲
解報并文職疏防職名聽撫臣
題參外所有疏防武職專汛係安陸營左司把總

汪鴻恩兼轄係安陸營都司巴揚阿相應據詳
指叅再失事地方離縣城壹百貳拾里並未安
設兵丁墩鋪亦無貼防外委專汛與兼轄不同
城在百里以內此案應以道光拾柒年拾壹月
初伍日失事計限起扣至拾捌年叁月初伍日
滿肆個月疎防例限合併陳明臣謹會同護理
湖北巡撫印務布政使臣張岳崧湖北提督臣
羅思舉合詞恭疏具
題伏乞
皇上聖鑒勅部議覆施行臣謹具
題請
旨

湖廣總督林則徐題本 題參湖北安陸營把總汪鴻恩等疎防竊案屆滿贓犯未獲 道光十八年閏四月二十七日

道光拾捌年閏肆月貳拾柒日兵部尚書兼都察院右都御史總督湖廣等處地方軍務兼理糧餉臣林則徐

兵部尚書兼都察院右都御史總督湖廣等處地方軍務兼理糧餉臣林則徐謹
題爲報明事該臣看得鍾祥縣通詳劉世春家於
道光拾柒年拾壹月初伍日夜被賊行竊臨時
行強毆傷事主劫去銀錢衣物一案先經該前
署縣會營勘驗訊供移交通詳批司飭緝詳參
去後茲據湖北按察使程銓以例限屆滿贓盜
未獲移行關列疎防職名請參前來所有疎防
武職專汛係安陸營左司把總汪鴻恩兼轄係
安陸營都司巴揚阿相應指參臣謹會
題請
旨

湖廣總督林則徐題本

題報武昌廠關遊湖關道光十六年至十七年徵收稅銀盈餘數

該部察核具奏
題

二〇

湖廣總督林則徐題本　題報武昌廠關道光十六年至十七年徵收稅銀盈餘數

道光十八年閏四月二十七日

兵部尚書兼都察院右都御史總督湖廣等處地方軍務兼理糧餉臣林則徐謹

題爲武昌廠關徵收稅銀并盈餘無缺循例具

題事據署湖北布政使事按察使程銓詳稱案奉

部咨各關期滿例應將壹年徵收額稅并盈餘

銀兩數目具題又欽奉

上諭嗣後各關徵收盈餘數目較上屆短少者俱著於

再上屆復行比較如能較前無缺即可覈准若比

較上叁年均有短少即責令管關之員賠補欽此又

准戶部咨欽奉

諭旨各關徵收盈餘數目經朕分别覈減定額或有多

餘儘收儘解其叁年比較之例永行停止欽此計開

欽定武昌廠關盈餘銀壹萬貳千兩各等因遵奉在案

兹據接管武昌廠關稅務武昌府知府崇善申
稱該府暨前署府成善管理關務自道光拾陸
年伍月貳拾壹日接管起至道光拾柒年伍月
貳拾日壹年期滿共徵收武昌廠關船料銀伍
萬伍千陸百貳拾陸兩柒錢貳分又游湖關船
料銀叁千壹百兩貳錢捌分相應造具冊結申
詳[illegible]轉等情到司該署湖北布政使事按察使
程銓查得武昌廠關稅務原准部咨令將壹年
期滿徵收正額盈餘數目具題考覈今道光拾
陸年伍月貳拾壹日以前徵收銀兩前經詳
題奉准部覆在案茲查接管關務武昌府知府崇
善暨前署知府成善自道光拾陸年伍月貳拾

壹日接管起至道光拾柒年伍月貳拾日壹年
期內徵過武昌廠關船料銀叁萬叁千兩又盈
餘銀貳萬貳千陸百貳拾陸兩柒錢貳分游湖
關船料銀叁千壹百兩貳錢捌分業經解司分
別兑收其盈餘銀兩係屬儘收儘解較
欽定銀數盈無絀理合轉造清冊同送到印結一併
具詳請題
題等情前來臣覆覈無異除冊結分送部科查覈
外謹會同護理湖北巡撫印務布政使臣張岳
崧合詞恭疏具
題伏乞
皇上聖鑒勅部覈覆施行臣謹具

湖廣總督林則徐題本 題報武昌廠關遊湖關道光十六年至十七年徵收稅銀盈餘數

道光十八年閏四月二十七日

題請

旨

道光拾捌年閏肆月 貳拾柒 兵部尚書兼都察院右都御史總督湖廣等處地方軍務兼理糧餉臣林則徐

湖廣總督林則徐題本 題報武昌廠關遊湖關道光十六年至十七年徵收稅銀盈餘數

道光十八年閏四月二十七日

兵部尚書兼都察院右都御史總督湖廣等處地方軍務兼理糧餉臣林則徐謹

題為武昌廠關徵收稅銀并盈餘無缺循例具

題事該臣看得武昌廠關稅務原准部咨將壹年

期滿徵收正額盈餘數目具題今據署湖北布

政使事按察使程銓詳稱道光拾陸年伍月貳

拾壹日以前徵收銀兩前經詳

題奉准部覆在案茲查接管關務武昌府知府崇

善暨前署知府成善自道光拾陸年伍月貳拾

壹日接管起至道光拾柒年伍月貳拾日壹年

期滿徵過武昌廠關船料銀叁萬叁千兩又盈

餘銀貳萬貳千陸百貳拾陸兩柒錢貳分遊湖

關船料銀叁千壹百兩貳錢捌分業經解司分

別兌收其盈餘銀兩係屬儘收儘解較

欽定銀數有盈無絀造冊出結詳請覈

題等情前來臣覆覈無異除冊結分送部科查覈

外謹會

題請

旨

湖廣總督林則徐題本

題參湖北荊門營千總廖慶全等疎防搶案屆滿贓犯未獲

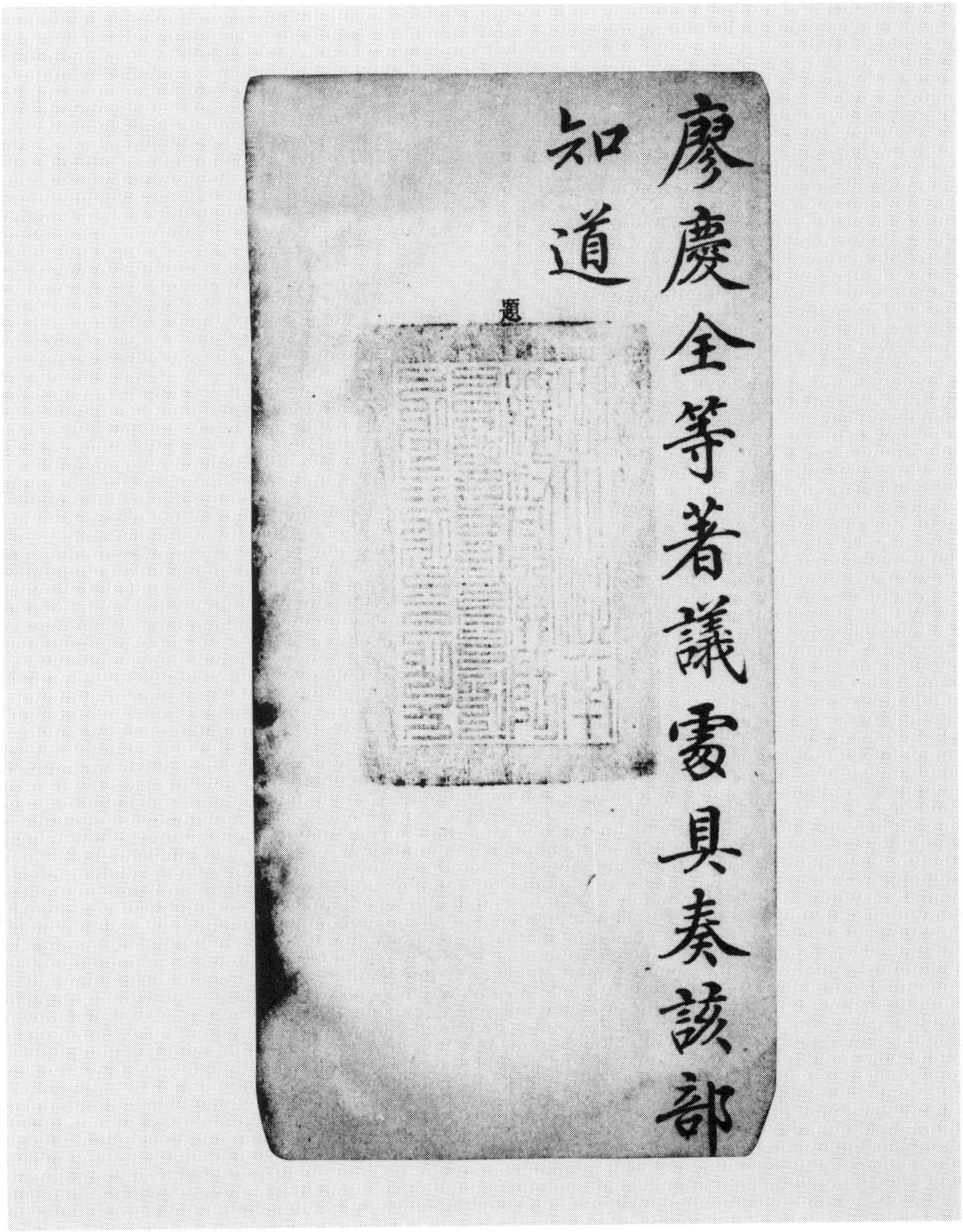
廖慶全等著議處具奏該部
知道
題

湖廣總督林則徐題本　題參湖北荊門營千總廖慶全等疎防搶案屆滿贓犯未獲

道光十八年閏四月二十七日

兵部尚書兼都察院右都御史總督湖廣等處地方軍務兼理糧餉臣林則徐謹

題爲報明事據湖北按察使程銓詳稱案據荊門

直隸州知州呂恂詳稱道光拾柒年拾月貳拾

柒日據保正萬上泗報據民人熊楚先投稱伊

染鋪於拾月貳拾伍日夜被賊撥門進內搶去

錢布衣物伊子熊泰遠起捕被賊拒傷等語往

查屬實理合報懇勘驗緝究等情并據熊楚先

開呈失單報同前由據此隨會同營員詣勘被

搶情形驗明傷痕訊供通詳奉批飭緝詳參去

後茲據荊門直隸州知州呂恂詳稱此案例限

屆滿贓賊未獲開列疎防職名詳參到司并准

荊門營咨送武職職名移參前來該湖北按察

使程銓查得荊門州通詳民人熊楚先染鋪於
道光拾柒年拾月貳拾伍日夜被賊搶去錢布
衣物拒傷伊子熊泰遠一案先經該州會營勘
驗訊詳批飭緝究詳參茲例限屆滿贓賊未獲
移行開報疎防職名詳參前來除仍移飭勒緝
贓賊務獲解報并文職疎防職名另詳呈請巡
撫
題參外所有疎防武職專汛係荊門營右哨千總
廖慶全貼防係荊門營右哨四司外委王廷憶
兼轄係荊門營遊擊尹希成相應據文開報伏
候查覈
題參再失事地方離州城壹百貳拾里並未安設

湖廣總督林則徐題本　題參湖北荊門營千總廖慶全等疎防搶案屆滿贓犯未獲　道光十八年閏四月二十七日

兵丁設鋪專汛與兼轄不同城此案應以道光
拾柒年拾月貳拾伍日失事計限起扣至拾捌
年貳月貳拾伍日滿肆個月疎防例限又兼轄
遊擊尹希成於道光拾柒年拾壹月貳拾肆日
調署均光營參將印事係本任之員例不准扣
除公出日期合併聲明等情呈詳到臣該臣看
得荊門州通詳民人熊楚先染鋪於道光拾柒
年拾月貳拾伍日夜被賊搶去錢布衣物拒傷
伊子熊泰遠一案先經該州會營勘驗訊供通
詳批司飭緝詳參去後茲據湖北按察使程銓
以例限屆滿贓賊未獲移行開報疎防職名請
參前來除仍飭勒緝贓賊務獲解報并文職疎

防職名聽撫臣
題參外所有疏防武職專汛係荊門營右哨千總
廖慶全貼防係荊門營右哨四司外委王廷愷
兼轄係荊門營遊擊尹希成相應據詳指參再
失事地方離州城壹百貳拾里並未安設兵丁
墩鋪專汛與兼轄不同城此案應以道光拾柒
年拾月貳拾伍日失事計限起扣至拾捌年貳
月貳拾伍日滿肆個月疏防例限又兼轄遊擊
尹希成於道光拾柒年拾壹月貳拾肆日調署
均光營參將印事係本任之員例不准扣除公
出日期合併陳明臣謹會同護理湖北巡撫印
務布政使臣張岳崧湖北提督臣羅思舉合詞

恭疏具

題伏乞

皇上聖鑒勅部議覆施行臣謹具

題請

旨

道光拾捌年閏肆月　貳拾柒　兵部尚書兼都察院右都御史總督湖廣等處地方軍務兼理糧餉臣林則徐

兵部尚書兼都察院右都御史總督湖廣等處地方軍務兼理糧餉臣林則徐謹

題

爲報明事該臣看得荆門州通詳民人熊楚先

染鋪於道光拾柒年拾月貳拾伍日夜被賊搶

去錢布衣物拒傷伊子熊泰遠一案先經該州

會營勘驗訊供通詳批司飭緝詳參去後茲據

湖北按察使程銓以例限屆滿贓賊未獲移行

開報疏防職名請參前來所有疏防武職專汛

係荆門營右哨千總廖慶全貼防係荆門營右

哨四司外委王廷俊兼轄係荆門營遊擊尹希

成相應指參臣謹會

題請

旨

湖廣總督林則徐題本 題參湖北安陸營把總汪鴻恩等疎防搶案屆滿贓犯未獲（污損）

汪鴻恩等著議處具奏該部知道

題

湖廣總督林則徐題本　題參湖北安陸營把總汪鴻恩等疎防搶案屆滿贓犯未獲

道光十八年閏四月二十七日

兵部尚書兼都察院右都御史總督湖廣等處地方軍務兼理糧餉臣林則徐謹
題爲報明事據湖北按察使程銓詳稱案據代辦
鍾祥縣知縣徐棨詳稱准前署縣謝慶遠移交
道光拾柒年拾壹月初捌日據保正李仁和報
據汪時運投稱拾月貳拾伍日伊令子汪開玉
同姪汪開鄰并妻弟姚華堂趕蘇驢叁頭馱運
錢米出外二更時分行至老關廟地方被不識
叁人攔路搶去蘇驢錢米并剝去伊子等身穿
衣服而逸賊人竝無帶有器械等語查屬實
報乞勘驗緝究等情并據汪時運開呈失單報
同前由據此隨會同營弁詣勘情形訊供移交
道詳奉批飭緝詳叅去後兹據安陸府知府周

湖廣總督林則徐題本　題參湖北安陸營把總汪鴻恩等疏防搶案屆滿贓犯未獲
道光十八年閏四月二十七日

鳴鶯轉據署鍾祥縣知縣范炳臣詳稱此案例
限屆滿贓賊無獲開列疏防職名由府詳參到
司并准安陸營咨送武職職名請參前來該湖
北按察使程銓查得鍾祥縣通詳汪時運具報
伊子汪開玉等於道光拾柒年拾月底拾伍日
在途被賊攔路搶去贓驢錢米并剝去衣服一
案先經該前署縣會營勘驗訊供移交通詳批
飭緝究詳參茲例限屆滿贓賊未獲移行開報
疏防職名詳參前來除仍移飭勒緝贓賊務獲
解報并文職疏防職名另詳呈請巡撫
題參外所有疏防武職專汛係安陸營左司把總
汪鴻恩兼轄係安陸營都司巴揚阿相應據文

聞報伏候查覈
題參再失事地方離縣城壹百貳拾里並未設
兵丁墩鋪亦無貼防外委專汛與兼轄不同城
在百里以內此案應以道光拾柒年拾月貳拾
伍日失事計限起扣至拾捌年貳月貳拾伍日
滿肆個月疏防例限合併聲明等情呈詳到臣
該臣看得鍾祥縣通詳汪時運具報伊子汪開
玉等於道光拾柒年拾月貳拾伍日在途被賊
攔路搶去贏驢錢米并剝去衣服一案先經該
前署縣會營勘驗訊供移交通詳批司飭緝詳
參去後茲據湖北按察使程銓以例限屆滿贓
賊未獲移行開列疏防職名詳參前來除仍飭

湖廣總督林則徐題本　題参湖北安陸營把總汪鴻恩等疎防搶案屆滿贓犯未獲

道光十八年閏四月二十七日

勅緝贓賊務獲解報并文職疎防職名聽撫臣

題參外所有疎防武職專汛係安陸營左司把總

汪鴻恩兼轄係安陸營都司巴揚阿相應據詳

指參再失事地方離縣城壹百貳拾里並未安

設兵丁墩鋪亦無貼防外委專汛與兼轄不同

城在百里以內此案應以道光拾柒年拾月貳

拾伍日失事計限起扣至拾捌年貳月貳拾伍

日滿肆個月疎防例限合併陳明臣謹會同護

理湖北巡撫印務布政使臣張岳崧湖北提督

臣羅思舉合詞恭疏具

題伏乞

皇上聖鑒勅部議覆施行臣謹具

湖廣總督林則徐題本　題參湖北安陸營把總汪鴻恩等疎防搶案屆滿贓犯未獲

道光十八年閏四月二十七日

題請

旨

道光拾捌年閏肆月貳拾柒日兵部尚書兼都察院右都御史湖廣等處地方軍務兼理糧餉臣林則徐

二〇

湖廣總督林則徐題本 題參湖北安陸營把總汪鴻恩等疎防搶案屆滿贓犯未獲

道光十八年閏四月二十七日

兵部尚書兼都察院右副都御史總督湖廣等處地方軍務兼理糧餉臣林則徐謹
題爲報明事該臣看得鍾祥縣通詳汪聯甦具報
伊子汪開玉等於道光拾柒年拾月貳拾伍日
在途被賊攔路搶去贏驢錢米并剝去衣服一
案先經該前署縣會營勘驗訊供移交通詳批
司飭緝詳參去後茲據湖北按察使程銓以例
限屆滿贓賊未獲移行開列疎防職名請參前
來所有疎防武職專汛係安陸營左司把總汪
鴻恩兼轄係安陸營都司巴揚阿相應指參臣
謹會
題請
旨

湖廣總督林則徐題本

請以唐廷松承襲鎮筸鎮標中營陣亡外委唐宏詔恩騎尉世職

題
該部議奏

二〇

湖廣總督林則徐題本　請以唐廷松承襲鎮筸鎮標中營陣亡外委唐宏詔恩騎尉世職

道光十八年閏四月二十七日

兵部尚書兼都察院右都御史總督湖廣等處地方軍務兼理糧餉臣林則徐謹
題爲請襲事該臣看得案准兵部咨開原任湖南
鎮筸鎮標中營外委唐宏詔係剿捕楚省賊匪
打仗陣亡議給雲騎尉世職前經該督將該故
員唐宏詔嫡長孫唐廷熙年未及歲題請承襲
臣部照例覆准在案今該督既稱該世職唐廷
熙年已及歲堪以發標學習等語覈與定例相
符唐廷熙壹員俟
命下之日應令該督驗看就近發標學習准食全俸扣
至叁年期滿照例出具考語給咨送部引
見請
旨分別錄用等因於嘉慶貳拾伍年肆月拾貳日題本

月拾肆日奉
旨依議欽此相應行文該督遵照并將該世職唐廷熙
收標日期報部註冊可也等因當經前督臣張
映漢行司轉飭遵照并將該世職唐廷熙分發
鎮筸鎮標學習在案嗣據湖南鎮筸鎮標中營
遊擊陳存泰呈報世職唐廷熙因患痰迷病證
於道光拾伍年玖月貳拾叁日自縊身死等情
當即咨部查照并行據署鳳凰廳同知楊超任
查明該故弁唐廷熙有嫡子唐文燮現年肆歲
實係原立職官唐宏詔嫡曾孫例應承襲恩騎
尉世職取造宗圖冊結由司詳請承襲等情經
前督臣訥爾經額會疏具

湖廣總督林則徐題本　請以唐廷松承襲鎮筸鎮標中營陣亡外委唐宏詔恩騎尉世職
道光十八年閏四月二十七日

題尚未接准部覆道光拾陸年玖月內又據署鳳
凰廳同知楊超任詳報前詳承襲恩騎尉世職
唐文燮於玖月初柒日出痘病故所遺世職應
請另行查襲等情由司詳請咨部查照一面飭
查應行接襲之人詳辦去後茲據湖南布政使
龔綬詳稱據署鳳凰廳同知楊超任查明故弁
唐廷熙所遺世職請以伊嫡子唐文燮接襲旋
又夭亡該故弁竝無嫡次庶出亦無應繼之人
堪以承襲查陣亡唐宏詔有嫡次子唐承勳因
年老不堪承襲現有子唐廷松係屬嫡派子孫
請援例接襲造具宗圖冊結申請覈轉等情到
司查例載官員應合襲廕者令嫡長子孫如無

湖廣總督林則徐題本　請以唐廷松承襲鎮筸鎮標中營陣亡外委唐宏詔恩騎尉世職

道光十八年閏四月二十七日

嫡長子孫則令次子次孫承襲等語今據署鳳
凰廳同知楊超任查故弁唐廷熙之子唐文燮
請接襲恩騎尉世職尚未奉准部覆旋又夭亡
唐廷熙並無嫡次庶出亦無應繼之人原襲雲
騎尉已完所遺恩騎尉世職查陣亡唐宏韶有
嫡次子唐承勳年老不堪承襲有子唐廷松現
年拾壹歲係屬嫡派子孫例應承襲取造宗圖
冊結加結申齎到司覈與定例相符應准其接
襲恩騎尉世職照例給與半俸俟奉
旨准其承襲之日起按年支食造報俟及歲時再行
照例辦理相應將齎到宗圖冊結詳請覈
題等情前來臣覆覈無異除宗圖冊結送部外謹

會同湖南巡撫臣錢寶琛湖南提督臣楊芳合
詞恭疏具
題伏乞
皇上聖鑒敕部議覆施行臣謹具
題請
旨

道光拾捌年閏肆月　貳拾柒　日兵部尚書兼都察院右都御史總督湖廣等處地方軍務兼理糧餉臣林則徐

湖廣總督林則徐題本　請以唐廷松承襲鎮筸鎮標中營陣亡外委唐宏詔恩騎尉世職
道光十八年閏四月二十七日

兵部尚書兼都察院右都御史總督湖廣等處地方軍務兼理糧餉臣林則徐謹
題爲請襲事該臣看得案准兵部咨原任湖南鎮
筸鎮標中營外委唐宏詔勦捕楚省賊匪打仗
陣亡議給雲騎尉世職前將唐宏詔嫡長孫唐
廷熙年未及歲題請承襲照例覆准今既稱唐
廷熙年已及歲發標學習覈與定例相符應令
驗看發標學習准食全俸等因當經前督臣張
映漢行司轉飭遵照并將該世職分發鎮筸鎮
標學習在案嗣據鎮筸鎮標中營遊擊陳存泰
呈報世職唐廷熙因病自縊身死等情當即咨
部查照并行據鳳凰廳查明該故弁有嫡子唐
文燮現年肆歲例應承襲恩騎尉世職取造宗
圖冊結由司詳請承襲經前督臣訥爾經額會
疏具
題尚未接准部覆又據鳳凰廳詳報世職唐文燮
出痘病故由司詳請咨部一面飭查應襲之人
詳辦去後茲據湖南布政使龔綬詳稱據署鳳
凰廳同知楊超任查明故弁唐廷熙之子唐文
燮請襲恩騎尉世職尚未奉准部覆旋又夭亡
唐廷熙並無嫡次庶出亦無應繼之人原議雲
騎尉已完所遺恩騎尉世職查陣亡唐宏詔有
嫡次子唐承勳年老不堪承襲有子唐廷松現
年拾壹歲係屬嫡派子孫例應承襲取造宗圖
冊結加結申齎到司覈與定例相符應准其接
襲恩騎尉世職照例給與半俸俟奉
旨准其承襲之日起按年支食造報俟及歲時再行
題照例辦理相應將齎到宗圖冊結詳請覈
題等情前來臣覆覈無異除宗圖冊結送部外謹
會
題請
旨

湖廣總督林則徐題本 **補參湖北均光營撤任把總孫大才等疎防竊案限滿獲犯未及半**

湖廣總督林則徐題本 補參湖北均光營撤任把總孫大才等疏防竊案限滿獲犯未及半

道光十八年閏四月二十七日

兵部尚書兼都察院右都御史總督湖廣等處地方軍務兼理糧餉臣林則徐謹
題爲詳請補參事據湖北按察使程銓詳稱案照
光化縣通詳王建明家於道光拾貳年玖月貳
拾玖日夜被賊撞門入室劫去錢文衣物王建
明等驚醒起捕均被拒傷一案批飭緝究詳參
嗣據該縣詳報道光拾貳年閏玖月拾玖拾壹
月拾伍等日比據兵役先後拏獲謝起敬溫四
琥謝梁四王連謝根到案訊供通詳溫四琥謝
起敬旋先後在監病故將現犯審擬解府經該
前府提訊謝梁四供詞翻異飭委襄陽縣會同
光化縣審據各犯供認道光拾貳年玖月貳拾
玖日該犯等與在逃之謝烈溫鴻全陳豹子謝

正潰謝正心即謝大臣謝大連謝梁榮會遇共
談貧苦謝根稔知王建明家有錢起意行劫衆
俱允從約俟夜間至謝根家會齊當各走散謝
梁四謝梁榮回家後因謝梁四之母患病令謝
梁榮延醫診視均未前往是夜溫四琥等至謝
根家等候謝梁四等不至謝根即與溫四琥謝
烈各帶尖刀謝起敬等徒手〻共拾人偕至事
主王建明門首謝根令謝起敬王連溫鴻全陳
豹子謝正潰謝正心〻謝大連在外把風接贓謝
根撞開大門及堂屋門與溫四琥謝烈進內事
主王建明等驚醒起捕謝根用刀將王希孟王
朱氏拒傷溫四琥將事主王建明拒傷謝烈將

王建明之妻王趙氏及雇工高心廣拒傷劫得
錢文衣物遞交謝起敬等接收攜至僻處查點
依分各散謝梁四謝梁榮均未同行上盜亦未
分得贓物等情不諱王連謝梁四謝根均在監
病故經該縣等照律議擬由府司轉詳咨達聲
明此案上盜首夥拾人僅獲首夥肆名尚未及
半應參職名查明補參奉准部覆在案茲據襄
陽府知府金石聲轉據光化縣知縣魯天成詳
稱查此案應以道光拾貳年玖月貳拾玖日失
事計限起連閏扣至拾貳月貳拾玖日滿肆個
月疎防例限開列職名由府詳參到司并准均
光營咨送武職職名請參前來除仍移飭勒緝

湖廣總督林則徐題本　補參湖北均光營撤任把總孫大才等疎防竊案限滿獲犯未及半

道光十八年閏四月二十七日

逸盜謝烈等務獲解報并文職疎防職名另詳
呈請巡撫
題參外所有疎防武職專汛係前任均光營右哨
前司撤任把總孫大才兼轄係前任均光營參
將五格相應據文開報伏候查覈
題參再失事地方離縣城伍拾里竝未安設兵丁
墩鋪亦無貼防外委專汛與兼轄不同城在百
里以外此案又自疎防限滿起扣至道光拾叁
年拾貳月貳拾玖日滿貳參年限又自貳參限
滿起扣至拾肆年拾貳月貳拾玖日滿叁參年
限承緝專汛把總孫大才因疎玩汛地於拾肆
年拾月叁拾日奉文撤任卸事接署把總吳長

湖廣總督林則徐題本　補參湖北均光營撤任把總孫大才等疎防竊案限滿獲犯未及半
道光十八年閏四月二十七日

泰於是日到汛接緝至拾伍年叁月拾柒日卸
事前任把總鄒世祿卽於是日到汛至伍月拾
伍日病故外委劉殿月於是日奉委代理至閏
陸月拾伍日卸事接任把總劉長春卽於是日
到汛起扣至拾陸年陸月拾伍日滿接緝壹年
例限除接緝前署任代理把總吳長泰鄒世祿
劉殿月均未滿年限例無處分毋庸開報外所
有承緝貳參限滿并叁參未滿年限離任無獲
武職專汛係前任均光營右哨前司撤任把總
孫大才督緝貳參限滿無獲武職兼轄係前任
均光營參將五格叁參限內再接緝壹年限滿
無獲武職專汛係現任均光營右哨前司把總

劉長春理合開報附參又此案係獲犯審明於
道光拾陸年拾貳月拾玖日由司轉詳請咨一
面批飭查取應參文武各職名詳參旋於拾柒
年柒月拾壹日奉准部覆行府移營查明補參
嗣於拾柒年拾壹月拾壹日准營開列移司因
聲敘卸事日期不明并因文職應參各職名亦
未據詳參移飭查明由府彙參茲於拾捌年叁
月貳拾捌日准據道府開送職名彙參並非武
職遲延合併聲明等情呈詳到臣該臣看得光
化縣民王建明家於道光拾貳年玖月貳拾玖
日夜被賊撞門入室劫去錢文衣物王建明等
驚醒起捕均被拒傷一案先經該縣會營勘驗

通詳批司飭緝詳參嗣據該縣詳報道光拾貳
年閏玖月拾玖拾壹月拾伍等日比據兵役先
後拏獲謝起敬温四琥謝梁四王連謝根到案
訊供通詳温四琥謝起敬旋先後在監病故將
現犯審擬解府經該前府提訊謝梁四供詞翻
異飭委襄陽縣會同光化縣審據各犯供認與
在逃之謝烈等一共拾人偕至事主門首謝根
撞門與温四琥謝烈進內事主王建明等驚醒
起捕均被拒傷等情不諱王連謝梁四謝根均
在監病故經該縣等照律議擬由府司轉詳咨
達并聲明此案上盜首夥拾人僅獲首夥肆名
尚未及半應參職名俟查明補參接准部覆在

湖廣總督林則徐題本　補參湖北均光營撤任把總孫大才等疏防竊案限滿獲犯未及半

道光十八年閏四月二十七日

案茲據湖北按察使程銓詳稱查此案應以道光拾貳年玖月貳拾玖日失事計限起連閏扣至拾貳月貳拾玖日滿肆個月疏防例限移行開列疏防武職職名請參前來除仍飭勒緝逸盜謝烈等務獲解報并文職疏防職名聽撫臣

題參外所有疏防武職專汛係前任均光營右哨前司撤任把總孫大才兼轄係前任均光營參將五格相應據詳指參再失事地方離縣城伍拾里並未安設兵丁墩鋪亦無駐防外委專汛與兼轄不同城在百里以外此案又自疏防限滿起扣至道光拾叁年拾貳月貳拾玖日滿貳參年限又自貳參限滿起扣至拾肆年拾貳月

貳拾玖日滿叁叅年限承緝專汛把總孫大才
因疎玩汛地於拾肆年拾月叁拾日奉文撤任
卸事接署把總吳長泰於是日到汛接緝至拾
伍年叁月拾柒日卸事前任把總鄒世祿卽於
是日到汛至伍月拾伍日病故外委劉殿月於
是日奉委代理至閏陸月拾伍日卸事接任把
總劉長春卽於是日到汛起扣至拾陸年陸月
拾伍日滿接緝壹年例限除接緝前署任代理
把總吳長泰鄒世祿劉殿月均未滿年限例無
處分毋庸開報外所有承緝貳叅限滿并叁叅
未滿年限離任無獲武職專汛係前任均光營
右哨前司撤任把總孫大才督緝貳叅限滿無

湖廣總督林則徐題本 補參湖北均光營撤任把總孫大才等疎防竊案限滿獲犯未及半
道光十八年閏四月二十七日

獲武職兼轄係前任均光營叅將五格叅限
內再接緝壹年限滿無獲武職專汛係現任均
光營右哨前司把總劉長春理合開報附叅又
此案係獲犯審明於道光拾陸年拾貳月拾玖
日由司詳咨一面批飭查取應叅文武各職名
詳叅旋於拾柒年柒月拾壹日接准部覆行府
移營查明補叅嗣於拾柒年拾壹月拾壹日准
營關列移司因聲敘卸事日期不明并因文職
應叅各職名亦未據詳叅移飭查明由府彙叅
茲於拾捌年叁月貳拾捌日准據道府開送職
名彙叅竝非武職遲延合併陳明臣謹會同護
理湖北巡撫印務布政使臣張岳崧湖北提督

臣羅思舉合詞恭疏具

題伏乞

皇上聖鑒勅部議覆施行臣謹具

題請

旨

道光拾捌年閏肆月貳拾柒日 兵部尚書兼都察院右都御史總督湖廣等處地方軍務兼理糧餉臣林則徐

湖廣總督林則徐題本 補參湖北均光營撤任把總孫大才等疎防竊案限滿獲犯未及半

道光十八年閏四月二十七日

兵部尚書兼都察院右副都御史總督湖廣等處地方軍務兼理糧餉臣林則徐謹

題爲詳請補參事。該臣看得光化縣民王建明家於道光拾貳年玖月貳拾玖日夜被賊撞門入室，劫去錢文衣物，王建明等驚醒起捕，均被拒傷一案，先經該縣會營勘驗通詳，批司飭緝詳參。嗣據該縣比據兵役先後拏獲謝起敬、溫四琥、謝梁四、王連、謝根到案，訊供通詳。溫四琥、謝起敬旋先後在監病故，將現犯審擬解府，經該前府提訊，謝梁四供詞翻異，飭委襄陽縣會同光化縣審據各犯供認，與在逃之謝烈等拾人偕至事主門首，謝根撞門，與溫四琥、謝烈進內，事主王建明等驚醒起捕，均被拒傷等情不諱。王連、謝梁四、謝根均在監病故，經該縣等照律議擬，由府司轉詳咨達，并聲明此案上盜首夥拾人，僅獲首夥肆名，尚未及半，應參職名俟查明補參，接准部覆在案。茲據湖北按察使程銓移行開列疎防武職職名請參前來。所有疎防武職專汛係前任均光營右哨前司撤任把總孫大才，兼轄係前任均光營參將五格，相應指參。臣謹會

題請

旨

圖書在版編目（CIP）數據

清宫林則徐檔案匯編.20/ 中國第一歷史檔案館　福建省林則徐研究會　編.—福州：海峽文藝出版社，2017.12

ISBN 978-7-5550-1333-4

Ⅰ.①清…　Ⅱ.①中…②福…　Ⅲ.①林則徐（1785~1850）—檔案資料—匯編　Ⅳ.① K827=52

中國版本圖書館 CIP 數據核字（2017）第 271638 號

清宫林則徐檔案匯編　20

中國第一歷史檔案館　福建省林則徐研究會　編

責任編輯　茅林立　陳　婧
美術編輯　劉小岳
出版發行　海峽出版發行集團
海峽文藝出版社
經　　銷　福建新華發行(集團)有限責任公司
社　　址　福州市東水路 76 號 14 層　　**郵編**　350001
發 行 部　0591-87536797
印　　刷　福建新華印刷有限責任公司　　**郵編**　350011
廠　　址　福州市福新中路 42 號
開　　本　889 毫米 × 1194 毫米　1/16
字　　數　750 千字
印　　張　34.25
版　　次　2017 年 12 月第 1 版
印　　次　2017 年 12 月第 1 次印刷
書　　號　ISBN 978-7-5550-1333-4
定　　價　300.00 元

国家出版基金项目
NATIONAL PUBLICATION FOUNDATION

中國第一歷史檔案館
福建省林則徐研究會
編

清宮林則徐檔案匯編

20

海峽出版發行集團
海峽文藝出版社